한희순·황혜성·한복려의 대를 잇는
국가무형유산

조선왕조 궁중음식

이 책을 내며

한희순·황혜성·한복려의 대를 잇는
국가무형유산 조선왕조 궁중음식의 바탕이 된

『이조궁정요리통고(李朝宮廷料理通攷)』

1957년에 출간된『이조궁정요리통고(李朝宮廷料理通攷)』는 황혜성 교수가 한희순 상궁으로부터 전수받은 궁중음식을 계량화하고 조리법을 정리하여 만든 궁중 조리서입니다. 이 책에는 궁중에서 만들던 음식 전반에 걸쳐 재료별 만드는 법과 상차림, 기명(器皿), 궁중 용어 등을 상세히 기록하고 있습니다. 머리말에는 조선시대 이후 궁정요리의 전모가 궁궐 사람 몇몇에게만 구전되고 시간이 지나면서 그마저 사라져가는 것을 안타까워하며 연구를 통해 우리 요리의 민족적 감정을 살리고자 하는 의도가 적혀있으며, 원문 그대로를 옮겨 놓았습니다.

한희순 상궁과 방동무 삼축당 김씨

이방자 여사와 한희순 상궁

숙명여대 강의시절

궁중음식연구원 개원식

한희순 상궁과 황혜성 교수

신선로 만드는 한희순 상궁

우리나라의 固有文化고유문화 라고 하면 이루 헤아릴 수 없을 정도로 그 갈래나 量양 이 많은 것이다.
그런데 近來근래 에 이르러 어느 것이나 할 것 없이 새로운 世界的세계적 인 外勢외세 의 潮流조류 에 휩쓸려 허덕이고 있는 形便형편 이라 아니할 수 없고, 이러한 傾向경향 은 뜻 있는 사람들의 한 개의 頭痛두통 꺼리가 되어 있기도 한다. 따라서 오늘에 있어 民族민족 과 國家국가 의 背景배경 에서 이것들의 保護育成보호육성 은 現代人현대인 으로서 우리의 흐르는 歷史역사 의 한 토막위에서 물려받고 또 다음 世代세대 에 물려줄 重大중대한 責任책임 을 認識인식 할 때 게을리 할 수 없는 일이다. 解放前해방전 에도 그러하였거니와 解放後해방후 우리들은 우리의 固有고유 한 料理요리 의 根源근원 을 찾아 우선 이것을 밝히고져밝히고자 宮廷料理궁정요리 의 硏究연구 에 着手착수 하였었다.

특히 李朝이조 가 묻어진지무녀진지 四十餘年사십여년 이 지난 오늘에 있어 그 옛날의 宮廷料理궁정요리 의 傳貌전모 는 文獻문헌 을 통해서나 또 사람을 통해서도 알 길이 稀薄희박 한 形便형편 이니 그 原因원인 의 하나는 宮廷궁정 내의 料理요리 에 관하여 남긴 文獻문헌 이 없다는데 基因기인 하겠고 또 더욱이 이것이 九重深處구중심처 에서 그 속의 몇 사람 간에만 돌려 口傳구전 되었던 것이기에 이미 四十餘年사십여년 이 지나는 동안에 사람의 바뀜으로서 더욱 알 길이 稀薄희박 해지고 있는 것이다. 우리들이 때를 다투어 이 일을 시작한 原因원인 이 즉 여기 있었다.

그러나 이 事業사업 이 六·二五6·25전쟁 로 그 大部分대부분 이 紛失분실 되어 中斷중단 할 수밖에 없다고 抛棄포기 하였던 때도 있었으나 그러나 다시 모으고 묻고 또는 記憶기억 에 남은 것 등을 다시 실지로 만들어보아 正確정확 하게 整理정리 를 시작하였던 것이다. 이제 겨우 一連일련 의 體系체계 가 갖추어졌기에 整理정리 하여 出版출판 을 企圖기도 하였던 것이다. 그렇다 해서 이 小冊子소책자 에 실린 것이 그 全貌전모 라고 斷定단정 하려고 하지는 않는다.

더욱 硏究연구 에 硏究연구 를 거듭해야 할 것은 勿論물론 이나 우선 外勢외세 에 대한 우리 料理요리 의 特殊性특수성 과 품기는 흐뭇한 民族的민족적 인 感情감정 을 되살리는 데는 어느 정도 역할하리라는 생각에서 내어 놓기로 하였던 것이다. 따라서 調理조리 에서 나오는 用語용어 는 可及的가급적 그 時代시대 에 宮中궁중 에서 보통 쓰던 그 말대로 쓰기로 한 것도 이러한 理由이유 에서 였다. 우리나라의 料理요리 는 지금 急角度급각도 로 變遷변천 하고 있고 一面일면 또 그래야 할 것이다. 그러나 어디까지나 우리나라 料理요리 의 根本型근본형 은 살아 있어야 한다는 것도 사실이다. 이런 점에 있어서 이 小冊子소책자 가 어느 정도 역할해 줄 것을 믿기도 한다. 이제 이것을 世上세상 에 내어 놓으려니 또 근심도 이만저만이 아니다. 우리들도 더욱 硏究연구 해야 하겠다는 새로운 覺悟각오 를 하게 되지만 江湖諸賢강호제현 의 많은 忠告충고 가 있어 더욱 보다 完全완전 한 것으로 發展발전 할 수 있도록 재죽질재찍질 해 주시기를 바라 마지 않는다. 특히 序文서문 을 주신 淑明女子大學校숙명여자대학교 總長총장 任淑宰博士임숙재박사 와 大韓家政學會대한가정학회 會長회장 表景祚先生표경조선생 께 感謝감사 를 드리는 바이다.

4290年서기 1957년 7月

韓　熙　順
黃　慧　性　識
李　惠　卿

개정 수정판을 내며

황혜성 스승께서 창덕궁 낙선재를 찾아 궁중음식을 공부하신지도 70년, 마지막 상궁이셨던 한희순 스승께서 궁중음식 무형문화재로 지정되며 시작된 궁중음식 전수사업도 40년이 넘었습니다. 두 스승은 모두 작고하시고, 저희 제자들도 어느덧 나이 육십이 훌쩍 넘어버렸습니다. 현재 궁중음식의 맥은 '궁중음식'과 '궁중병과'의 전문적인 영역으로 나눠 3대 한복려와 정길자에게 각각 계승되었습니다.

1971년 당시, 음식이란 것이 무엇인지도 모르던 시절에 국가무형문화재(현, 국가무형유산) 제38호 '조선왕조 궁중음식' 전수생으로서 궁중음식연구원에 발을 들여놓은 후 오늘날까지 스승의 든든한 제자가 되어 그분께서 하시던 일을 이어나가고 싶다는 바람으로 노력하고 있습니다만, 그 물려받음의 지난한 과정을 겪으며 이제야 스승들이 이루어내신 업적이 얼마나 귀하고 중한지 새삼 알게 됩니다.

시대가 변하면 사람의 식생활도 변하게 되기 마련이나 변화는 원형이 있어야만 가능하다는 것도 하나의 이치라 생각합니다. 궁중음식연구원은 이미 과거의 것이라 여겨지는 궁궐 문화 속에 자랑스러운 우리 문화유산이 숨겨져 있다는 사실을 깨닫고, 궁중의 기록물인 의궤와 실록, 그리고 고조리서를 연구하여 한국 식문화의 원형을 찾으려 노력하고 있습니다.

이 책의 원본은 1957년 한희순과 황혜성이 지은 『이조궁정요리통고(李朝宮廷料理通攷)』입니다. 그동안 체계화되어 있지 않던 궁중음식을 계량화하고 조리법을 정리한 이 책은 그 후로 오랫동안 궁중음식 전수를 위한 교재로 쓰였습니다. 그러나 저희 제자들이 그 동안 현장에서 조리를 하며, 학교에서 궁중음식을 전수하며 쌓은 경험들, 혹은 식품회사와 함께 상품을 개발하며 얻은 지식들을 반영하여 보다 이 시대에 맞는 책으로 다시 만들 필요성을 느끼게 되었습니다. 그래서 감히 스승의 귀한 업적이 담긴 책에 누가 되지 않는 범위에서 개정을 하고자 합니다.

궁중음식을 주제로 한 문화행사를 할 때마다 우리의 궁중음식이 한국의 식문화를 대표할 만한 훌륭한 문화유산임을 다시금 깨닫게 됩니다. 또한 궁중음식을 더 잘 이해하고 이를 바탕으로 세계에 한국 음식을 전파해야 한다는 소명도 느끼게 됩니다. 아직 많이 부족하지만, 우리의 자랑스러운 스승이신 한희순·황혜성님께 이 책을 바치며, 다음에는 좀 더 훌륭한 책으로 거듭나기를 기원합니다.

2015. 2. 창덕궁 옆 원서동 궁중음식 전수관에서　　　　　　　한 복 려

조선왕조 궁중음식의 계보

제1대 기능 보유자, 한희순(韓熙順, 1889~1972년)

한희순 상궁은 1889년 서울에서 태어나 13세(고종 39년)에 덕수궁에 주방 나인으로 입궁하였습니다. 1907년부터 경복궁에서 수라상궁으로 일하였으며, 1919년 고종이 승하한 후에는 금곡릉에서 고종의 삼년상을 받들었습니다. 그 뒤 1921년부터 1928년까지는 순종을, 1931년부터 1965년까지는 윤비를 모시며, 조선왕조의 마지막 주방 상궁으로서 끝까지 왕실과 운명을 같이 하는 삶을 살았습니다. 1971년 '조선왕조 궁중음식'이 국가무형문화재(현, 국가무형유산) 제38호로 지정되면서 제1대 기능 보유자가 되었고, 궁중 음식을 본격적으로 전수하기 시작하여 조선 왕조 궁중 음식이 오늘날까지 이어질 수 있는 초석을 마련하였습니다. 윤비가 돌아가신 후 사저로 돌아와 1972년 향년 82세로 생을 마감했습니다.

제2대 기능 보유자, 황혜성(黃慧性, 1920~2006년)

황혜성은 1944년부터 윤비 처소인 낙선재에서 한희순 상궁으로부터 궁중음식을 전수받기 시작하여 1972년 돌아가실 때 까지 약 30년간 지도를 받았습니다. 한희순 상궁으로부터 궁중음식 조리법을 구술과 실기를 통해 지도받아 이를 계량화하고 조리법을 정리하였으며, 궁중음식 관련 문헌을 조사 연구하여 궁중음식문화에 대한 학문적인 배경과 실제적인 조리법의 전수에 큰 역할을 하였습니다. 그리고 일제강점기에 사려져 가는 궁중음식을 전수받아 기능전수는 물론, 이를 통해 일반 국민들에게 한국음식의 우수성과 품위를 알려, 우리문화에 대한 자긍심을 고취시키는 역할을 하였다고 평가 받고 있습니다. 1972년 한희순 상궁이 별세하면서 1973년 11월13일에 제2대 기능 보 유자로 지정된 후, 한국 식문화에 수많은 업적을 남기고 2006년 12월14일 타계하였습니다.

제3대 기능 보유자, 한복려(韓福麗, 1947년~)

한복려는 '조선왕조 궁중음식' 2대 기능 보유자인 고 황혜성 교수의 맏딸로, 어릴 적부터 자연스레 궁중음식을 익히게 되었습니다. 1981년부터 궁중음식 전수기관인 사단법인 궁중음식연구원에서 어머니 황혜성으로부터 약 30년간 궁중음식을 전수받았으며, 2007년 9월, 제 3대 기능 보유자로 지정되었습니다. 사단법인 궁중음식연구원 이사장으로 문화유산인 조선왕조 궁중음식의 보존과 연구, 그리고 후학의 양성에도 힘쓰고 있습니다. 궁중음식 연구와 실기 교육 경험을 바탕으로 2000년 남북 정상회담 등 중요 국가 행사 때마다 메뉴를 자문했으며, 2004년에는 MBC 특별 기획 드라마 <대장금>에서 궁중 음식을 재연하였습니다. 현재 조선왕조 궁중음식의 보존과 계승, 궁중음식문화 연구의 토대를 정립하기 위해 문화재청 소관 공익법인 '궁중음식문화재단'을 설립하였습니다.

조선왕조 궁중음식 기능보유자 및 이수·전수자 (2025년 현재)	기능보유자	이수자	전수자
	한복려, 정길자	한복선, 한복진, 홍순조, 박미숙, 이정숙, 임종연, 박경미, 장은주, 정라나, 장소영, 진선미, 박영미, 조은희, 이종민, 박준희, 이소영, 최순아, 임승정, 윤종희, 김도섭, 박은혜	한미진, 정이슬, 김혜선, 임다영, 정호중, 김영옥, 이소민

목차

001 이 책을 내며
003 개정판을 내며

CHAPTER 1
한국의 식생활 문화

010 1 한국 음식의 배경과 역사
012 2 전통 음식의 분류
012 (1)궁중 음식과 반가 음식
013 (2)향토 음식
015 (3)의례식
016 (4)시절식
018 (5)사찰식
018 3 한국 음식의 특징

CHAPTER 2
궁중의 식생활 문화

026 1 궁중 음식의 배경
026 (1) 역사
026 (2) 궁중 음식 관련 관청과 조리인
030 (3) 궁중의 식생활 관련 일화
033 2 궁중 음식의 분류
033 (1) 일상식
040 (2) 의례식
045 (3) 시절식
046 (4) 천신
047 3 궁중 음식의 특징
048 4 궁중의 진상과 공상
048 (1) 진상, 공상
053 (2) 하사
056 5 궁중 음식의 분류
056 (1) 주식류
056 (2) 찬품류
057 (3) 후식류

CHAPTER 3
식단 작성과 상차림

060 1 식단
061 2 상차림
061 (1) 전통적 상차림
068 (2) 의례상 차림
071 (3) 현대적 상차림

CHAPTER 4
전통 음식의 문헌 연구

077 1 조선왕조 궁중 음식 관련 고문헌
078 2 우리나라의 옛날 음식책
078 (1) 1600년대의 조리서
079 (2) 1700년대의 조리서
079 (3) 1800년대의 조리서
080 (4) 1900년대의 조리서

CHAPTER 5
조리의 기초

084 1 기초 조리
084 2 기본 조리도구
086 3 식품의 계량
086 (1) 중량
086 (2) 체적
087 (3) 온도
089 4 양념과 고명
089 (1) 양념
094 (2) 고명
096 5 조리법
097 (1) 주식류
098 (2) 찬품류

CHAPTER 6
음식 만들기

미음
104 녹말응이, 율무응이
105 속미음
죽
106 잣죽, 타락죽
107 전복죽, 장국죽, 흑임자죽
밥
108 흰밥, 적두반
109 오곡반
110 콩나물밥, 별밥
111 골동반
만두 · 떡국
112 규아상
113 편수
114 병시
115 어만두, 준치만두
116 석류탕
117 떡국, 조랭이떡국
면
118 온면, 난면
119 냉면
120 골동면
121 면신선로
탕 · 국
122 설렁탕, 곰탕
123 육개장, 토란곰탕
125 신선로
126 삼계탕
127 초교탕, 임자수탕
128 애탕, 어알탕
129 냉이토장국, 쑥토장국
130 배추속대국
131 오이냉국, 미역냉국

찌개
- 132 굴두부조치, 명란젓국조치
- 133 절미된장조치, 두부된장찌개
- 134 게감정, 오이감정
- 135 민어지지미, 김치조치

전골·볶기
- 136 두부전골
- 137 도미면
- 138 낙지전골
- 139 궁중떡볶이, 묵볶이

찜·선
- 140 사태찜, 떡찜
- 141 갈비찜
- 142 닭북어찜, 궁중닭찜
- 143 전복찜, 대하찜
- 144 통오이선, 오이선
- 145 두부선, 어선
- 146 호박선, 가지선, 배추속대찜, 죽순찜

조림
- 147 육장, 편육조리개
- 148 홍합초, 삼합장과
- 149 감자조리개, 두부조리개, 풋고추조리개

구이
- 150 너비아니
- 151 갈비구이, 쇠갈비찜구이
- 152 제육구이, 맥적
- 153 닭구이
- 154 대합구이
- 155 병어고추장구이
- 156 더덕구이

적
- 157 섭산적, 장산적
- 158 파산적, 송이산적
- 159 두릅적, 김치적
- 160 화양적
- 161 사슬적

전
- 162 천엽전, 간전, 부아전
- 163 육전, 알쌈, 두골전, 등골전
- 164 생선전, 굴전, 홍합전, 패주전
- 165 연근전, 애호박전, 풋고추전
- 166 청포묵전, 두부전
- 167 녹두전, 파전

채
- 168 오이생채, 도라지생채
- 169 삼색무생채, 더덕생채
- 170 도라지나물, 고사리나물, 시금치나물
- 171 숙주나물, 콩나물, 가지나물, 미나리나물
- 172 말린 가지나물, 고구마순나물, 말린 취나물, 시래기나물, 호박오가리나물
- 173 겨자채
- 174 죽순채, 탕평채
- 175 월과채, 애호박젓국나물
- 176 잡채
- 177 구절판

회
- 178 전복회, 생선회, 굴회, 해삼회
- 179 육회, 갑회
- 180 어채
- 181 두릅회, 미나리강회

쌈
- 183 상추쌈 차림

편육
- 184 양지머리편육, 제육편육
- 185 족편, 족채

마른찬
- 186 육포
- 187 포다식, 대추편포, 칠보편포, 포쌈
- 188 마른안주
- 189 김부각, 다시마부각, 호두튀김
- 190 미역자반, 김자반, 매듭자반
- 191 북어보푸라기, 멸치볶음

젓갈
- 192 어리굴젓
- 193 참게장, 꽃게무침

장과·장아찌
- 194 무갑장과, 오이갑장과
- 195 통마늘장아찌, 오이간장장아찌
- 196 오이고추장장아찌, 무고추장장아찌

김치
- 197 통배추김치
- 198 장김치, 나박김치
- 199 무송송이, 동치미

떡·한과
- 200 두텁떡
- 201 삼색단자
- 202 상추시루떡, 물호박떡
- 203 각색편
- 204 약식
- 205 진달래화전, 삼색부꾸미
- 206 궁중약과, 매작과
- 207 다식
- 208 대추초, 밤초, 조란, 율란
- 209 도라지정과, 연근정과
- 210 곶감쌈, 섭산삼
- 211 깨엿강정

음료
- 212 곶감수정과, 식혜
- 213 유자화채, 유자청
- 214 오미자화채, 진달래화채
- 215 제호탕, 송화밀수

CHAPTER 1
한국의 식생활 문화

우리 일상식의 기본 양식은 밥과 반찬으로 구성된, 소위 주식과 부식의 구성체라고 할 수 있다. 옛부터 곡물을 중히 여겨 쌀을 중심으로 하는 다양한 잡곡 혼합 음식이 발달하였으며, 주식과 부식이 명확하게 구분되어 영양적으로 완벽한 한끼 식사를 이룬다.

우리 음식의 특징 중 하나는 발효식인 장류를 비롯해 양념이 다양하게 발달하였다는 것이다. 갖은 양념이라 불리는 한국 양념의 복합체는 한국 음식 맛의 기본이며, 주재료에서 부족된 영양을 채워주고 고명을 통하여 시각적인 아름다움까지 선사한다.

한국 음식은 의식동원(醫食同源), 약식동원(藥食同原)의 문화이다. 음식 하나하나에는 '먹는 음식이 곧 약이 된다'라는 근본 사상이 내재되어 있다. 음식에는 한약재를 넣어 보신의 기초로 삼았으며, 늘 마시는 차와 술 역시 약재로 만들어 양생 음식 · 보양 음식을 보편화시켰다.

선묘조제재경수연도(1605년)
13인의 재신들이 70세 이상의 노모들을 위하여 4월에 삼청동에서 열었던 잔치 그림이다. 집사자제들의 헌수와 대부인과 차부인들을 위한 상차림으로 부모에 대한 효도가 극진함을 알 수 있다. *고려대학교박물관 소장 · 출간한 〈조선시대의 기록화의 세계〉(2001년)에서 발췌

1. 한국의 식생활 문화

1 한국 음식의 배경과 역사

우리나라는 아시아 동부에 위치한 반도로서 삼면이 바다로 둘러싸여 있고, 사계절의 구분이 뚜렷하며, 기후의 지역적인 차이가 있다. 이러한 자연 환경에서 생산되는 농산물, 수산물, 축산품 등의 재료가 풍부하고 다양하다. 따라서 자연스럽게 이러한 지역적 특성을 살린 음식들이 고루 잘 발달되어왔으며, 중국 대륙과 일본열도 사이에 자리잡고 있어 문화적으로는 두 나라와 공통점이 있지만 기후나 지형 조건이 다르므로 상이한 점도 많이 있다.

한반도에서는 BC 6000년쯤부터 빗살무늬토기의 신석기 문화가 싹트고 있었다. 이때의 신석기인들은 고기잡이와 사냥을 주로 했으며 후기에는 원시 농경 생활로 점차 바뀌게 되었다. 우리나라에서 벼의 재배가 시작된 것은 BC 2000~1500년쯤부터이며 벼·기장·조·보리·콩·수수·팥 등의 생산도 늘어나고, 유목계의 영향으로 가축의 생산도 크게 늘어났다. 농경은 더욱 발달하고, 제천 의식 때는 제를 지낸 후 음주가무(飮酒歌舞)하는 풍습이 있었다고 한다. 이즈음에는 곡물을 쪄서 밥도 짓고, 떡도 만들며, 술을 빚는 기술이 뛰어나 중국에까지 널리 알려졌다. 이는 토기를 써서 만드는 음식이나 잿불, 움구덩이에서 익혀 먹는 단순 조리 음식이다.

한편 우리 조상은 중국 전래의 농작물 외에 콩을 처음으로 재배하기 시작하였음이 최근 세계 여러 학자들에 의해 증명되고 있다. 콩의 원산지는 지금의 만주 지역으로 옛 고구려 터이고, 고구려인들은 콩을 이용한 조리가공법도 개발하였다. '시(豉)'는 콩을 발효시켜 소금을 섞은 것으로 일종의 메주인데, 옛날 중국의 책에는 시(豉)란 글자는 없고 이는 외국어이며 외국에서 들어온 것이라고 쓰여 있다. 여기서 외국이라 함은 고구려를 가리킨다. 우리나라의 콩장이 중국과 일본에 전해져 동북아 세 나라가 세계 조미료의 분포상 콩장문화권을 이루게 된 것이다.

삼국시대에 들어와서 철기문화가 발달하였으며 이에 따라 농경 기술도 혁신되어 벼농사가 크게 보급되었다. 또한 삼국시대에는 불교가 들어오게 되면서 살생을 금하고 육식을 못하는 계율로 식생활에 커다란 영향을 끼쳤다.

통일신라시대를 거쳐 고려시대에 들어서자 불교는 더욱 융성해져서 육식 습관은 쇠퇴하고 사찰 음식이 크게 발달하였다. 불교가 융성함에 따라 부처님께 차를 바치는 헌다(獻茶)의 예와 풍류로 차를 즐기는 습관이 널리 성행하고, 다기(茶器)도 매우 발달하였으며 다도(茶道)의 예절도 생기게 되었다. 그리고 고려시대 전반기에는 권농정책(勸農政策)으로 농업이 성하였고, 농경 기구의 개선에 힘을 썼으며 곡물을 비축하는 제도가 실시되었다.

고려시대 중기 이후에는 승려보다 무관의 세력이 강해져 사회 풍조에도 변화가 생겼다. 육식의 습관이 다시 대두되었으며, 몽고족의 침입과 원나라와의 교류가 빈번해지고 설탕, 후추, 포도주 등이 교역품으로 들어왔다. 고려시대에는 곡물 음식의 조리법도 다양해져 〈삼국유사〉와 〈목은집〉에는 약밥에 대한 기록이 남아 있고, 그 외에 국수·떡·약과·다식 등 여러 가지 다양한 음식이 생겼으며, 간장·된장·술·김치 등 저장 음식의 조리법이 완성되는 단계에 이르렀다.

그 후 조선시대에는 숭유배불정책으로 음차가 쇠퇴하는 반면 화채와 한약재를 달이는 탕차류와 주류의 종류가 많아지고 품질도 발달하였다. 또한 동양 삼국 중 유일하게 우리나라만이 숟가락과 젓가락을 함께 사용하는 전통을 지키고 있는 것도, 공자시대에 숟가락을 사용하였으므로 조선시대의 숭유주의자들이 끝까지 숟가락을 버리지 않기

외래 음식의 도입 연표

식품 \ 시대	삼국시대	통일신라시대	고려시대	조선시대
참외	→ 삼국시대 **참외**: 삼국시대에 만주를 거쳐 도입			
우유	→ 삼국시대 **우유**: 우유에 대한 우리 나라의 고대 기록은 대체로 빈약한 편. 삼국시대 우유 문화 발달			
설탕		→ 710년 이전 **설탕**: 외국 문헌을 통해 간접적으로 알 수 있다. 일본의 나라시대(710~784)에 당나라로부터 설탕이 약의 하나로서 들어왔다는 기록으로 보아 당나라와의 교류가 일본보다 많았던 우리나라에도 설탕이 알려져 있던 것으로 추측		
차		→ 828년 **차**: 흥덕왕 3년 당나라에서 차 종자가 들어와 지리산을 중심으로 호남지방이 우리나라의 차의 본고장이 됨		
상추			→ 9세기경 **상추**: 중국에서 9세기경 들어온 것으로 추정	
포도			→ 고려 중기 이전 **포도**: 삼국시대 이전 도입 가능성이 있으나 확실치는 않다. 포도의 국내 재배에 관한 최초의 기록은 고려 중엽	
수박			→ 1260년 이후 **수박**: 고려시대 충렬왕 때, 고려를 배반하고 원나라에 붙어 그 앞잡이가 되어 삼별초를 멸망시켰던 홍다구(1244~1291)가 개성에 옮겨다 심은 것이 최초	
계피			→ 고려 시대 전후(?)	
소주(증류주법)			→ 고려 중기 이후	
후추·두부	**후추**: 한나라 명으로 호초(胡椒)라 함. 고려 말경 창왕 때 송나라에 의해 전래 **두부**: 고려 때 구법승이 도입. 주로 절간에서 먹었던 음식으로 추정		→ 고려 말경	
고추	**고추**: 1600년대 전후기(임진왜란 1592~1598) 일본에서 전래			→ 1600년 전후기(임진왜란기)
호박	**호박**: 고추와 비슷한 시기에 들어온 남방 음식			→ 1600년 전후기(임진왜란기)
토마토	**토마토**: 광해군 5년 이수광의 《지봉유설(1613)》 기록. '남만시'라 하여 과일로 간주하였음			→ 1613년 이전
옥수수	**옥수수**: 1700년대 중국에 의해 전래. 영조 42년 유종림의 《증보산림경제(1766)》에 '옥촉' 이라 기록. 18세기 재배			→ 1700년대
고구마	**고구마**: 영조 39년(1763) 조엄에 의하여 일본에서 전래, 강필리가 그 재배를 장려함			→ 1763년
낙화생	**낙화생**: 식품명으로 땅콩. 1778년 전후 중국에 의해 전래			→ 1778년 전후
완두·동부				→ 1778년
감자	**감자**: 순조 24년(1824~1825) 청에 의해 전래			→ 1824~1825년
해바라기씨	**해바라기씨**: 비교적 근래 우리나라에 전파. 중국을 거쳐서 선교사에 의해 들어온 것으로 추정			→ 조선 말엽
양배추·케일·셀러리	**서양 채소**: 최경석이 농무목축시험장에서 관리훈련원에서 보존하고 있던 각종 곡채류의 종류를 기록한 농무목축시험장소존곡채종에 기록되어 서양 채소가 이미 도입되어 있음을 알 수 있겠으나 이들이 요리에 이용되었다는 기록은 보이지 않음			→ 1884년 이전
초콜릿	**초콜릿**: 한말의 민비가 처음 먹어본 것으로 추정. 당시 러시아 공사 규방외교의 방책으로 서양 화장품과 서양 과자를 민비에게 선사. 그중 저고령당, 즉 초콜릿이 들어 있었다고 전해짐. 또 다른 설은 이토 히로부미가 궁중의 상궁들을 회유하기 위해 처음 들여왔다는 얘기도 전해짐			→ 1890년 이전
커피·홍차				→ 1890년
서양사과				→ 1892년

때문이다. 유학자들은 의례를 중요시하여 주자(朱子)가 가르친 가례(家禮)를 모범으로 삼아 관례, 혼례, 상례, 제례 때의 규범으로 엄격하게 지켰다.

조선시대 중기 이후에 들어와서 식생활에 커다란 변화가 생겼다. 남방으로부터 고추, 감자, 고구마, 호박, 옥수수, 땅콩 등이 전래되었다. 특히 고추의 전래는 우리의 음식 맛을 급격하게 바꾸어놓았다. 고추를 여러 가지 음식의 양념으로 이용하게 되고, 고추장도 만들고 김치에도 도입하게 되어 오늘날 우리나라 음식의 특징인 매운맛과 선명한 붉은 빛깔이 나타나게 되었다. 조선시대는 고려시대에 비해 식품이 다양해지고 조리법은 고려시대를 이어받아 17세기에 즈음하여 더욱 다듬어져 상차림의 형식도 세워지게 되었다.

식생활이 다양해지면서 반가에서 음식을 만드는 조리서와 술 만드는 법을 적은 서적이 나오게 되었고, 명절이나 때에 따른 시식과 절식도 즐기게 되었으며 지방에 따라 특색 있는 향토 음식이 등장하였다. 또한 궁중에서는 전국에서 올라오는 각종 진귀한 재료, 고도의 조리 기술을 가진 주방 상궁과 숙수(熟手)들에 의하여 한국 음식 최고로 절정기를 누렸다. 조선왕조의 후기에 이르러 한국 음식은 완성되었으나, 20세기에 들어와서는 서양 문화와 중국과 일본의 음식들이 들어오게 되면서 한국 음식에도 많은 영향을 주어 고유성이 변화되었다.

② 전통 음식의 분류

(1) 궁중 음식과 반가 음식

우리나라의 문화는 왕의 통치 아래에서 발달되었다. 그중에서도 음식 문화는 물자가 풍부하고 한국의 토산품이 총망라된 궁중의 음식을 제일로 친다. 궁의 음식은 좋은 물자로 조리 기술이 능숙한 주방나인과 숙수가 정성들여 만들고, 중국에서 들어온 음식법도 적절히 받아들였다. 궁에서는 평상시 수라상을 차리는 일 외에도 왕과 왕비, 왕족의 탄신·혼인 때 진작, 진연, 진찬의 크고 작은 잔치를 베푸는 의식이 많았다. 또 외국 사신 영접식, 가례식, 제례 등의 의식에서도 다양하게 차렸다.

궁의 잔치 음식을 만들려면 작은 주방으로는 되지 않는다. 그래서 잔치 음식을 만들 때는 내숙설소를 설치하고 가가(假家)를 지었으며 잔치가 끝난 후에 치워버렸다. 큰 전각 가까운 대문 안의 적당한 곳에 크게 짓고, 숙수가 며칠을 두고 음식을 만들었다. 상차림에 있어서도 올라가는 상의 이름과 상의 수효, 음식의 가짓수와 분량이 잔치의 종류에 따라 모두 달랐다.

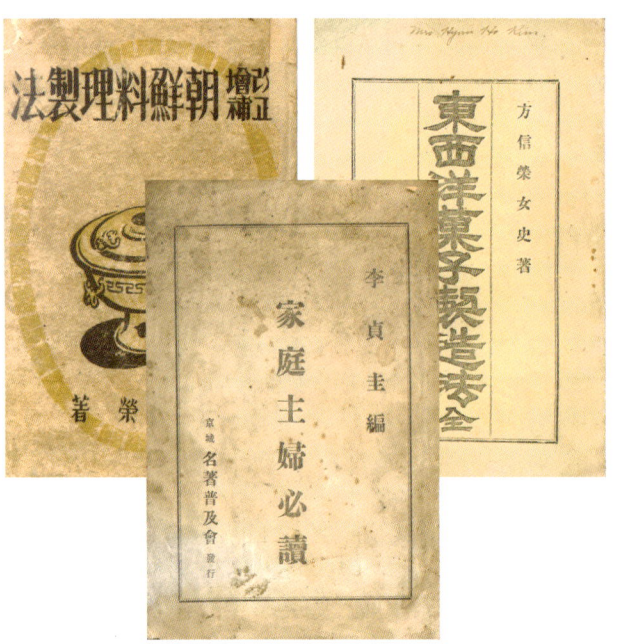

양반층의 새색시 큰상차림. 궁의 양식을 본받아 품위가 있고 사치스럽다.

반가 음식이란 서민이 아닌 양반층의 음식으로, 궁중을 출입하고 왕가와 친척 관계가 있으므로 궁의 식생활을 본받아 자연히 품위를 갖추고 사치스러울 수밖에 없었다. 궁의 혼인 제도는 반가에서 왕비, 세자빈을 간택하고 공주, 옹주는 반가로 시집보내니 그에 따라 왕가의 풍속을 이어가게 되었다. 대갓집의 음식 솜씨는 시어머니, 며느리, 손주 며느리의 손에서 손으로 전해진다. 또 필사본으로 음식 만드는 법을 적은 것이 아직까지도 전승되므로 바로 전통 음식이라 할 수 있어 우리에게 귀중한 자료가 된다. 반가 음식은 평소 여자들이 만들었으나 잔치나 제사 때는 남자 숙수들이 일을 하고, 찬방에는 찬모·반모·무수리·비자들이 일을 하고 주인은 총감독을 하였다.

(2) 향토 음식

지방마다 그곳의 특산물로 구미에 맞게 만들어 먹는 음식이다. 향토 음식은 한 지방에서만 독특하게 해먹는 것이 있는가 하면, 몇몇 지방이 공통으로 하는 것도 있다.

① 서울

서울은 조선시대 초기부터 500년 이상 도읍지였으므로 궁중 음식 문화의 전통이 이어지는 곳이고 양반계급과 중인계급의 음식 문화에 많은 영향을 주었다. 사대부가에서는 궁중 음식을 본떠서 음식을 만들기 때문에 양반 음식과 궁중 음식은 비슷한 점이 많이 있다. 그리고 양반들은 유교의 영향으로 격식을 중시하지만, 서울 토박이는 성품이 알뜰하여 음식의 가짓수는 많지만 양은 그리 많이 만들지 않고 모양을 예쁘고 작게 만들어 멋을 부리는 경향이 있다. 중인 계급들은 장사를 하거나 외국과 무역을 하는 상인, 통역관, 의관들로 경제적으로 부를 축적하여도 양반이 못 되는 서러움을 달래느라고 식도락을 즐겼다고 한다.

서울 음식에는 달걀지단, 실고추, 석이버섯 등 오색 고명을 써서 모양새 있게 꾸민 신선로, 구절판, 탕평채 등의 화려한 음식이 많다. 지방색보다는 통합적이며, 음식 간을 새우젓국으로 많이 내며, 간은 심심한 편이다. 그리고 말린 자반 생선이나 장아찌 등 밑반찬의 종류가 많다. 서울의 설렁탕이나 곰탕 등의 탕반 또한 유명하다.

굴비

② 경기도

경기도 음식은 소박하면서 다양하나 개성 음식을 제외하고는 대체적으로 수수한 음식이 많다. 음식의 간은 짜지도 싱겁지도 않은 정도로 서울과 비슷한 정도이며, 양념도 많이 쓰는 편이 아니다. 개성 음식으로는 조랭이떡국, 무찜, 홍해삼, 편수 등과 약과, 경단, 주악 등이 유명하다.

홍해삼

③ 충청도

농업이 주가 되는 지역이므로 쌀, 보리, 고구마, 무, 배추, 목화, 모시 등이 많이 생산된다. 서쪽 해안 지방은 해산물이 풍부하나 북도와 내륙은 신선한 생선을 전혀 볼 수 없어 옛날에는 절인 자반 생선이나 말린 것을 먹을 수밖에 없었다. 충청도 음식들은 그 지방 사람들의 소박한 인심을 나타내듯 꾸밈이 별로 없다. 북내륙의 산간 지방에서는 산채와 버섯들이 많이 있어 그것으로 만든 음식이 유명하다. 음식 맛을 낼 때 된장을 즐겨 사용하며, 사치스럽지 않고 양념도 그리 많이 쓰지 않고 자연 그대로의 맛을 살리는 편이다.

간월도의 어리굴젓, 겨울에 해먹는 청국장과 올갱이국, 호박꿀단지 등이 유명하다.

청국장

④ 강원도

강원도는 영서 지방과 영동 지방에서 나는 산물이 크게 다르고, 산악 지방과 해안 지방도 마찬가지로 다르다. 산악이나 고원 지대에는 옥수수, 메밀, 감자 등이 많이 생산되고 논농사보다 밭농사가 더 많다. 산에서 나는 도토리, 상수리, 산채 등은 옛날에는 구황식물에 속했지만 지금은 기

감자떡

호식품으로 많이 이용하고 있다. 동해에서는 명태, 오징어와 미역 등 해초가 많이 나서 이를 가공한 황태, 마른오징어, 마른미역, 명란젓, 창란젓 등이 있다. 산악 지방에서는 육류를 거의 쓰지 않는 음식이 많으며, 해안 지방에서는 멸치나 조개 등을 넣어 음식 맛을 돋우며 극히 소박하고 먹음직하다.

⑤ 전라도

전라도는 땅과 바다, 산에서 나는 산물들이 골고루 있고 종류도 많은 편이어서 재료가 아주 다양하다. 특히 음식에 들이는 정성이 유별나서 음식 사치가 전국에서 두드러지는 곳이다. 특히 전주, 광주, 해남 등의 각 고을마다 부유한 토반들이 대를 이어 살아서 가문의 좋은 음식들이 대대로 전수되는 풍류와 맛의 고장이다. 전라도는 기후가 따뜻하여 음식의 간이 센 편이고, 젓갈류와 고춧가루와 양념을 많이 넣는 편이어서 음식이 맵고 짜며 자극적이다. 예를 들면 갓쌈김치, 고들빼기지, 젓갈, 문어오림, 애저, 홍어회, 비빔밥 등이 있다.

홍어찜

⑥ 경상도

경상도는 남해와 동해에 좋은 어장을 가지고 있어 해산물이 풍부하고, 경상남북도를 크게 굽어 흐르는 낙동강은 풍부한 수량으로 주위에 기름진 농토를 만들어 농산물도 넉넉하다. 음식의 맛은 대체로 맵고 간이 센 편으로 투박하지만 칼칼하고 감칠맛이 있다. 음식에 지나치게 멋을 내거나 사치스럽지 않고 소담하게 만들지만 방아잎과 산초를 넣어 독특한 향기를 즐기기도 한다. 싱싱한 바닷고기는 회로도 먹지만 국도 끓이고 찜이나 구이를 하기도 한다. 경상도 지방은 된장을 많이 먹는 편으로 막장과 담북장을 즐긴다. 화반이라 불리는 진주의

안동식혜

비빔밥, 안동식혜, 동래파전, 추어탕 등이 유명하다.

⑦ 제주도

우리나라의 제일 남쪽 섬으로 기후가 따뜻하고, 근해에서 잡히는 어류도 특이한 것이 많이 있다. 예전에는 해촌, 양촌, 산촌으로 구분되어 그 생활 상태가 차이가 있었다. 양촌은 평야지대로 농업을 중심으로 생활하였고, 해촌은 해안에서 고기를 잡거나 해녀로 잠수어업을 하고, 산촌은 산을 개간하여 농사를 짓거나 한라산에서 버섯·산나물·고사리 등을 채취하여 생활하였다. 쌀은 거의 생산되지 않고 콩, 보리, 조, 고구마 등이 많이 생산되었다. 감귤과 전복, 옥돔이 가장 잘 알려진 특산물이다.

제주도 음식에는 어류와 해초가 많이 쓰이며, 된장으로 맛을 내는 것이 많다. 사람들의 부지런하고 꾸밈없는 소박한 성품이 음식에도 반영되어 음식을 많이 장만하지 않고, 양념도 적게 쓰며, 간은 대체로 짜게 하는 편이다. 제주도의 자리물회, 옥돔, 전복, 해물뚝배기, 빙떡 등이 유명하다.

빙떡

⑧ 황해도

황해도는 북쪽 지방의 곡창지대인 연백평야와 재령평야에서 쌀 생산이 많고 잡곡의 질도 좋다. 곡식의 질이 좋아서 가축의 사료가 좋아 돼지고기, 닭고기의 맛이 유별하다. 해안 지방은 조석간만의 차가 크고 수심이 낮으며 간석지가 발달해 소금의 생산이 많다. 황해도는 인심이 좋고 생활이 윤택한 편이어서 음식을 한 번에 많이 만들며, 음식에 기교를 부리지 않고 구수하면서도 소박하다. 송편이나 만두도 큼직하게 빚고, 밀국수도 즐겨 만든다. 간은 별로 짜지도 싱겁지도 않으며, 충청도 음식과 비슷하다. 남매국, 호박지찌개, 연안식해, 냉콩국수, 돼지족조림 등이 유명하다.

호박지찌개

⑨ 평안도

평안도는 동쪽은 산이 높아 험하지만 서쪽은 서해안에 면하여 해산물도 풍부하고, 넓은 평야로 곡식도 풍부하다. 옛날부터 중국과의 교류가 많은 지역으로 평안도 사람의 성품은 진취적이고 대륙적이다. 따라서 음식도 먹음직스럽게 크게 만들고 양도 푸짐하게 많이 만든다. 곡물 음식 중에서는 메밀로 만든 냉면과 만두 등 가루로 만든 음식이 많다. 겨울에 추워 기름진 육류 음식도 즐겨 하고, 밭에서 많이 나는 콩과 녹두로 만드는 음식도 많다. 음식의 간은 대체로 심심하고 맵지도 짜지도 않다. 평안도 음식으로 가장 널리 알려진 것이 냉면과 만두, 녹두빈대떡 등이다.

어복쟁반

⑩ 함경도

함경도는 나라의 가장 북쪽에 위치하며, 험한 산골이 많고 동해 바다에 면하고 있어 음식 또한 독특하게 발달되었다. 곡식은 밭곡식이 많으며, 이남 지방의 곡식과는 달리 매우 차지고 맛이 구수하다. 고구마와 감자도 품질이 좋아서 녹말을 가라앉혀서 눌러 먹는 냉면, 국수가 발달되었다. 함흥냉면은 녹말가루로 국수를 빼고, 특히 생선회를 맵게 비벼 먹는 독특한 음식이다. 다대기라는 말도 이 지방에서 나온 것으로 미루어, 고춧가루 양념이 애용되었다는 사실을 알 수 있다. 북쪽으로 올라갈수록 음식의 간은 세지 않고 맵지도 않으며 담백한 맛을 즐긴다. 또 음식의 모양도 큼직큼직하여 대륙적인 냄새가 많이 나고, 장식이나 기교가 적은 음식이 발달했다고 할 수 있다. 함경도 음식으로 가장 널리 알려진 것은 함흥냉면, 순대, 가자미식해, 감자막가리만두, 동태순대, 북어전 등이다.

북어식해

(3) 의례식

사람이 출생하여 이승을 떠날 때까지 치르는 의식을 통과의례라 하는데, 동양 문화권에서는 인륜지대사라 하여 사례(四禮)를 치르는 일을 매우 중요하게 여긴다. 사례란 곧 관례·혼례·상례·제례를 말하는데, 그중에서 상례와 제례는 그 자손이 치르게 되는 의례이다. 여러 가지 의식 가운데 길한 일은 출생·돌·관례·혼례·회갑례·회혼례 등이며, 궂은일은 상례와 제례가 있다. 모든 의식 절차는 의례법으로 정해져 있고, 모든 의식에는 빠짐없이 특별한 식품이나 음식을 반드시 차리는데, 거기에는 기원·복원·기복·존대의 뜻이 따른다.

① 관례

관례는 남자, 계례는 여자의 성년식을 말한다. 남자는 어른이 되는 의례로 복색을 어른 옷으로 입고, 머리는 올려 상투를 틀어서 갓을 쓰는 의식을 행하였다. 여자는 시집가기 직전에 머리를 쪽 찌고 비녀를 꽂는 예가 있다. 갑오경장 이후 1895년 단발령이 내려지면서 없어지게 되었다. 시대에 따라 다르나 남아는 15~20세 때 정월 중에 택일하여 장가를 가지 않았더라도 관례를 행하였다. 관례날을 택일하고 2~3일 전에 사당에 고유(告由)하는데 제수는 주(酒), 과(果), 포(脯) 또는 해(醢) 등으로 간소하게 차린다. 2013년부터 민법상으로는 만 19세를 성년으로 하며, 5월 셋째 월요일을 '성년의 날'로 정하여 성년이 되는 이들을 모아서 합동으로 의식을 행하고 있다.

② 혼례

혼례는 남녀가 부부의 인연을 맺는 일생일대의 가장 중요한 행사 중 하나이다. 신랑 신부가 혼례식을 올릴 때 절을 하는 상을 대례상이라고 하는데, 먹는 음식으로는 떡과 과일류 외에는 차리지 않는다. 쌀, 팥, 콩 등의 곡물과 대나무, 사철나무를 놓는다. 잔치에 온 손님들에게 장국상을 마련하여 대접한다.

사례하여 의혼(議婚), 납채(納采), 납폐(納幣), 친영(親迎)의 절차가 있으며 문명(問名), 납길(納吉)을 더하여 육례의 여섯 단계로 보기도 한다.

이 중에 납채는 신랑집에서 신부집에 함을 보내는 절차로 봉채떡(혹은 봉치떡)이 사용된다. 납폐일에 신부집에서는 함이 들어올 시간에 맞추어 북쪽으로 향한 곳에 돗자리를 깐 다음 상을 놓는다. 그리고 상위에 붉은색 보를 덮은 뒤 다시 떡시루를 얹어 기다리다가 함이 들어오면 함을 시루 위에 놓고 북향 재배를 한 후 함을 연다. 바로 이때 사용되는 떡이 봉채떡이다. 봉채떡은 찹쌀 3되, 팥 1되로 찹쌀시루떡 두 켜만을 안치되 위켜 중앙에 대추 7개를 방사형으로 올린다. 봉채떡을 찹쌀로 하는 것은 '부부의 금실이 찰떡처럼 화목하게 귀착되라' 는 뜻이며, 떡을 두 켜로 올린 것은 부부 한 쌍을 상징하는 것이다. 또 붉은 고물은 벽화를, 대추 7개는 아들 7형제를 상징하여 남손번창(男孫繁昌)을 원했다.

함 받을 때 쓰이는 봉채떡으로, 찹쌀로 만들어 화목한 부부 금실을 기원하였다.

③ 상례

부모님이 수를 다하여 돌아가시면 자손들은 경건하고 엄숙하게 예를 갖추어 의식 절차에 따라 장사를 지내게 되는데, 이것이 상례이다. 마지막으로 입에 버드나무 수저로 쌀을 떠 넣어 이승의 마지막 음식을 드리고 망인을 저승까지 인도하는 사자(使者)를 위해 사잣밥을 해서 대문 밖에 차린다. 입관이 끝나면 혼백상을 차리고 초와 향을 피운다. 주, 과, 포를 차려놓고 상주는 조상(弔喪)을 받는다.

출상 때는 제물을 제기에 담아 여러 절차를 치르고 봉분을 하고 돌아와서는 상청을 차린다. 예전에는 만 2년간 조석으로 상식(上食)을 차려 올렸다. 특히 초하루와 삭망은 음식을 더욱 정성껏 마련하고 곡성을 내고 제사를 지낸다. 상중에 돌아가신 분이 생신이나 회갑을 맞으면 큰 제사를 지낸다. 현재의 가정의례준칙으로는 백일 탈상을 한다.

④ 제례

제례는 가가례(家家禮)라 하여 집안이나 고장에 따라 제물과 진설법이 다르다. 제사란 자손이 생전에 못다 한 정성을 돌아가신 후에 효도로써 올리는 일이니 무엇보다 정성이 중요하다. 제사에 차리는 제물은 주, 과, 포가 중심이고 떡과 메, 갱, 적, 전, 침채, 식혜 등 찬물을 놓는다.

제상과 제기는 평상시에 쓰는 것과는 구별하여 마련한다. 제상은 검은 칠을 한 다리가 높은 상이고, 제기는 굽이 있는 그릇으로 나무·유기·백자 등으로 한 벌을 맞추어 마련한다. 신위를 모시는 주독(主櫝)을 넣는 교의(交椅)와 향로, 모사기, 향합, 퇴주기, 수저 등도 준비한다. 신위가 없을 때는 백지에 지방을 써서 병풍에 붙이고 제사 후에 소지(燒紙)한다.

제상은 북향으로 놓고 뒤에 병풍을 치고 앞에 초석을 깔고 향상을 놓는다. 제기는 담는 음식에 따라 모양이 다르다. 메(밥)는 주발에 담고 갱은 깊이 있는 탕기에 건지만을 담으며, 전·나물 등의 찬은 다리가 달린 쟁첩에 담고, 침채는 보시기에 담고, 간장·초·꿀 등은 종지에 담는다. 떡은 사각 진 편틀에 시루편을 아래 고이고 위에 송편, 화전, 주악 등 웃기떡을 올린다. 적은 적틀에 생선적, 쇠고기적, 닭적의 순으로 한 그릇에 쌓아 올려서 담는다.

제사상 주, 과, 포가 중심이고 떡과 메, 갱, 적, 전 등을 놓는다.

(4) 시절식(時節食)

예부터 우리 조상들은 명절과 춘하추동 계절에 나는 새로운 음식을 즐겨 먹는 풍습이 있다. 다달이 있는 명절날에 해먹는 음식을 절식이라

	명절 및 절후명	음식의 종류
1월	설날	떡국, 만두, 편육, 전유어, 육회, 느름적, 떡찜, 잡채, 배추김치, 장김치, 약식, 정과, 강정, 식혜, 수정과
	대보름	오곡밥, 김구이, 아홉 가지 묵은 나물, 약식, 유밀과, 원소병, 부럼, 나박김치
2월	중화절	약주, 생실과(밤·대추·건시), 포(육포·어포), 노비송편, 유밀과
3월	삼짇날	약주, 생실과(밤·대추·건시), 포(육포·어포), 절편, 화전(진달래), 조기면, 탕평채, 화면, 진달래화채
4월	초파일 (석가탄신일)	느티떡, 쑥떡, 양색주악, 생실과, 화채(가련수정과·순채·책면), 웅어회 또는 도미회, 미나리강회, 도미찜
5월	단오 (오월오일)	증편, 수리취떡, 생실과, 앵두편, 앵두화채, 제호탕, 준치만두, 준칫국
6월	유두 (유월보름)	편수, 깻국, 어선, 어채, 구절판, 밀쌈, 생실과, 화전(봉선화·감꽃잎·맨드라미), 복분자화채, 보리수단, 떡수단
7월	칠석 (칠월칠일)	깨찰편, 밀설기, 주악, 규아상, 흰떡국, 깻국탕, 영계찜, 어채, 생실과(참외), 열무김치
	삼복	육개장, 잉어구이, 오이소박이, 증편, 복숭아화채, 구장, 복죽
8월	한가위 (팔월보름)	토란탕, 가리찜(닭찜), 송이산적, 잡채, 햅쌀밥, 나물, 생실과, 송편, 밤단자, 배화채, 배숙
9월	중양절 (구월구일)	감국전, 밤단자, 화채(유자·배), 생실과, 국화주
10월	무오일	무시루떡, 감국전, 무오병, 유자화채, 생실과
11월	동지	팥죽, 동치미, 생실과, 경단, 식혜, 수정과, 전약
12월	그믐	골무병, 주악, 정과, 잡과, 식혜, 수정과, 떡국·만두, 골동반, 완자탕, 갖은전골, 장김치

하고, 시식은 춘하추동 계절에 따라 나는 식품으로 만든 음식을 통틀어 말한다. 예부터 홀수이면서 같은 숫자로 되는 날을 큰 명절로 여겼는데 단일(端一), 단삼(端三), 단오(端午), 칠석(七夕), 중구(重九)가 있다.

(5) 사찰식

불가에서는 살생을 금하므로 육식을 하지 않고 오직 땅에서 얻어진 것만을 음식으로 삼는다. 승려들의 식사를 발우공양(鉢盂供養)이라 한다. 발우공양의 예법은 매우 엄하다. 사람마다 바리때를 대, 중, 소로 포개지게 만든 나무 그릇과 발우전대(자루), 나무 수저 한 벌, 수저집 하나, 식지(食紙 : 면지) 한 장을 가지고 자기가 관리 보관한다. 큰 수건은 냅킨이고 작은 수건은 행주다.

음식은 밥, 국, 물, 찬을 네 그릇에 덜어 받고 조금도 남기지 않고 먹는다. 물을 마시고 나서 그 자리에서 모두 씻어 행주질하여 다시 전대에 담아 선반에 얹는다. 그릇은 절마다 비치되어 있어 스님은 어느 절에 가나 공양을 하고 자유로 발우를 쓸 수 있다. 그 예법은 매우 예의 바르고 검소하고 겸손하다.

사찰에서 쓰는 음식은 식물성 식품에 소금, 간장, 참깨, 참기름, 들기름, 콩기름, 고추, 후추, 생강을 양념으로 쓰지만 오신채(五辛菜 : 파, 마늘, 달래, 부추, 흥거)는 음욕과 분노를 유발한다고 금기식품으로 되어 있다. 김치는 생강, 고추, 소금만으로 담는다. 영홍상에 쓰는 음식은 고추를 쓰지 않는다. 채소 중에서도 산채를 주로 쓰고 김, 미역, 다시마를 많이 쓴다. 조리법은 여염집에서 하는 식대로 하고 식품만 식물성으로 제한한다.

③ 한국 음식의 특징

우리나라 식생활 문화의 기본은 자연환경이 기본 요인이 되어 그 영향을 받아 만들어졌다. 농업의 시작은 잡곡 중 소립곡인 기장, 조, 콩으로 시작하였으나 벼농사의 도입으로 주식곡이 쌀이 되어 수천년을 밥을 주식으로 하여 생활해왔다.

우리나라의 토양과 기온, 강수량 등이 벼농사를 하기에 적합한 조건을 갖추었고 국가의 꾸준한 권농정책으로 미곡이 증산되니 자연 여러 가지의 쌀로 만들어 먹는 음식이 발달하게 되었다. 그러나 자연 조건

개다리 소반에 차려진 3첩반상으로 서민들의 상이다.

이 어디나 좋은 것은 아니어서 벼농사가 불가능한 지역에서는 각각 그 풍토에 따라 조, 기장, 보리 등 잡곡농사를 하였다. 이와 같은 결합재배의 환경에서 우리의 주식 문화는 쌀과 잡곡을 겸하는 혼용 음식의 특징을 갖게 되었다.

한편 산지가 많아 광활한 목축 경영은 불가능했지만 대두의 원산지에 근접했으므로 일찍부터 콩을 재배하여 콩 가공품인 장이 모든 음식의 바탕이 되었다. 삼면의 바다에서 나는 어물은 찬거리도 되지만 가공한 젓갈과 간절이한 염장 생선, 마른 생선은 곡물 음식에서 부족한 단백질 급원 음식으로 영양의 균형을 꾀할 수 있었다. 사철이 있으므로 흔한 철의 채소나 과일은 겨울을 대비해서 저장발효식으로 개발되었고, 비타민 보유에 좋은 건강 음식으로 발전하여 오늘날에는 세계화할 수 있는 식품으로 선호되고 있다.

한국 음식에서 전통 음식이 그대로 전승될 수 있는 이유는 토산물, 의례인 혼인과 제사, 명절에 상차림을 해서 서로 나누어 먹고 즐겼기 때문이며 궁중, 양반, 서민들의 일상 생활에서 먹는, 대대로 내려오는 가전 음식을 중히 여겼기 때문이다.

우리의 전통 음식은 오랜 세월 나름대로의 필연성과 과학성을 가지고 지켜내려온 것이므로 그 장단점을 찾아보는 것이 우리 음식을 발전시키는 길이 되겠다.

(1) 곡물을 중히 여겨 곡물 음식이 다양하다

우리 민족은 농경이 주업이므로 곡물을 가장 중요하게 여긴다. 쌀을

주식으로 하며 다른 곡물을 같이 먹게 한 점이 영양상 균형 잡힌 식사를 하도록 했다.

벼농사에 필요한 환경 조건을 갖추고 있어 벼를 제일의 주작물로 정착시켜 쌀밥을 주식으로 삼게 되어 쌀 음식은 물론이고 쌀과 잡곡 혼합 음식의 솜씨가 출중하여 곡물 음식을 다양하게 발달시켰다.

그 곡물로 만드는 음식에는 죽, 국수, 만두, 수제비, 떡 등이 있어 일상식의 상차림에서 주식이 된다. 또 발효식인 장을 만들어 음식의 간과 맛을 내는 조미료로 발달시켰으며, 호화시킨 곡물에 맥아를 첨가하여 당화시킨 엿을 만들어 모든 음식 특히 과자에 없어서는 안 될 감미료가 되었다.

쌀 다음은 보리와 밀, 그 밖의 잡곡인 조, 콩, 메밀, 팥, 수수, 옥수수 등이 있다. 이러한 곡식들은 쌀이 없는 시기에 대용식이 되고 쌀과 잡곡을 섞어 먹음으로써 자연히 건강식을 하게 되었다. 잡곡은 주식 외에 떡, 묵, 장, 떡고물, 과자 등 다양한 곡물 음식을 만드는 좋은 원료가 된다.

(2) 주식과 부식이 명확하게 구분되어 있고 주식에 따라 찬을 구성하므로 완벽한 한끼 식사가 된다

우리의 식생활은 주식인 밥과 여러 가지의 찬물을 부식으로 먹는 것이 일상적인 식사의 형태다. 부식은 채소, 육류, 어류 등의 재료와 다양한 맛의 조미료로 조리법을 달리하여 여러 가지 찬을 마련한다. 기본적으로 수조육, 채소, 해조류로 국물 음식인 국이나 찌개를 한 가지 하고 그 밖의 찬물은 형편에 따라 다소를 정하여 밥과 같이 상에 차린다. 예전에는 궁중은 모든 지역의 산물이 한자리에 집중되는 곳이라 고기 음식 등 귀한 음식들이 많이 만들어지고 농촌이나 일반 서민들은 제한된 환경 조건과 넉넉지 못한 사정으로 물자를 구하기 힘들어 육류나 어류의 찬거리가 귀해 채소로 만든 찬물이 많았다. 그리하여 소량의 동물성 식품의 섭취에서 오는 영양분의 부족을 콩으로 만든 장류와 두부 등 식물성 단백질로 보충했고, 또한 참기름·들기름·콩기름 등 식물성 유지류의 섭취로 열량과 영양분을 보충할 수 있는 방법이 모색되었다.

곡물 위주의 주식을 하게 됨으로써 부족하기 쉬운 영양의 균형을 맞추기 위해 다양한 찬이 만들어졌고 주식과 부식은 별개로 발전하였다. 우리 일상식의 기본 양식은 밥과 반찬으로 구성한 소위 주식과 부식의 구성체이다. 일상식의 음식 구성 원칙은 같은 식품과 같은 조리법이 중복되지 않도록 하는 것을 기본 원칙으로 하여 여러 가지 식품과 여러 가지 조리법을 고르게 배합하는 것이다. 즉 균형 있는 영양 섭취를 이룰 수 있도록 설정하였다.

(3) 다양한 재료와 고유한 조미료를 여러 가지 조리 방법으로 응용, 음식의 수를 늘렸다

북어로 만든 3가지 음식. 북어찜, 북어구이, 북어보푸라기

곡류를 중심으로 구성된 주식은 밥, 죽, 국수, 만두, 떡국, 수제비류로 나뉘고 350가지 이상이 있다. 부식은 우리 음식의 반 이상을 차지하며 육류, 어류, 채소류, 해초류 등을 재료로 하여 국, 찌개, 찜, 전골, 구이, 전, 조림, 볶음, 편육, 나물, 생채, 젓갈, 포, 장아찌, 김치 등의 조리법으로 1500가지 이상이 있다. 일상식 외에 떡, 과자, 엿, 화채, 차, 술 등의 기호 음식은 우리 음식의 $\frac{1}{4}$을 차지하며 800여 가지가 있다.

계절 재료나 기후에 맞는 저장발효식과 저장식품인 장, 김장, 마른 채소, 젓갈, 포를 미리 준비하는 것도 다양한 음식을 만들게 한 요인이 되었다.

지역적인 특성, 궁중이나 사찰의 의례는 다양하고 격이 있는 특별한 음식을 많이 만들게 했다. 통과의례에서의 상차림은 손님 접대 음식과 기호식인 떡, 과자와 많은 수의 사람을 일시에 먹일 수 있는 유용한 단체 음식인 국수장국, 비빔밥, 국밥 등도 만들게 했다.

(4) 발효식인 장류를 음식의 간과 맛을 내는 기본으로 하고, 향신료인 양념은 색다른 감칠미를 주고 음식의 맛을 다양하게 만든다

음식의 맛을 내는 데는 여러 가지 조미료를 복합하여 쓰는데, 우리나라 음식의 대부분은 '갖은 양념'이라 하여 간장·설탕·파·마늘·깨소금·참기름·후춧가루·고춧가루 등을 고루 넣는다. 이는 한국인이 식품 자체가 가진 맛보다는 식품 재료에 여러 가지로 조미하여 어우러진 복합된 맛을 즐겨 먹는 이유가 되었다. 반면 곰국이나 영계백숙, 단순 재료로만 해서 먹는 회나 구이 등은 소금, 후춧가루 등으로 단순하게 조미하여 담백한 맛을 즐겼다.

주식품에 함유된 성분에 영양적 균형과 맛의 진미를 나타나게 하는 양념은 우수한 조리과학의 면을 보여준다. 양념은 발효식의 숙성을 돕고 질감을 상승시키고 보존성을 향상하며 악취를 억제하고 감소시켜 우리 맛만이 가진 조화의 맛을 살린다. 특히 일상 음식인 찬에는 깨와 참기름이 거의 다 들어가 좋은 지질을 섭취할 수 있고, 고소한 풍미와 윤기는 음식을 맛깔스럽게 보이게 해 식욕을 돋운다.

장독대 우리 음식의 간과 맛을 내는 기본은 발효식인 장류다.

(5) 동물성 식품과 식물성 식품을 균형 있게 배합하여 하나의 음식을 만들고 양념을 사용하는 조리 방법이 과학적이다

주재료를 확실히 하면서 부재료를 쓴다. 고기가 주재료인 찜과 탕에는 채소, 버섯을 같이 쓴다. 궁중 음식에서는 고기를 주음식으로 하거

조미 식품이 음식에 첨가되어 맛과 영양에 주는 역할

- **가. 된장** : 짠맛과 복합적인 맛.
- **나. 간장과 고추장** : 프로테이스로 인해 재워둔 고기의 맛을 향상시킨다. 단백질 분해 효소가 있으며, 단백질을 공급하고, 채소의 풋내를 제거하며, 아밀로즈와 프로테이스로 소화를 도와준다. 정장작용, 고추장의 매운맛으로 비위를 가라앉히고 발한 작용으로 노폐물을 배설시킨다.
- **다. 식초** : 신맛으로 식욕을 증진시킨다.
- **라. 젓갈류** : 정미 성분으로 발효되어 복합적인 맛과 감칠맛을 낸다.
- **마.** 그 외 각종 조미료들은 식품의 맛을 상승시키고 감칠맛을 낸다.

양념이 음식에 첨가되어 영양·생리학적으로 주는 영향

- **가.** 파는 곡류에 없는 비타민 A와 C의 공급원이 되고, 황화아릴의 비타민 B_2는 혈중의 비타민 B_1의 농도를 높인다. 비타민 B_1 음식(콩과 콩제품) 등과 먹으면 좋다.
- **나.** 마늘의 알리신은 비타민 B_1과 결합하여 알리티아민을 만들며 이것은 B_1의 분해효소에 의해서 분해되지 않는다. 마늘은 부족하기 쉬운 비타민 B_1의 흡수를 돕는 좋은 식품이다.
- **다.** 참기름은 육류와 같이 먹으면 육류에서 오는 혈청인 콜레스테롤을 떨어뜨리는 역할을 하는 필수지방산의 좋은 급원 식품이다. 기름의 산패를 막고, 체내에서 지용성 비타민의 산패를 막는 역할도 한다. 또한 지용성 비타민의 흡수를 돕는다.
- **라.** 깨소금은 칼슘을 많이 함유하고 있고 철분의 함량도 높으며 비타민 B_1, B_2의 좋은 급원이다.
- **마.** 고추(가루)는 적당량의 캅사이신으로 위산 분비를 촉진하여 칼슘의 용해도를 높여 흡수를 돕고, 김치에 많이 들어가 비타민 A와 C의 주요 급원체가 된다.
- **바.** 생강은 조리시에 어육류의 냄새를 없애고 맛과 향기를 돕고 건위제로 알려져 있다.
- **사.** 저장채소 음식인 김치는 채소가 가진 향미, 짠맛, 풍부한 향신채의 향, 발효로 인한 산미, 특유한 채소의 질감으로 쌀밥을 먹는 한국인에게는 최고로 과학적인 반찬이다.

닭찜 육류인 닭과 채소를 같이 써 영양의 균형을 맞추었다.

약식 몸에 좋은 꿀과 참기름을 첨가, 약식동원의 기본 사상이 들어 있다.

나, 고기가 들어가지 않는 음식에는 표고버섯을 같이 넣는다. 나물에 기름기인 깨와 참기름을 꼭 넣는 것도 그 과학적인 실례라 할 수 있다. 재료를 적당히 섞어 쓰고, 조미료와 양념을 알맞게 넣으므로 우리 몸을 건강하게 하는 영양적 기능과 상호 상승 효과에서 전래 음식이 얼마나 과학적인가를 알 수 있다.

조리하는 과정에서도 찌거나 끓이는 일차적 조리법이 많아 영양 손실이 적어 식품이 가진 영양을 그대로 섭취하도록 했다.

(6) 음식 각각에 의식동원(醫食同源)의 기본 정신이 배어 있다

한국 음식의 재료의 배합이나 조미료의 쓰임새는 의식동원(醫食同源)이나 약식동원(藥食同原), 즉 '입으로 먹는 음식이 몸에 약이 된다' '먹는 음식이 곧 약이 된다' 라는 근본 사상을 내재하고 있다.

동의보감(東醫寶鑑)에서도 병을 예방하고 치료하는 데는 식생활을 바르게 해야 함을 주장하고 있다. '음식이 바로 약이고 음식을 바르게 먹는 것이 바로 의(醫)의 행위이므로 병이 나면 음식으로 먼저 다스리고 다음에 약을 쓰는 것' 이라고 하였다.

조선의 의학과 향약에 대한 국가시책은 가정의 식생활에까지 큰 영향을 끼쳐 양생음식, 보양음식으로 보편화시키고 민중의 식생활에 자리 잡게 되었다.

죽이나 떡에 율무·마·복령 등 한약재를 넣어 보양음식·보신·병후회복식으로 먹게 했으며, 음료도 인삼·생강·대추·계피·오미자·구기자 등 한약재를 쉽게 마실 수 있는 탕차로 만들어 먹었다. 술에도 약재를 넣어 몸을 보하는 약용술로 만들어 반주를 하고, 무더운 삼복에는 인삼·찹쌀·마늘·밤·대추 등의 약재를 닭과 같이 푹 고아 먹는 계삼탕과 같은 보신음식을 만들어 먹게 한 기술이 바로 의식동의(醫食同意)를 실천한 예가 될 것이다.

일상의 음식에 꿀, 후추, 계피, 생강, 마늘이 늘 양념으로 쓰이고 잣, 호도, 은행, 밤, 대추가 고명으로 쓰임은 적은 양이라도 매일 조금씩 자연스럽게 약으로 섭취되도록 한 예이다.

양념이란 말은 한문으로 약념(藥念)으로 표시하는데, 이는 여러 조미료를 쓸 때 '몸에 이로운 약이 되도록 염두에 둔다' 라는 뜻이라 할 수 있다. 그리고 약과(藥果), 약식(藥食), 약주(藥酒) 등 꿀과 참기름 등을 많이 넣어 맛을 낸 최상의 음식에 약(藥)자가 붙은 것을 보면 약식동원의 근본을 더욱 잘 알 수 있다.

(7) 세심한 음식의 기술을 정성이라 하여 맛을 우선으로 하고 만물의 원리를 음양오행에 이치를 두고 오색의 재료와 오색 고명을 써 상대에 대한 극진함을 표현하며 멋을 낸다

한국 음식 재료의 색은 오방색(흰색, 검은색, 녹색, 붉은색, 노란색)의 범위에 있다. 구절판과 신선로는 각각의 색을 따로 나타내어 한 그릇에 모아 아름답게 꾸미고, 잡채나 탕평채는 각각의 색을 섞어 쓴다. 한 가지 재료로 만드는 전이나 나물은 삼색이라 하여 한 그릇에 세 가지를 같이 담는다. 고사리, 도라지, 시금치나물을 같이 담거나 생선전, 호박전, 고기완자전을 같이 담는 것이 그렇다. 생채를 해도 소금, 간

시금치나물에는 실깨를 고명으로 뿌려 정성을 표현한다.

장, 고춧가루로 빛을 달리하여 한 그릇에 담는 법이 우리 음식의 색 내는 법이고 멋이라 할 수 있다.

떡과 한과를 만들 때는 자연색을 내는 약재나 약초, 꽃, 꽃가루 등을 넣어 물을 들여 만드는데, 이 기술은 한국 음식에서만 찾을 수 있는 음식의 멋내기이다.

음식에 대하여 멋을 과장되게 내지 않고 주음식을 돋보이게 하는 방법으로 위에 오색의 고명이나 하얀빛의 깨와 잣을 뿌린다. 탕에는 달걀지단이나 푸른 파잎을, 국물김치에는 실고추를, 고기찜에는 지단을, 국수장국에는 오색 고명채를 쓴다. 탕평채와 잡채에서도 오색 고명을 쓰고, 나물에는 실깨를, 수정과와 식혜에서는 잣을 뿌리는 등 제대로 갖춘 음식이라면 당연히 고명을 올리는 것으로 되어 있다.

의례적 상차림인 고임상이나 큰상을 차릴 때는 색감을 가장 화려하고 다양하게 하여 높이가 있게 음식들을 무늬를 놓으며 쌓기 때문에 예술적인 표현이 극에 이른다.

(8) 상차림에서는 조리법, 식사 예절 등이 유교의 영향을 받아 어른 공경을 우선으로 하는 쪽으로 발전했다. 상차림법의 식단 구성이 주식, 때, 먹는 이에 따라 달라지며, 반가에서는 제사와 손님 대접에 필수인 가향주가 있어야 하겠기에 술 담그는 솜씨와 술안주의 솜씨가 특출했다

조상 제사를 잘 지내고 집안에 오시는 손님 대접을 잘하는 것이 옛 부인의 덕목이었으니 여성들의 음식 솜씨를 늘릴 수 있는 기회가 되었다. 지금도 집안 대대로 이어받은 가전 음식이 가장 맛있다고 평가받는다. 대가족제도에서 주부의 역할은 힘이 들었으나 체계적인 식생활 관리나 집안의 연중행사 준비는 음식 솜씨를 지속적으로 늘리고 개발하는 계기가 되었을 것이다.

일상의 반상차림은 한 사람씩 차리는 외상차림이고, 반드시 어른이 먼저 들고 나서 아랫사람이 먹는다. 찬은 먹기 쉬운 형태로 다지거나 곱게 채 썰어 조리하고 한입에 들어가도록 작게 만든다. 더욱이 독상에는 올라가는 찬그릇이 작아 음식도 작게 만들었다. 독상차림은 특별한 신분의 사람이 아니라면 식사 때 서빙을 하지 않으므로 상에서 잘라 먹는 일이 없도록 했고, 가시나 뼈가 없게 세심하게 신경을 써서 만들었다. 상 위에 음식을 차리는 법도 먹는 이가 가장 편한 자세로 먹을 수 있게 위치를 정하여 놓는다. 국물 음식은 오른쪽에, 뜨거운 음식은 앞에, 신선하고 특별한 음식은 앞에, 밑반찬은 왼쪽에 놓는 법이다. 수저를 상에 놓는 자리나 사용법, 음식을 먹는 순서, 식사의 예법도 엄격하다.

한국 음식에 사회적으로 가장 영향을 끼친 것은 조선시대의 유교사상이다. 의례를 매우 중히 여기어 돌, 혼례, 회갑, 상례, 제례 등의 통과의례 행사에는 반드시 음식을 마련하며 의례의 의미를 새기고 차린 음식을 참여한 손님과 다같이 나누어 먹음으로써 가족간 이웃간 친화를 이루는 계기를 마련했다.

새로 나온 먹거리나 음식은 조상에게 먼저 올리고, 그 다음에는 최고 어른, 가장의 순서대로 올려 집안의 계통을 바로 했다.

반상에서의 토구(가시, 뼈 등을 발라내는 그릇) 사용법.

(9) 명절식(名節食)과 시식(時食)의 풍습이 있어 민족의 동질감, 일체감을 갖고 나눔의 의미를 부여하는 공동식이 발달했다. 더불어 생활에서의 멋을 시식 음식에서 찾았다

정월 초하루는 모든 한민족이 흰 떡국으로 시작하여 무사안일과 복을 비는 날이며, 대보름에는 오곡밥과 묵은 나물, 부럼을 먹어 무병하고 힘을 내어 일년을 일 잘하자는 날로 삼았다. 추석에는 결실과 수확의 기쁨을 조상께 감사하며 서로 햇것으로 음식을 해서 나누어 먹으면서 기쁨을 나누고, 동지에는 팥죽을 쑤어 먹어 나쁜 일이 생기지 않기를 기원하는 날로 명절의 의미를 새기며 아직도 좋은 풍습으로 남아 있다.

계절별로 산출 식품이 달라 계절 기후에 맞게 음식을 마련해야 했으므로 우리 음식에는 계절성이 확연하다. 제철에 새로 나오는 식품들로 계절 음식인 떡, 음료, 탕, 반찬을 해서 자연의 변화를 삶의 여유로움으로 느끼며 살았다. 계절에 나오는 재료를 음식으로 해서 먹는 법은 자연의 순리에 맞추어 건강하게 잘살 수 있는 방법이며 정서를 순화하는 좋은 방법이다.

(10) 다양한 지리적 조건에 맞추어 토속적인 민속 음식이 많고 지방의 유림 세력의 농장 확장, 향음의례의 주도, 향시는 고급의 향토 음식을 만들어 정착시켰다

향토 음식은 그 지역 공간의 지리적·기후적 특성에서 생산되는 지역 특산물의 음식 소재를 가지고 그 지역에서만 전수되어오는 고유한 조리법으로 만들어진 음식이어서 어떤 전통 음식보다도 가치가 있는 토속민속음식(土俗民俗飮食)이다.

즉 고장마다 전승되어 있는 세시풍속이나 통과의례 또는 생활풍습 등은 문화적 특질이 있을 뿐 아니라 향토 음식에 미치는 영향적 의의도 크다고 본다.

토속 음식에는 계절적이며 한 그릇으로 충분한 영양을 취할 수 있는 실속 있는 음식이 많다. 예를 들면 추어탕, 만두, 비빔밥, 아욱죽, 범벅, 민물매운탕, 순대, 콩비지 등이다.

각 지방 유림에서의 제사에는 전통 음식이 가장 잘 보존되어 있으며 한 번에 많이 만들 수 있는 음식, 정성과 규모를 갖춘 음식을 만들었으며 아직도 그대로 음식법을 지켜내려오고 있다.

(11) 농사에 의존한 식생활의 어려움을 해결하기 위해 예부터 구황식품과 구황음식이 발달하여 새로운 차원의 건강식이 되었다

모든 생활의 원천을 농사에서 찾는 한국은 자연의 순환에 따라 풍년도 들고 기근이 들어 어려움을 겪기도 했다. 기후의 변동을 인력으로 조절할 수 없으므로 국가에서는 가뭄이나 수해와 같은 천재를 예상한 농업시책과 구휼시책을 시행하지만 한계에 이르면 어쩔 수가 없었다. 따라서 기근시에 연명할 수 있는 방안을 적은 구황서를 발행하여 보급하였다.

〈구황촬요〉〈구황벽곡방〉에 수록된 구황용 식품으로는 주로 산야에 자생하는 식물의 어린 잎, 어린 싹, 열매, 뿌리, 나무껍질로 산야에 자생하는 식용이 가능한 식물과 초목 등은 850여 종에 이른다. 지금에 와서 솔잎, 칡, 마, 둥굴레, 느티나무, 복령 등의 초근목피가 모두가 건강 다이어트 재료로 각광받는 것을 보면 이것 또한 한국 음식이 가진 특징이다.

소루쟁이, 달래, 냉이 등의 봄나물. 우리나라에는 예부터 시식(時食)의 풍습이 있다.

CHAPTER 2
궁중의 식생활 문화

왕권 중심의 문화였던 우리나라 음식 문화의 결정체는 '궁중 음식'이라고 할 수 있다. 궁중 음식은 각 고을에서 들어오는 진상품으로 조리 기술이 뛰어난 주방 상궁과 대령숙수(待令熟手)들의 손에 의해 최고의 솜씨로 다듬어져서 전승되어왔다.

궁중에서는 계절에 처음으로 나온 식품을 종묘에 천신하는 풍습이 있어 그것으로 음식을 만들어 왕께 올리므로 자연히 계절 음식과 명절 음식이 발달하였다. 또 이때의 잔치에는 반가의 양반들이 참가하여 궁중 음식은 반가 음식에 자연스럽게 영향을 끼쳤다.

궁중의 일상식은 이른 아침에는 보약이나 미음, 응이를 드시고 아침 수라와 저녁 수라를 드시는데, 수라상은 보통 12첩 반상이다. 수라, 탕, 조치, 찜, 전골, 침채 3가지는 기본이며 쟁첩에 12가지의 찬품을 담는다.

원행을묘정리의궤 중 낙남헌 양로연도(1795년)
정조가 모친 혜경궁홍씨 회갑과 부친 사도세자의 탄신 1주갑을 맞아 화성행궁에서 벌린 행사중 낙남헌에서 화성 노인 384인과 관료 노인 15명을 불러 자궁의 은덕을 알리는 잔치를 베풀었다. *서울대학교규장각 소장·출간한 〈원행을묘정리의궤〉 영인본(1994)에서 발췌

2. 궁중의 식생활 문화

1 궁중 음식의 배경

(1) 역사

우리나라의 음식 문화가 가장 발달한 곳은 궁중이라 할 수 있다. 우리나라는 예로부터 왕권 중심의 국가여서 정치는 물론 문화적·경제적인 권력이 궁중에 집중되어 있어 자연히 식생활도 가장 발달하였다. 조선시대만이 아니라 이전의 삼국시대, 고려시대에도 왕권 중심 국가로 궁중의 음식 문화는 발달했으리라 여겨지지만 현재 남아 있는 문헌 자료와 관련 유물 자료의 부족으로 소상히 밝힐 수는 없다.

이와 같이 한국의 음식 문화는 여러 왕조로 계승되어 조선왕조까지 내려오면서 음식법이 연마되며 이루어졌다. 조선시대 이전의 궁중 음식의 역사는 고려 말에서 조선조 성종까지 기록된 〈경국대전(經國大典)〉을 통해, 조선조 궁중 음식의 역사는 〈진찬의궤(進饌儀軌)〉〈진연의궤(進宴儀軌)〉 궁중의 음식 발기 〈왕조실록〉 등의 문헌을 통해 의례의 상세함과 특히 기명, 조리기구, 상차림 구성법, 음식의 이름과 재료 등을 잘 알 수 있다. 그러나 실제 조리법은 마지막 주방상궁인 한희순에게서 전수받은 이들에 의해 재현되어 전승되고 있다.

궁중 음식이 한국 음식의 정수(精秀)라고 할 수 있는 것은 각 고을에서 들어오는 진상품을 가지고 조리 기술이 뛰어난 주방상궁과 숙수들의 손에 의해 최고로 발달되고 가장 잘 다듬어져서 전승되어왔기 때문이다. 궁중 음식이 사대부집이나 평민들의 음식과 판이하게 다른 것은 아니다. 이는 우리나라에서는 동성동본이 결혼을 하지 않는 관습에서 기인된다.

궁중의 혼인도 왕족끼리가 아닌 사대부가와 인연을 맺게 된다. 계급 사회인 왕권 국가에서의 궁중이란 최고의 권위와 부와 권력이 집중되어 있다고 할 수 있다. 궁중의 생활 양식을 비롯한 모든 문화는 혼인에 의해 자연히 왕족과 사대부가와의 교류가 생긴다. 경우에 따라서는 궁중의 음식이 민가에 하사되고, 사대부가에서도 음식을 궁중에 진상하게 된다.

그리고 음식뿐만 아니라 의례 때의 차림새나 예법도 민간에 많이 전해지게 되었다. 음식이 교류는 잔칫날 궁중의 상에 고였던 음식이 민간에게 하사됨으로써 큰 몫을 하였다. 조선시대 후기에는 음식의 재료도 더욱 다양해지고 상차림도 체계를 이루어 한국 고유의 전통 음식이 정착되었다.

(2) 궁중 음식의 관련 관청과 조리인

① 궁중 음식 관련 관청

조선조 초기의 궁중 음식에 관련된 문헌으로는 〈경국대전〉이 유일하다. 궁중의 음식이나 의례에 관련 있는 관청은 육조 중 이조, 호조, 예조의 삼조가 담당했으며 각각에 속한 하급 관청에서 실무를 맡았다.

② 궁중의 주방

궐내에서는 왕, 왕비, 대왕대비, 세자는 각각 대전, 중궁전(왕비전), 대비전, 세자궁의 전각에서 기거했다. 일상의 식사는 각 전에 딸린 주방에서 담당이 정해진 벼슬아치나 차비들이 만들어 올렸다.

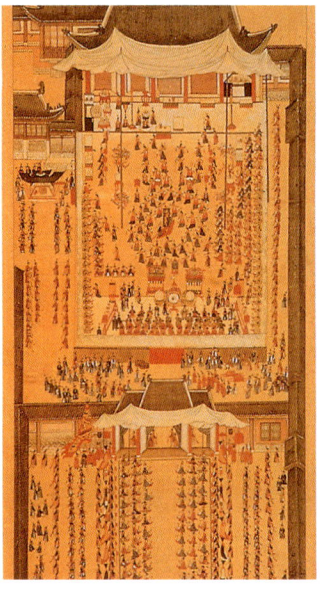

왼쪽 : 1795년 화성행궁의 행차(원형을묘정리의궤) 중 수원행행반차도 8폭 가운데, 낙남헌에서 과거시험을 치른 후 합격자 발표를 하는 장면.
오른쪽 : 봉수당에서 혜경궁 홍씨 회갑을 기념하는 진찬례 장면.

왕과 왕비는 침전에서 수라를 드신다. 왕과 왕비의 수라를 만드는 곳을 수라간(水剌間) 또는 소주방(燒廚房)이라고 하며 별채에 배치되어 있다. 창덕궁의 수라간은 침전인 대조전(大造殿)과는 상당히 떨어진 곳에 있었다. 수라상을 올릴 때는 배선실에 해당하는 퇴선간에서 상을 차리고 물린 상을 정리한다. 생과방(生果房)에서는 후식을 만들어 올린다.

궁중 음식 관련 관청과 음식에 대한 임무

관청명	하급 관청명	음식에 관련되는 임무
이조(吏曹)	사옹원(司饔院)	왕의 식사인 어선(御膳) 및 대궐 안의 음식물의 공급(供饋) 궁중의 잔치에 관한 일 분원자기(分院磁器), 위어(葦魚), 소어(蘇魚) 등 속을 잡아서 공상에 충당
	내시부(內侍府)	진지, 반찬 등의 감시
	내수사(內需司)	쌀, 포(布), 잡물(雜物), 노비 등을 관장
호조(戶曹)	내자시(內資寺)	미곡(米穀), 면(麵: 밀가루), 장, 기름, 꿀, 소채(蔬菜), 과물(果物)
	내섬시(內贍寺)	정2품 이상의 고관에게 하사하는 술 및 왜인, 야인(野人)에게 공급하는 음식물
	사도시(司䆃寺)	왕실용(御用) 미곡 및 궐내에 공급하는 장(醬), 겨자 등속의 물품을 맡음
	사재감(司宰監)	어류, 수육, 소금, 연료인 소목(燒木), 수갑(手匣), 거화(炬火: 횃불) 등
	제용감(濟用監)	인삼
	사온서(司醞署)	술과 단술(醴酒)을 공급
	의영고(義盈庫)	기름, 꿀, 후추, 소물(素物) 등을 담당
	사포서(司圃署)	원포(苑圃)의 소채에 관한 일을 맡음
	양현고(養賢庫)	유생들에게 쌀, 콩 등을 공궤하는 식료
	장흥고(長興庫)	궁중의 쌀, 콩, 초석(草席), 종이 등을 맡아봄
	선혜청(宣惠廳)	별도 특산물
예조(禮曹)	봉상시(奉常寺)	제사
	내의원(內醫院)	약을 조제, 낙죽(酪粥)과 제호탕(醍醐湯)을 만듦
	예빈시(禮賓寺)	빈객을 접대, 재상(宗宰)들의 음식물을 공급(供饋)
	소격서(昭格署)	술과 감주
	빙고(氷庫)	얼음창고
	전생서(典牲署)	제사에 쓸 희생(犧牲: 제사에 올리는 날고기)의 사육
	사축서(司畜署)	제물(祭物)이 아닌 여러 가지 짐승(雜畜)을 사양하는 일

가. 안소주방(內燒廚房)

안소주방은 왕, 왕비의 평상시의 조석(朝夕) 수라상과 낮것(點心) 주식에 따르는 각종 찬품(饌品)을 맡아 한다. 식전의 자릿조반(初朝飯), 낮것(點心), 야참(夜饌) 등을 생과방과 협조하여 올린다.

자릿조반으로는 응이 · 잣죽 · 깨죽 · 타락죽 등의 유동식을 차리고, 낮것은 국수를 만 장국상이나 다과를 내고, 야참은 수정과 · 식혜 · 과실 등을 낸다.

나. 밖소주방(外燒廚房)

밖소주방은 주로 궁중의 크고 작은 잔치 음식을 장만하는 곳으로 평상시의 일상식을 만드는 안소주방과 대조된다. 궐내의 대소 잔치는 물론 윗분의 탄일에 잔칫상을 차리며 차례, 고사 등도 담당한다. 왕자녀의 백일, 탄일에는 백설기를 몇 십 시루씩 쪄서 궁내의 각 궁에 돌리고 종친과 외척에 골고루 돌리는 일도 담당했다.

다. 생과방(生果房)

평상시의 조석 식사인 수라 이외에 후식에 속하는 것, 즉 생과 · 숙실과 · 조과 · 차 · 화채 등을 만든다. 조석 수라상을 소주방 내인을 도와서 함께 거행하며, 잔치 음식의 다과류도 이곳에서 관장한다.

라. 퇴선간(退膳間)

수라간에서 올라오는 수라상의 찬물을 받아 배선을 하고, 수라 시간을 제조상궁이 알리면 온돌방으로 들여간다. 데워서 먹는 음식을 따뜻하게 해두었다 들여간다. 퇴선간은 지밀에 부속되어 있는 중간 부엌의 역할을 하는 곳으로 지금의 배선실(配膳室)이다. 멀리 떨어진 안소주방에서 음식을 만들어 운반해 음식이 차가워지면 이곳에서 다시 데워서 수라상에 올린다. 수라를 짓고, 수라상 물림을 처분하고 기타 수라를 드실 때에 쓰이는 기명(器) · 화로 · 상 등도 관장한다.

마. 숙설소(熟設所)

궁중 연회 때에 임시로 가가(假家)를 지어서 설치한 주방을 주원숙설소(廚院熟設所) 또는 내숙설소(內熟說所)라고 하였다. 임시로 설치한 주방을 행주방(行廚房)이라 하였다. 그 밖에 민가나 지방 관청에서의 반비간(飯婢間)은 반찬을 만드는 곳이며 찬간이라고도 하였다.

③ 궁중의 조리인

조선시대 후기 궁중에서는, 평상시의 수라상에 올리는 음식을 조리하는 일은 주로 나인인 주방상궁들이 맡았으며, 궁중의 잔치인 진연이나 진찬 때는 대령숙수라고 하는 남자 조리사들이 만들었다.

가. 주방상궁(廚房尚宮)

주방 내인은 다른 궁녀들과 마찬가지로 13살쯤에 입궁하여 궐 안에서 윗상궁을 스승처럼 모시며 여러 가지를 견습하게 된다. 관례는 입궁 후 15년이 지나서 치르는 것이 원칙으로 일종의 성년식이며 결혼식이나 다름없다. 관례 후에 정식 내인이 되며 다시 15년을 경과하여야 상궁의 봉첩을 받는다. 내인들은 연조와 직분에 따라 종5품에서 종9품까지의 지위를 갖는다.

주방상궁은 대개 40세가 지나서 되는데 이미 이때는 조리 경험이 30년 이상이나 되는 전문 조리인이다. 궁녀 중 최고는 상궁으로 정5품이며 최하는 4~5세의 어린 견습내인까지 있다. 주방내인은 대개 10세 이상부터 시작한다.

주방내인들은 처소내인에 속하며 평상시에는 왕과 왕비의 조석 수라상을 준비한다. 주방내인들의 복색은 다른 내인과 같이 옥색 저고리 남색 치마를 입는다. 작업할 때는 소매를 올려 접고 보라색의 홑적삼을 겹쳐 입고 흰 앞치마를 산뜻하게 둘렀다.

궁녀는 왕의 사생활이 영위되는 구중궁궐 깊숙한 곳에서 의, 식, 주에 사역되는 여성들이다. 궁인들은 내명부에 속하는데 가장 낮은 직급은 종9품이고, 가장 높은 궁녀는 상궁으로 정5품의 품계로 귀하신 분을 뫼시는 소임을 갖는다. 궁녀 중 장식(掌食), 장찬(掌饌), 전선(典膳), 상식(尚食) 등이 음식에 관련된 직종을 맡는 이들이다.

조선왕조 마지막 주방상궁
한희순의 관례복 입은 모습.

나. 내시(內侍)

〈경국대전〉이조(吏曹)에 속하는 내시부는 궐내 음식물의 감독, 왕명의 전달, 궐문의 수직(守直), 소제의 임무를 맡는다. 음식 관련 업무를 맡는 내시는 상선, 상온, 상다가 있다. 직접 음식을 조리하기 보다는 감독과 시중드는 일을 맡는다.

상선(善膳)은 종2품 벼슬로 식사에 관한 일을 맡으며 정원이 2인이다. 상온(尙醞)은 정3품 벼슬로 술에 관한 일을 맡으며 정원은 1인이다. 상다(尙茶)는 정3품으로 차에 관한 일을 맡으며 정원은 1인이다.

다. 숙수(熟手)

숙수는 조선조 때 이조에 속해 있는 남자 전문조리사이다. 궁중의 잔치인 진연이나 진찬 때는 숙수들이 음식을 만든다. 솜씨가 좋은 숙수들은 대부분 대를 이어가며 궁에 머물렀고 왕의 총애도 많이 받았다.

한말에 나라가 망하게 되면서 궁중의 숙수들이 시중의 요정(料亭)으로 빠져나가서 일을 하게 되어 자연히 궁중의 연회 음식이 일반에도 널리 알려지게 되었다.

라. 차비(差備)

〈경국대전〉형조(刑曹)에 궐내각차비(闕內各差備)에 관한 규정이 있다. 차비(差備)란 각 궁사(宮司)의 최하위 고용인으로 이들이 궁중식 마련의 실무를 맡는다. 궁궐 내의 문소전, 대전, 왕비전, 세자궁의 네

궁중 음식 관련 관청과 음식에 대한 임무

직위	담당 직무	문소전	대전	왕비전	세자궁
반감(飯監)	어선(御膳)과 진상을 맡는 벼슬아치	2인	6인	4인	4인
별사옹(別司饔)	음식물을 만드는 구슬아치	4인	14인	6인	4인
상배색(床排色)	음식상을 차리는 구슬아치	4인	10인	4인	4인
탕수색(湯水色)	뜰의 설비, 열쇠 보관 구슬아치	4인	14인	4인	4인
적색(炙色)	구이를 맡는 이	4인	6인	4인	4인
반공(飯工)	밥을 맡는 이	6인	12인	6인	6인
포장(泡匠)	두부를 맡는 이	4인	2인	2인	2인
주색(酒色)	술을 맡는 이	4인	4인	2인	2인
다색(茶色)	차를 맡는 이	2인	4인	2인	2인
병공(餅工)	떡을 만드는 이	4인	2인	2인	2인
증색(蒸色)	각종 찜을 만드는 이	4인	10인	4인	4인
등촉색(燈燭色)	등촉을 맡는 이		4인	4인	2인
성상(城上)	대궐문을 지키는 이	4인	34인	8인	10인
수복(守僕)	제사에 관한 일	4인			
수공(水工)	마당을 소제, 물을 긷는 일	2인	18인	6인	4인
별감(別監)	액정서의 하인	6인	46인	16인	18인

곳으로 나누어 각전의 정원이 정해져 있다.

마. 기타 조리인

주자(廚子)는 지방관아의 소주방(燒廚房)에 딸린 음식을 만드는 자를 이른다. 반비(飯婢)는 밥짓는 일을 맡아 하던 여자 종을 말한다. 찬모(饌母)라고도 한다. 도척(刀尺)은 지방에서 음식을 만드는 사람을 이른다.

(3) 궁중의 식생활 관련 일화

한말 궁중의 생활에 대해서는 김명길 상궁이 지은 〈낙선재 주변〉과 김용숙의 〈조선조 궁중 풍속 연구〉가 좋은 자료가 된다. 김명길 상궁은 윤비가 순종비로 입궁한 1906년에 같이 들어와서 승하하실 때까지 60년간 고락을 같이한 궁녀다. 이런 내인을 본방(本房)내인이라고 한다. 낙선재에서 마지막에 윤비를 모시던 상궁은 한희순, 김명길, 박창복, 성옥염의 네 분이었으나 가장 연조가 오래된 분은 한희순 상궁이었다.

황혜성과 마지막 왕조에 남아 있던 본방내인들 한희순, 박창복, 김명길, 성옥염

그리고 조선조 마지막 주방상궁이셨던 한희순 상궁은 13세 때인 1901년에 덕수궁에 입궁하여, 1907년 경복궁의 수라상궁으로 근무하기 시작하여 1965년에 낙선재 윤비전의 수라상궁으로 근무하다가 윤비 3년상 후인 1968년에 사저로 돌아가 지내시다 1972년에 돌아가셨다. 한상궁은 1955년부터 1967년까지 숙명여대 가정학과에서 궁중 요리를 특별 강의하셨고, 1971년에 무형문화재 제38호 '조선왕조 궁중 음식'의 기능보유자로 지정받았다.

황혜성이 처음 한 상궁을 만난 것은 낙선재에 근무할 때인 1942년으로 당시는 이미 이씨 왕조가 없어지고 일제시대인지라 궁궐의 살림이 넉넉하지 못하였으며, 큰 잔치를 베푸는 일은 거의 없었다. 황혜성은 1957년에 한 상궁으로부터 전수받은 것을 토대로 조선조의 궁중 음식을 체계적으로 정리하여 〈이조궁정요리통고〉라는 단행본으로 처음 발간하였다.

● **수라상(水剌床)**

궁중에서는 겸상이라는 것이 없었고 두 분 마마도 각각 독상을 받고 나란히 일자로 앉아 수라를 드시었다. 한 분 마마마다 각각 원반, 소원반, 책상반 등 3개의 상이 마련되었다. 두 분 마마는 겨울에는 동온돌(대조전 순종의 침실)에서, 여름에는 대청마루에서 수라상을 받으셨다. 대청마루 천장에는 풍선기(선풍기)가 빙글빙글 돌아가 시원하였다고 한다.

수라상을 드실 때는 2명의 상궁이 상머리에 앉아 있었고 생각시 1명은 멀리 있는 음식도 집어 드리고 섞박지 무를 찬가위로 잘라 드리곤 했다. 이때 생각시는 무릎을 꿇고 눈을 아래로 내리깔고 대기하고 있다가 모자라는 것이 있으면 재빨리 다시 가져와야 했다.

윤비마마가 수라를 드실 때에는 평상복인 소고의에 남치마를 입으시는데, 수라를 다 드신 후에는 또 다른 송화색 소고의와 남치마로 새로 갈아 입으셨다고 한다.

● **궁중의 식사 시간**

수라상은 아침 10시와 저녁 5시 두 차례 올리고, 오후 2시쯤 간단한 간식으로 점심을 대신하셨다. 점심 간식은 일정치가 않아 두 분 마마의 그날그날 기분에 따라 결정되었다. 한여름 무더울 때면 순종은 '오늘 간식은 참외와 제호탕(醍醐湯)을 먹어볼까' 하는 식으로 주문하셨다고 한다. 제호탕은 각종 한약재를 가루로 만들어 꿀을 넣고 고아 차가운 물에 타서 먹는 일종의 청량음료였다. 궁 밖에서 친척들이 들어오면 국수장국을 끓여 간식으로 잡수시곤 하였다.

● **자릿조반**

자릿조반은 잠자리에서 일어나서 바로 드는 아침 식사로 초조반(初

朝飯)이라고도 한다. 궁중에서는 아침 수라가 10시경이었기 때문에 새벽에 보약을 바치지 않는 날은 보양이 되는 죽이나 마음, 응이을 주식으로 하는 죽상이나 응이상을 올렸다.

● **고종의 식성**

고종께서는 수라를 드시는 동안 재미있는 이야기도 하시고 당직 주방나인을 불러 칭찬을 하기도 했지만 순종께서는 전혀 말씀이 없어 상궁들은 재미가 없었다고 김명길 상궁이 회고하였다. 고종도 순종도 매운 것을 못 들었다 한다.

고종은 술을 전혀 못하고 대신 야참으로 사이다와 식혜를 즐겼다고 하며 겨울이면 설렁탕을 즐겼고, 때로는 온면도 말아 올렸다고 한다. 식혜를 좋아한 것이 결국 최후의 비극을 부른 것이다.

고종이 밤참을 반드시 드신 것은 구한말의 파란중첩했던 풍운을 겪어오는 동안 밤에 불면증에 시달려 거의 낮과 밤이 뒤바뀔 정도로 밤을 꼬박 새웠고 새벽에 까치 소리를 듣고서 비로소 '기소에 드셨다' (침석에 누우셨다)고 한다. 고종은 양위 후 덕수궁 시절에도 새벽 6시나 돼야 주무셨다.

● **고종이 드시던 냉면**

고종은 면을 특히 좋아하고 맵거나 짠 것을 못 진어進御)하는 까닭에 고종이 즐긴 냉면을 덮는 꾸미는 가운데에 십(+)자로 편육을 얹고 나머지 빈 곳에는 배와 잣을 덮은 것이었다. 배는 칼로 썰지 않고 수저로 얇게 저며 얹었고 '꾸미'로는 편육과 배, 잣뿐이었다. 국물은 육수가 아니고 시원한 동치미 국물이었는데, 배를 많이 넣어 담근 것이라 무척 달고 시원했다 한다. 그릇에 담는 모양은 그림과 같다고 삼축당(三祝堂)이 전한다.

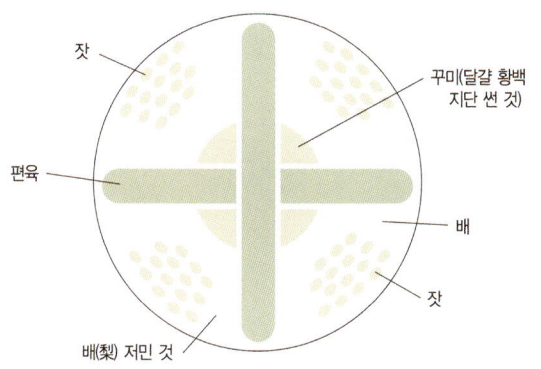

● **순종의 식성**

순종은 치아와 위장이 튼튼치 못해서 식성이 좋으신 편이 아니었다고 한다. 순종은 차돌조리개(차돌박이를 푹 고아서 경단처럼 뭉쳐 조린 것)나 황볶기탕(쇠고기를 썰어 볶아 끓인 국) 등 무르고 심심한 음식을 즐겨 드셨다. 순종이 드시는 깍두기는 무를 삶아서 담는 숙깍두기를 올렸다고 한다. 순종은 일찍 침소에 드셔 별로 야참을 즐기시지 않았다.

● **수라상의 물림**

수라상을 물리는 것을 퇴선(退膳)이라 한다. 지밀에서 '퇴선간'이란 약식 부엌이 있어 여기에 수라상 물림이 나오면 남은 찬을 받아 지밀상궁과 내인들이 둘러앉아 식사를 하게 된다. 지밀상궁들은 저녁 퇴선은 다음날 아침에, 아침 퇴선은 그날 저녁에 퇴선간에서 먹었다. 이것은 두 분 마마의 수라 시중을 들자면 우선 배를 든든히 해야 하는데 왕이 드시지 않은 음식을 가까이 뫼시고 있는 내인들이 먹었다고 한다.

상물림은 나이 순으로 차례에 걸쳐 하게 마련인데, 제1차는 큰방상궁을 중심으로 아주 고참급의 60대 이상 노상궁들이 드시고, 그 다음에 50대, 40대가 드시고, 그 다음에 30대와 20대 젊은 내인들과 10대 생각시의 순서로 상을 물려받았다고 한다. 부족한 찬과 밥은 안소주방에서 갖다 먹었다고 한다. 김명길 상궁이 계실 때는 교자상으로 옮겨 내인들이 삥 둘러앉아서 한꺼번에 먹었는데, 이때도 좌석 배치는 나이 순서대로 앉아야 했다고 한다.

● **퇴선간(退膳間)**

퇴선은 '상을 물린다' 는 뜻이지만 상물림만이 아니고, 수라상에 올리는 수라를 따로 숯불로 짓는 일을 했다. 찬물을 안소주방에서 만들어 날라와서 국이나 구이 같은 음식을 다시 따뜻하게 덥히는 '중간부엌의 소임을 하는 곳이다. 소주방이 내전에서 떨어진 곳에 있기 때문에 가져오는 도중에 음식이 식어서 수라상은 퇴선간을 거쳐서 진상되었다.

순종 승하 후 윤비가 낙선재로 옮기신 후에도 소주방은 별관인 벽돌양관에 있었기 때문에 역시 멀었다고 한다. 낙선재의 퇴선간은 윤비가 식사하시는 방과 방마루 네 개를 격해서 연하여 있었다.

● 탕약(湯藥)의 기미

창덕궁 안의 내의원은 낙선재 앞에 있었는데 전의는 모두 3명이 있어 숙직을 해가며 왕과 왕비의 갑작스런 발병에 대비했다. 옛날부터 왕의 옥체에는 쇠를 대는 것을 금했기 때문에 침은 쓰지 않고 맥만을 짚어 탕제를 의정했다. 내의원에서 달여진 탕약은 은보시기에 담아 은쟁반에 얹어 노란 삼팔주(三八紬) 보자기로 씌워 올렸다.

기미는 음식뿐 아니라 녹용, 인삼 등 탕제도 마찬가지다. 이 약들은 역시 상궁들이 은순가락으로 한 입씩 기미를 보고 올렸다. 순종은 허약하셔서 거의 매일 탕약을 드셨기에 순종을 모시던 상궁들에게는 힘겨운 일이었다고 김명길 상궁이 술회한다.

● 한말 생과방(生果房)

창덕궁의 대조전 부대 건물로 서익각 뒤편에 작은 방 하나에 부엌이 딸린 집들에 붙은 시멘트 바닥의 천장 높은 방이 있다. 지금도 빵 굽는 가마와 선반 같은 것이 설치된 채로 있는데, 이곳이 순종 때 생과방으로 쓰던 곳이다.

● 여름철 챈바지

여름철의 각종 과일이나 고기 또는 퇴선 음식을 보관할 때는 뒤주처럼 생긴 챈바지에 넣어두었는데, 겉은 나무로 되고 속은 함석을 입혀 요즘의 냉장고와 같은 것이었다.

아침마다 상인이 방칫돌만한 얼음을 몇 십개씩 가지고 들어와 채워 넣었다. 챈바지의 크기는 대략 참외 100개를 넣어둘 수 있을 정도였다.

● 궁중의 겨울 김장

한말 궁중에서는 김장을 일만 통씩 했는데 종류는 섞박지, 동치미, 송송이(깍두기), 보김치, 젓국지 등이었다. 수라상에 올리는 김치는 깨끗한 속대만으로 만든 섞박지나 보김치를 올렸는데, 이파리가 노랗고 무가 반듯하게 썰어진 것을 골라 놓았다.

배추나무는 마장동, 왕십리, 연건동에 궁중용 채마전을 지정해놓고 좋은 것만을 골라 진상하도록 했다. 워낙 많은 양이었기 때문에 다듬는 데 하루, 절이는 데 하루씩 걸려 완전히 끝내려면 열흘이 걸렸다. 이때는 주방상궁들만 할 수가 없어 침방상궁이나 수방상궁들까지 모두 동원되어야만 했다. 낙선재 시절에는 독을 동쪽 광에 묻어놓았는데 윤비마마가 혼자 되셔서는 약 20개밖에 되지 않았다.

● 어정(御井)

궁중에는 큰 전각마다 우물이 있기 마련인데, 특히 경훈각(景薰閣) 앞의 우물은 대조전 뒤라 그런지 '어정'이라 하여 왕이 마시는 물이었다고 한다. 물론 왕만이 마실 리는 없겠지만 수라 지을 때 쓰인 물이었기 때문일 것 같다.

● 궁중의 장독대

낙선재 뒤쪽에 있던 광 앞에는 진간장독 50개가 바닥의 박석 위에 병정처럼 나란히 서 있었다. 이완길 상궁은 장독대 옆의 기와집에서 생각시 2~3명을 데리고 간장과 고추장만 전담하는 상궁이 있었는데 별명이 '장꼬마마님'이었다. 날이 밝으면 몸을 정하게 씻고 이독 저독을 반들반들하게 닦고 비지나 않았나 살피는 게 임무였다. 간장독 50개가 항상 채워져 있도록 끊임없이 만들어 부어야 했고, 줄면 새 독에 옮겨 담는다. 불로 달이지 않았음에도 오래 묵혀 조청처럼 끈적끈적하고 달착지근한 진미였다고 한다. 6·25 때까지도 순종이 탄생하시던 해에 담았던 간장이 남아 있었는데 인민군들이 먹고 난 뒤 장독을 깨버려 다 없어져버렸다.

간장에 유난히 많은 신경을 쓴 것은 고종이나 순종께서 맵고 짠 것을 싫어해 고추장과 된장을 많이 쓰지 않았기 때문이다. 1년에 한두 번쯤 순종께서도 된장찌개를 찾으시므로 '절미된장조치'라 하여 쇠고기와 표고버섯을 넣고 맛깔스럽게 조금씩 끓여 올리곤 하였다. 순종께서 이 찌개를 찾으시면 최연옥 상궁은 솜씨 자랑할 기회가 왔다며 신바람을 내곤 했다고 한다.

● 기로소(耆老所) 잔치

기로소는 태조 3년(갑술년)에 처음 설치했다. 태조가 춘추 60세, 숙종은 59세, 영조는 51세, 고종은 51세에 기로소에 들어갔다. 조정 신하로서는 문관으로 2품 이상으로 연령이 70세가 되어야 기로소에 들어가게 된다.

어숙권(魚叔權)이 지은 〈패관잡기(稗官雜記)〉에 '국법으로 매년 3월 3일에 훈련원(訓練院)에서 잔치를 배설하고 2품관 이상으로서 연령이

70세 된 사람은 참석하고 술과 풍악을 베풀고, 활쏘기·투호(投壺) 같은 오락을 종일 하다가 파했다'고 기록되어 있다.

기로잔치도 매년 3월 3일에 훈련원에서 잔치를 개설했다.

● **전약(煎藥)**

궁중에서 동짓날에 전약을 만들어 진상하고 다시 이를 신하들에게 나누어준다. 〈동의보감〉의 전약에 쓰인 약재는 백청 1두, 아교(阿膠: 젤라틴) 1두3승, 관계(官桂: 좋은 계피) 6포, 건강(乾薑: 말린 생강) 1량 4돈, 후추(胡椒) 5돈, 정향(丁香) 3돈, 대추살(大棗肉) 8홉 등이 들어 있다. 만드는 법은 아교를 녹이고 약재는 모두 곱게 가루로 만들고 대추는 쪄서 체에 거르고 꿀에 넣어서 함께 오래 끓여서 족편처럼 굳힌 것이다. 약재가 들어 있는 족편인 셈으로 겨우내 추위로부터 몸을 보

한다고 한다.

〈보한재집(保閑齋集)〉에 의하면 '전약이란 우유에다 생강, 정향, 계심(桂心), 청밀 등을 섞어 고약처럼 고아서 먹는 것이다. 고려시대에는 중추(中秋) 팔관회의 진찬으로 삼았으나 조선시대에는 내의원에서 이 것을 만들어 동지의 절식으로 근신(近臣)에게 나누어 주었다. 그런데 우유가 부족할 때는 마유(馬乳)로 대용하였다'고 쓰여 있다. 조선시대 말에는 우유를 넣지 않고 우족으로 만든 기록도 있다.

② 궁중 음식의 분류

(1) 일상식

① 원행의 상차림

궁중에서는 평상시의 일상식은 이른 아침의 초조반(初朝飯)과 조반(朝飯), 석반(夕飯)인 두 번의 수라상(水剌床) 그리고 점심 때 차리는 낮것상과 밤중에 내는 야참(夜食)으로 다섯 번의 식사를 올린다. 낮것은 점심과 저녁 사이의 간단한 입매상으로 장국상 또는 다과상이다. 세 번의 식사 외에 야참으로는 면, 약식, 식혜 또는 우유죽(酪粥) 등을 올렸다. 현재 전하여지는 수라상 차림은 한말 궁중의 상궁들과 왕손들의 구전에 의해 전하여진 것으로 조선시대 전반에 걸친 수라상 차림이

8일간의 행로에 따른 식단

2월 9일	조다소반과, 조수라, 주다소반과, 석수라, 야다소반과, 미음
2월 10일	조수라, 주다소반과, 주다별반과, 석수라, 야다소반과, 미음
2월 11일	죽수라, 조수라, 주다소반과, 석수라, 야다소반과
2월 12일	조수라, 조다소반과, 주수라, 석수라, 야다소반과, 미음
2월 13일	죽수라, 조다소반과, 진찬, 조수라, 만다소반과, 석수라, 야다소반과
2월 14일	죽수라, 조수라, 주다소반과, 석수라, 야다소반과, 양로연
2월 15일	조수라, 주다소반과, 주수라, 석수라, 야다소반과, 미음
2월 16일	조다소반과, 조수라, 주다소반과, 주수라, 미음

동지 때 내의원에서 만들던 전약.

2. 궁중의 식생활 문화

〈원행을묘정리의궤〉 중의 식단 중 반수라 상차림이다.

라고는 할 수 없다. 〈영조실록〉에는 '대궐에서 왕족의 식사는 고래로 하루에 다섯 번이다'라고 적혀 있으나 영조는 검박(儉朴)하여 오식(午食)과 야식(夜食)을 두 번 줄여서 하루 3회로 하였다고 한다.

궁중의 일상식에 대한 문헌 자료는 연회식에 관한 자료보다 훨씬 부족한 형편이다. 그중 유일하게 궁중 일상식을 알 수 있는 문헌으로 〈원행을묘정리의궤(園幸乙卯整理儀軌)〉가 남아 있다. 정조 19년 (1795)에 모후인 혜경궁 홍씨(사도세자빈)의 갑년(甲年 회갑)을 맞아 화성(華城)의 현융원(顯隆園)에 행차하여 잔치를 베푼 기록이다.

조수라(朝水刺: 아침 수라상)의 찬품 예

상	구분	자궁 13기		대전·군주 각 7기
		조수라(윤 2월 9일)	주수라(윤 2월 16일)	조수라(윤 2월 9일)
원반(元盤)	반(飯)	홍반	홍반	홍반
	갱(羹)	어장탕	잡탕	어장탕
	조치(助致)	숭어찜/골탕	연계증*/골탕	골탕
	구이(炙伊)	쇠고기·돼지갈비·우족·숭어·꿩·쏘가리·등골(腰骨)·양·설야적(雪夜炙)*		쇠고기·돼지갈비·우족·숭어·꿩
	좌반(佐飯)	염민어·불염민어·편포·염포·염송어·건치(乾雉)·전복포·장복기		
	만두(饅頭)	꿩고기완자(生雉餅)	어만두	
	해(醢)	생복·굴·조개젓(蛤醢)	송어란·대구란·새우젓	생복·굴·조개·게젓(蟹醢)
	채(菜)	박고지·무순·도라지·미나리·죽순·움파*·오이	숙채	박고지·무순·도라지·미나리·죽순·움파·오이
	담침채(淡沈菜)	배추	무	배추
	장(醬)	간장(艮醬)·증감장(蒸甘醬)·초장	간장·증감장·초장	간장·증감장·수장(水醬)
협반(挾盤)	찜(蒸)	생복찜	양복이*	
	만두(饅頭)	양만두	전복죽	
	적(炙)	갈비·우족·골·산적·설야적	갈비·우족·골·산적·생치적	

팥물밥(赤豆水和炊) 팥 삶은 물을 가지고 붉은 물을 들여 지은 밥, 홍반(紅飯) | **연계증(軟鷄蒸)** 영계찜 | **설야적(雪夜炙)** 쇠고기를 꼬챙이에 꿰어서 구운 고기 요리 | **움파** 움 속에서 자란 빛이 누런 파, 동파, 엄파, 동총(冬蔥) | **양복이(胖卜只)** 소의 양을 잘게 썰어서 장에 익혀 파와 후춧가루를 치고 볶은 음식, 양초(胖炒)

이 의궤는 왕과 자궁(慈宮)과 여형제들이 한성 창덕궁을 출발하여 화성에 가서 진찬(進饌)을 베풀고 다시 환궁할 때까지 8일간 대접한 식단이 자세히 실려 있다. 특히 일상식에 해당하는 수라상과 죽상, 응이상, 고음상, 그리고 다과상에 해당하는 다소반과(茶小盤果)가 실려 있다. 그 당시는 18세기의 후반으로 한말보다 약 1세기 앞선 시대인데 수라상을 비롯하여 음식의 내용이 구한말과는 아주 다른 것을 알 수 있다.

윤 2월 11일의 죽수라. 수라상이지만 아침이라 밥대신 죽으로 하고 찬은 그대로이다.

죽수라상의 찬품 예

상	구분	자궁 15기	대전·군주 각 7기
		윤 2월 11일	윤 2월 11일
원반(元盤)	죽(粥)	백미죽	백미죽
	갱(羹)	묵은닭백숙(陳鷄白熟)	묵은닭백숙
	조치(助致)	곤자소니찜/죽합초(2器)	죽합초
	구이(炙伊)	간숭어(沈秀魚)	생복
	좌반(佐飯)	굴비·전복다식·불염민어·김	굴비·전복다식·불염민어·김
	찜(蒸)	연계증	
	전(煎)		메추라기전(鶉鳥煎)
	장과(醬果)	장아찌	
	해(醢)	게젓	
	채(菜)	숙주나물	
	침채(沈菜)	무	무
	담침채(淡沈菜)	미나리	
	장(醬)	간장/초장	간장/초장
협반(挾盤)	탕(湯)	송이탕	
	전(煎)	메추라기전(鶉鳥煎)	
	적(炙)	생복적(生鰒炙)	

2. 궁중의 식생활 문화

미음상의 찬품 예

구분	자궁·군주 각 3기
	윤 2월 9일
미음(米飮)	대추미음
고음(膏飮)	양·전복·묵은 닭·홍합
정과(正果)	산사*·모과·유자·동아·배·생강·전약*

산사(山査) : 산사나무의 열매, 산사자(山査子), 맛이 시며 약용으로 사용.
전약(煎藥) : 동지(冬至)날에 먹는 음식의 한 가지. 쇠가죽을 진하게 고아서 꿀과 관계(官桂)·건강(乾薑)·정향(丁香)·후추 등의 가루와 대추를 쪄서 체에 거른 고(膏)를 한데 섞어 푹 끓인 뒤에 사기 그릇에 담아 굳힘.

미음상

조다소반과 찬품의 예

구분		자궁
		윤 2월 9일 · 16기
1	병(餠)	각색병
2	약반(藥飯)	약반
3	면(麵)	면
4	유밀과(油蜜果)	다식과
5	강정(强精)	각색강정
6	다식(茶食)	각색다식
7	당(糖)	각색당
8	산약(山藥)	산약
9	숙실과(熟實果)	조란·율란
10	정과(正果)	각색정과
11	음청(飮淸)	수정과
12	탕(湯)	별잡탕
13	탕(湯)	완자탕
14	전유화(煎油花)	각색전유화
15	숙회(熟鱠)	각색어채
16	편육(片肉), 꿀(淸), 초장(醋醬)	편육, 꿀, 초장

2월 9일 자궁께 올린 조다소반과

2월 10일 화성행궁에 도착해서 자궁께 올린 주다별반과

* 윤 2월 9일 조다소반과는 자궁인 혜경궁 홍씨에게는 올리고, 대전·군주에게는 올리지 않았음.

궁중의 일상식은 왕의 인생관에 따라서 사치스럽게 산해진미(山海珍味)를 즐기는 경우도 있고, 반대로 검박을 몸소 시범하는 현주(賢主)의 경우도 있다. 임금에 따라서 수라상의 규모가 다르나 한말에 전해진 수라상의 내용은 다음과 같다.

② 수라상(12첩반상)

궁중에서는 이른 아침에 보약을 드시거나 또는 미음, 응이를 드시고 아침 수라(朝水刺)는 10시가 지나야 드시고 저녁 수라는 저녁 5시경에 드신다. 평상시의 수라상은 수라간(水刺間)에서 주방상궁들이 만들어 왕과 왕비께서 각각 동온돌과 서온돌에서 받으시며 결코 겸상을 하는 법은 없다. 그리고 왕족인 대왕대비전과 세자전은 각각의 전각에서 따로 살림을 하며 거기에 딸린 주방에서 만들어 올린다.

수라상에 올리는 찬물은 왕의 침전과 거리가 떨어져 있는 수라간에서 만들어서 지밀에 부속되어 있는 중간 부엌의 역할을 하는 배선실(配膳室)인 퇴선간에서 일단 받는다. 퇴선간에서 식은 찬물들을 덥히고, 수라를 곱돌솥이나 새옹에 백탄을 피워서 지어서 상을 차려서 올린다. 또한 수라를 드실 때에 쓰이는 여러 가지 기명(器皿), 화로, 상 등도 관장한다.

가. 수라상의 찬품

평소의 수라상은 12첩반상 차림으로 수라와 탕 2가지씩과 기본 찬품과 쟁첩에 담는 12가지 찬물들로 구성된다. 기본 음식으로 수라는 백반(白飯)과 팥 삶은 물로 지은 찹쌀밥인 붉은빛의 홍반(紅飯) 두 가지를 수라기에 담는다. 탕은 미역국(藿湯)과 곰탕 2가지를 모두 탕기에 담아 올리어 그날에 따라 좋아하시는 것을 골라서 드시도록 준비한다. 조치는 토장조치와 젓국조치 2가지를 준비하고 이외에 찜, 전골, 침채 등이 기본 음식이다. 그리고 상 위에 놓이는 조미품으로 청장, 초장, 윤집(초고추장), 겨자집 등을 종지에 담는다. 쟁첩에는 12가지 찬물을 다양한 식품재료로 조리법도 각기 달리하여 만들어 담는다.

나. 수라상의 기명(器皿)

수라상은 큰 원반과 곁반인 작은 원반, 책상반의 3개 상에 차린다. 대원반은 붉은색의 주칠(朱漆)을 하고 중자재로 문양을 넣거나 용트림 장식이 조각되어 있다. 대원반은 중앙에 놓이며 왕과 왕비가 앉아서 드시는 상이다. 곁반으로 소원반과 네모진 책상반이 쓰인다. 책상반 대신 때로는 둥근 소반을 쓰기도 한다.

찬물을 담는 그릇은 철에 따라 달리 쓴다. 추운 철인 추석부터 다음 해의 단오 전까지는 은반상기(銀飯床器)를 쓰고, 더운 철인 단오에서 추석 전까지는 사기(砂器) 반상기를 쓰고, 수저는 연중 내내 은수저가 쓰였다. 조선조 말에 쓰이던 수라상과 은반상기, 칠보 반상기 등이 유물로 보존되어 있다.

수라는 주발 모양의 수라기에 담는다. 수라기는 모양이 주발 또는 바리 합처럼 생긴 것도 있다. 탕은 수라기와 같은 모양인데 크기가 작은 갱기(羹器)에 담는다. 조치는 갱기보다 한 둘레 작은 그릇인데 하나에는 토장찌개, 또 하나에는 젓국찌개를 담는다. 수라상에 올리는 기명은 거의 은기나 사기인데 예외로 토장조치는 작은 뚝배기에 올리기

도 하였다고 한다. 찜은 대개 조반기(早飯器: 꼭지가 달린 뚜껑이 있는 대접)에 담고, 김치류는 쟁첩보다 큰 보시기에 담는다. 12가지 찬품은 쟁첩이라는 뚜껑이 덮인 납작한 그릇에 담고, 청장·초장·젓국·초고추장 등은 종지(鍾子)에 담는다. 차주는 숭늉도 쓰지만 대개 곡차를 다관(茶罐: 차주전자)에 담는다. 찻종보다 큰 대접에 담고 쟁반을 받쳐서 곁반에 올린다. 곡차는 보리, 흰콩, 강냉이를 볶아서 끓인다.

다. 수라상 예법

수라를 드실 때에는 분홍색 베로 만든 사방 60cm 정도의 휘건(揮巾)을 두르고 잡수셨다. 수라 시중을 드는 순서는 처음에 수라 휘건을 앞에 대어드리고 협자(挾子)로 끼운다고 하였다.

임금님은 수라상을 받으면 먼저 앞의 숟가락을 들고 상의 오른쪽 가장 먼 곳에 놓여 있는 동치미 국물을 한 수저 떠 마신 다음 수라기에서 밥을 한 술 떠놓고 계속 국을 한 수저 떠서 같이 먹는다.

밥과 찬을 계속 먹다가 끝날 때 숭늉 대접을 국그릇 자리에 올리면 밥을 한 술 말아서 개운하게 먹고 수저를 제자리로 내려놓는다.

라. 수라상의 기미(氣味)

왕이 수라를 드시기 직전 옆에 시좌하고 있던 큰방 상궁이 먼저 음식 맛을 본다. 이것을 '기미를 본다'고 한다. 이는 맛의 검식이라기보다 독(毒)의 유무를 검사하는 것이 본래의 목적이었으나 의례적인 것이 되어버렸다.

큰방상궁이 조그만 그릇에 찬품을 골고루 조금씩 덜어서 어전에서 자신이 먼저 먹어보고 그 밖의 근시(近侍) 내인들과 애기내인들에게도 나누어준다. 왕의 어전에서 무엄한 것 같지 않느냐는 물음에 관습화된 것이라 피차 조금도 이상하지 않았다고 말하였다고 한다.

기미용으로 수라상 위 곁반에는 왕의 수저 이외에 여벌로 은 숟가락과 상아로 된 저(箸: 공저라 함)와 조그만 그릇이 놓였다. 이 공저는 음식을 덜 때만 쓰는 것이지 먹을 때는 물론 손으로 먹는다고 하며, 기미를 본 후에 큰방상궁은 이 저로 왕이 드시기 편하도록 생선 같은 것은 뼈를 발라 앞으로 놓아드렸다고 한다.

이와 같이 수라상이 들어오면 중간 지위쯤 되는 상궁이 상아젓가락으로 은공접시에 모든 음식을 고루 담고 우선 기미을 보는데 수라와 탕만은 기미를 보지 않았다고 한다.

왕이 상궁의 시중을 받으며 수라 드시는 모습.

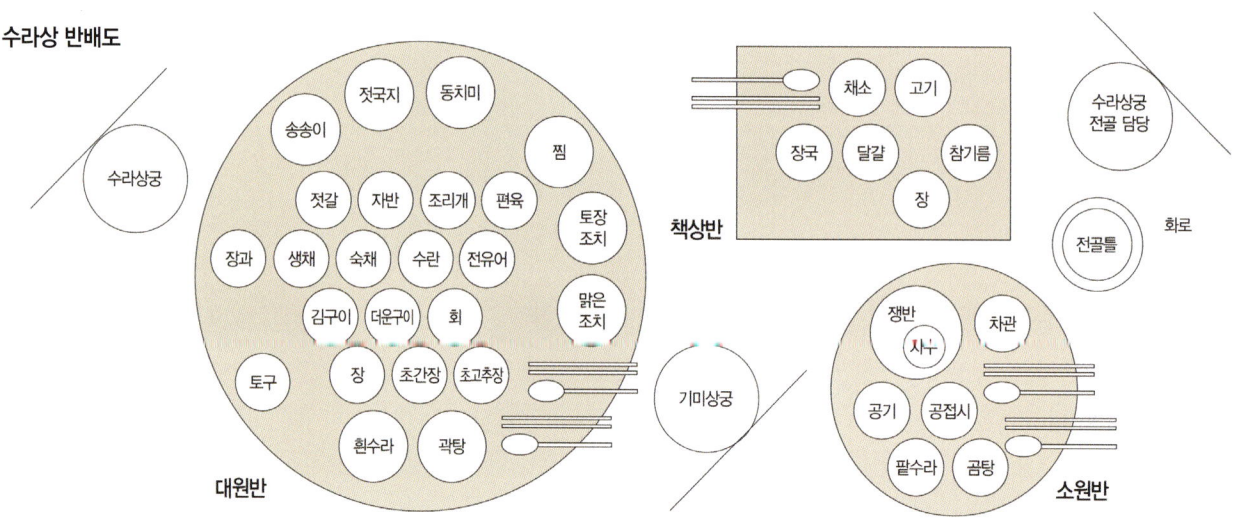

수라상 반배도

수라상의 찬품과 기명

		궁중의 음식명		일반 음식명	기명
기본 음식 : 수라 · 탕 · 조치 · 찜 · 전골 · 침채 · 장류					
1	수라	흰밥 · 붉은팥밥	2가지	밥 · 진지	수라기 · 주발
2	탕	미역국 · 곰탕	2가지	국	탕기 · 갱기
3	조치	토장조치 · 젓국조치	2가지	찌개	조치보 · 뚝배기
4	찜	찜(육류 · 생선 · 채소	1가지	찜	조반기 · 합
5	전골	재료 · 전골틀 · 화로 준비		전골	전골틀 · 합 · 종지 · 화로
6	침채류	젓국지 · 송송이 · 동치미	3가지	김치 · 깍두기	김치보 · 보시기
7	장류	청장 · 초장 · 윤집 · 겨자집 중	3가지	장 · 초장 · 초고추장 · 겨자장	종지
찬품(12첩)					
1	더운 구이	육류 · 어류의 구이나 적		구이 · 산적 · 누름적	쟁첩
2	찬 구이	김 · 더덕 · 채소의 구이나 적		구이	쟁첩
3	전유화	육류 · 어류 · 채소류의 전		전유어 · 저냐 · 전	쟁첩
4	편육	육류 삶은 것		편육 · 수육	쟁첩
5	숙채	채소류를 익혀서 만든 나물		나물	쟁첩
6	생채	채소류를 날로 조미한 나물		생채	쟁첩
7	조리개	육류 · 어패류 · 채소류의 조림		조림	쟁첩
8	장과	채소의 장아찌 · 갑장과		장아찌	쟁첩
9	젓갈	어패류의 젓갈		젓갈	쟁첩
10	마른찬	포 · 자반 · 튀각 등의 마른 찬		포 · 튀각 · 자반	쟁첩
11	별찬	육 · 어패 · 채소류의 생회 · 숙회		회	쟁첩
12	별찬	수란 또는 다른 별찬		수란	쟁첩
치수		숭늉 또는 곡차		숭늉	다관 · 대접

기미를 보는 것은 녹용이나 인삼과 같은 귀한 탕제를 올릴 때도 마찬가지였기 때문에 상궁들에게는 인기 있는 직책이었다. 궁에 들어온 지 얼마 되지 않은 생각시들은 꿈도 못 꾸는 일이었다.

③ 초조반(初朝飯)상

궁중에서는 아침 수라를 10시경에 드시므로 보약을 드시지 않는 날에는 유동식으로 보양이 되는 죽, 응이, 미음 등을 이른 아침에 드린다. 아침 일찍 드시는 조반이므로 초조반 또는 자릿조반이라 한다. 궁중에서는 죽은 아플 때 먹는 것이 아니고 초조반 또는 낮것상에 올리는 경우가 많았다.

죽으로는 흰죽, 잣죽, 낙죽(酪粥: 우유죽), 깨죽, 흑임자죽, 행인죽 등을 올린다. 미음으로는 차조, 인삼, 대추, 황률 등을 오래 고아서 밭친 차조미음이나 멥쌀만 고아서 밭친 곡정수(穀精水), 찹쌀과 마른 해삼, 홍합, 우둔 고기를 한데 곤 삼합미음 등이 있다. 응이에는 율무응이, 갈분응이, 녹말응이, 오미자응이 등이 있다.

초조반상은 죽이나 응이, 미음 등 유동식이 주식인 상으로 찬품이 아주 간단하다. 죽상을 차릴 때는 죽, 미음, 응이 등을 합에 담고 따로 덜어 먹는 공기와 수저를 놓는다. 찬품으로는 어포, 육포, 암치보푸라기, 북어보푸라기, 자반 등의 마른 찬을 두세 가지 올리고, 국물김치로 나박김치나 동치미가 어울린다. 죽상에 놓는 조치는 맑은 조치로 소금이나 새우젓국으로 간을 맞춘 찌개이다.

④ 낮것상(晝物床)

점심(點心)은 '낮것'이라 하여 평소에는 마음에 점을 찍을 정도로 가벼운 음식인 응이, 미음, 죽 등의 유동식이나 간단한 다과상을 차서 올린다. 왕가의 친척이나 손님들이 점심시간에 방문한 때는 국수 장국이나 다과상을 차려서 대접한다.

⑤ 면상(麵床)

탄일이나 명절에는 면상인 장국상을 차려서 손님을 대접한다. 진찬이나 진연 등 궁중의 큰 잔치 때는 병과, 생실과 찬물 등을 고루 갖추어 높이 고이는 고임상(高排床)을 차린다. 실제로 드시는 것은 입맛상으로 주로 국수와 찬물을 차린다.

면상에는 여러 병과류와 생과, 면류, 찬물을 한데 차린다. 주식으로는 밥이 아니고 온면, 냉면 또는 떡국이나 만두 중 한 가지를 차리고, 찬물로 편육, 회, 전유화, 신선로 등을 차린다. 면상에는 반상에 오르는 찬물인 장과, 젓갈, 마른찬, 조리개 등은 놓지 않으며 김치는 국물이 많은 나박김치, 장 김치, 동치미 등을 놓는다.

(2) 의례식

① 궁중의 연회식

면상

궁중에서는 일년 내내 특별한 행사가 빈번하게 있다. 연례적인 행사로는 정월, 단오, 추석, 동지 등의 명절과 궁내의 왕족들의 탄일을 비롯하여 궁 밖에 사는 종친들의 생신 등이 있어 대소 잔치가 열렸다. 규모가 비교적 작은 잔치는 탄일, 왕손의 관례나 다례, 병 회복 등 경사가 있을 때에 수시로 베풀어졌다. 국가적 행사나 왕이나 대왕 대비의 육순, 칠순 등의 큰 경사가 있을 때는 대규모의 잔치가 베풀어졌다.

가. 진연과 진찬

조선시대에 궁중에서는 왕, 왕비, 대비 등의 회갑(回甲), 탄신(誕辰), 사순(四旬), 오순(五旬), 망오(望五 41세), 망륙(望六 51세) 등이 특별한 날이다. 이들이 존호(尊號)를 받거나 왕이 기로소(耆老所)에 들어가거나 왕세자 책봉, 가례(嘉禮), 그리고 외국의 사신을 맞을 때 등의 국가적인 경사가 있을 때 왕의 윤허(允許)를 받아 큰 연회를 베풀었다.

미수상 행인과 생복회 골탕

잔치의 규모나 의식 절차에 따라 진연(進宴)·진찬(進饌)·진작(進爵)·수작(受爵) 등으로 나뉘는데 진연은 나라에 행사가 있을 때, 그리고 진찬은 왕족에 경사가 있을 때 베푸는 잔치로 진찬이 진연보다 규모가 작고 의식이 간단하다. 하지만 연회 음식의 내용은 크게 다르지 않다.

규모가 작은 잔치인 탄일이나 축하일에 차린 연회 음식의 기록은 궁중의 고문서 중에 음식건기(件記: 발기)로 상당히 많이 남아 있어 궁중음식 연구에 귀중한 자료가 된다.

진찬·진연·진작 등의 잔치를 설행하려면 임시관청인 진찬도감(都監)·진연도감·진작도감 등을 행사하기 수개월 전부터 설치하여 제반 사항을 진행한다. 큰 규모의 잔치인 진찬진연·진작 등의 설행 전모를 기록한 의궤(儀軌)와 등록(謄錄)이 많이 남아 있다. '의궤'란 나라에 큰일이 생기거나 경사스러운 일이 생겼을 때 후세에 참고로 삼기 위하여 그 일의 논의 과정 준비 과정·의식 절차 진행·행사 후의 유공자의 포상에 관한 일들을 기록한 것이다. '등록'은 행사를 치르는 과정 전부를 우선 일자 순으로 기록한 것이고 이를 바탕으로 의궤를 만든다.

진연·진찬 때는 도감에서 모든 절차를 계획하여 필요한 물자를 조달하고, 의식 절차와 정재(呈才: 궁중의 무용과 음악)는 여러 차례 습의(習儀: 예행 연습)한다.

연회 음식에 관해서는 연회 일자별로 차리는 찬안(饌案)의 규모·종류·차리는 음식의 이름을 적은 찬품단자(饌品單子: 메뉴)를 만든다. 음식을 차리는 데 필요한 상·기명·조리기구를 점검하여 부족한 것은 새로 마련한다. 필요한 식품재료를 품의하여 잔칫날에 맞추어 미리미리 준비한다. 연회 음식의 조리는 규모에 따라 적당한 인원의 숙수(熟手)를 동원하여 만든다.

큰 규모의 잔치는 하루만이 아니고 이틀 또는 삼일에 걸쳐서 네 차례에서 여섯 차례의 연회를 베푼다. 연회를 설행하는 전각이 정해지면 반차도(班次圖)에 의거하여 여러 가지를 차비하여 배설한다. 천장에는 천막을 치고, 왕과 왕족이 연회 시작전에 머무는 대차(大次)와 소차(小次) 등을 꾸민다. 연회에 필요한 각종 산선(傘扇: 우산과 부채)과 휘(麾: 깃발) 등도 점검하고 전각에 주렴(珠簾: 발)과 황목장(黃木帳)을 치고 야간 연회에 필요한 등촉도 준비한다. 전각의 대청 중앙에 동조어좌(東朝御座)를 남향으로 놓고, 용평상(龍平床)과 이동할 수 있는 쇠로 만든 의자인 납교의(鑞交椅)도 준비한다. 십장생(十長生) 병풍을 치고, 수방석·표피방석·채상·글씨 병풍·보상(寶床)·향좌(香座)·향로(香爐) 등도 준비한다. 조화(造花)를 화려하게 장식하여 항아리에 담은 준화(樽花) 한 쌍을 연회장 양쪽의 준화대 위에 놓는다.

음식을 배선할 고족주칠찬안(高足朱漆饌案)·주칠협안(朱漆挾案)과 수주정(壽酒亭)·술항아리·술잔·은잔대를 배설한다. 다정(茶亭)도 아가상(阿架床)에 명주보를 덮고 유지를 깐 후 은주전자와 은찻잔을 소원반에 받쳐 올려놓는다. 그리고 축수하는 시를 쓴 두루마리를 놓는 주칠치사전문함(朱漆致詞箋文函), 꽃을 받아놓는 진화함(進花函)·찬품단자를 담은 주칠 찬품단자함(饌品單子函) 등도 놓는다.

1795년 화성 원행 중 혜경궁 홍씨를 위한 진어찬안 (70그릇)

왕족에 올리는 고배상은 다리가 높은 고족찬안(高足饌案)을 여러 개이어서 30~40여 가지의 음식을 차린다. 상의 윗면은 도홍색(桃紅色) 운문단(雲紋緞)을 덮고, 그 위에 좌면지(座面紙)를 깔고 음식 담은 그릇을 놓는다. 상 옆쪽은 초록색 운문단을 주름을 잡아 늘어뜨린다. 여러 가지 음식들은 찬품단자에 정해진 치수대로 고여서 상에 배선한다.

찬품 중에 물기가 많아서 고일 수 없는 것을 제외하고는 고인 꼭대기에 종이나 비단으로 만든 상화(床花)를 꽂아 호화롭게 장식한다. 궁중의 평상시의 수라상은 내인인 주방상궁들이 조리를 담당하지만 잔치 때는 궁에 전속으로 되어 있는 남자 조리사인 대령숙수들이 주로 조리하고 주방상궁과 생과방상궁 등이 도와서 만든다. 평소에 왕의 식사를 만드는 수라간은 좁아서 다량의 음식을 만들 수 없으므로 임시로 내숙설소(內熟設所) 또는 주원숙설소(廚院熟設所)라 하는 가가(假家)를 짓고 이곳에서 수십 명에서 백여 명의 숙수들이 며칠을 두고 음식을 만들게 된다.

나. 진어상

궁중 연회는 왕과 왕족께는 많은 가짓수의 음식을 높이 고인 고임상을 올리고, 친척·명부·제신 등의 손님에게는 사찬상(賜饌床)을 내린다. 고임상의 규모는 왕이나 경사를 맞은 당사자에 올리는 상으로 음식 가짓수도 많고 높이도 높게 차린다. 특히 잔칫날에 왕이 받으시는 상을 진어상(進御床) 또는 어상(御床)이라 한다. 진어상에 차리는 음식의 종류·품수·높이 등은 뚜렷하게 정해진 규정이 없으나 현존하는 〈진찬의궤〉의 찬품조에 나와 있는 것을 보면 품수와 높이만이 약간 다를 뿐 거의 비슷하다.

음식에 따라 고이는 높이가 다른데 떡류·각색당·연사과·강정·다식 등 병과류와 생과류는 1자3치에서 1자7치 정도로 높이 고인다. 숙실과(熟實果)인 율란·조란·생란과 각색정과는 이보다 조금 낮게 고인다. 전유어·편육·화양적·회 등의 찬품은 조과류보다 낮게 고이며, 그 밖의 화채·찜·탕·열구자탕·장류 등 물기가 많은 것들은 이렇게 고일 수가 없다. 민가에서도 이를 본떠서 혼인, 회갑, 회혼례 때에 고임상을 차려서 축하하며, 이 상을 큰상 또는 높이 바라보는 상이라 하여 망상(望床)이라고 한다.

연회 때에 왕이나 왕족은 고임상의 차려진 음식을 드시지는 않는다. 실제로 드시는 것은 별도로 마련하여 올리는 별찬안(別饌案)이나 술잔을 올리면서 함께 내는 진어미수(進御味數)·진소선(進小膳)·진대선(進大膳)·진탕(進湯)·진만두(進饅頭)·진과합(進果榼) 등이다. 올리는 상의 순서에는 소금물을 올리는 진어염수(進御鹽水)의 차례가 있고 차를 올리는 진다(進茶)는 가장 마지막이다.

진찬·진연의 의례 절차 중에서 음악이나 무용 등이 간간이 들어있어 한 차례의 잔치에 궁중음악과 궁중무가 십여 가지 이상씩 시연된다. 의례 중에는 왕족에게 치사(致詞)와 술잔을 올리는 진작(進爵)·진화(進花) 등 중요한 절차가 있다.

다. 연상(宴床)

진찬·진연에 참석한 왕족과 제신(諸臣)·종친(宗親)·척친(戚親)·내명부(內命婦)·외명부(外命婦)·의빈(儀賓)을 비롯하여 악공(樂

진만두와 진다

〈원행을묘정리의궤〉에 기록된 진찬

구분	자궁 70기	높이	대전 20기	높이
병	각색병/약식	1자 5치	각색병/약식	8치
유밀과	대약과/만두과/다식과	1자 5치	대약과	8치
다식	흑임자다식/송화다식/율다식/산약다식/홍갈분다식	1자 5치	각색다식 · 각색연사과	4치
강정	홍매화강정/백매화강정/황매화강정	1자 5치	각색강정	8치
연사과	홍연사과/백연사과/황연사과	1자 5치		
감사과	홍감사과/백감사과	1자 5치		
요화과	홍요화/백요화/황요화	1자 5치		
당	각색팔보당/인삼당/오화당	1자 2치~ 1자 4치		
숙실과	조란/율란/강란	1자		
과일	용안 · 여지/밀조 · 건포도/민강/귤병/유자/석류/배/준시/밤/황률/대추/대추징조/호두/산약/잣	7치~1자 4치	민강/귤병/유자 · 석류/배/준시/밤	6~7치
정과	각색정과	7치	각색정과	
음료	수정과/배숙		수정과	
탕	금중탕/완자탕/저포탕/계탕/홍합탕		금중탕/완자탕	
찜	생치숙/숭어찜/해삼찜/연저증			
면	국수		국수	
만두	각색만두/어만두	7치		
전	어전유화/생치전유화	7치	각색전유화	6치
적	전치수/화양적	7치		
회	어채/어회/숙합회	4치	어회	
편육	편육	1자	편육	6치
절육	절육	1자 5치	절육	8치
숙란	숙란			
청	꿀		꿀	
장	초장/겨자		초장/겨자	

工)·정재여령(呈才女伶)·군인에 이르기까지 참석자 전원에게 음식을 대접하는데 이를 사찬상(賜饌床)이라 한다. 지위에 따라서 외상 또는 겸상이나 두레반 등에 음식을 차려서 대접한다.

궁중에서 연회가 끝나면 퇴선(退膳)한 다음, 차렸던 음식을 종친이나 신하집으로 골고루 나누어 보낸다.

진찬 때의 내외빈 및 제신 이하의 연상

종류	제신상상 30상, 11기	제신중상 100상, 8기	제신하상 150상, 6기
병	각색병	각색병	각색병
유밀과	소약과	소약과	
강정	각색강정	각색강정	
요화과	각색요화		각색요화
과일	배·대추·밤/준시	준시·배	건시·대추·밤
면	국수	국수	국수
탕	잡탕	잡탕	잡탕
절육	절육		
전	어전유화·저육족병	어전유화·저육족병	
적	화양적	화양적	화양적
청	꿀	꿀	꿀
장	초장	초장	

* 제신상상(諸臣上床)과 내빈상은 동일하다. 각 영의 장관, 장교, 군병 7716명에게는 떡(餠) 2개, 탕, 건대구 1편(片)을 주었다.

장관, 장교, 군병에게 내렸던 궤반

라. 양로연상

양로연은 혜경궁의 회갑연을 마친 다음날 잔치의 의미를 새기고자 화성의 노인과 한양에서부터 동행한 노인 관료를 위로하기 위해 왕이 베푼 경로잔치이다. 80세 이상의 노인이 가장 많고 61세 노인은 2명이었다.

노인상은 425상으로 4개의 자기에 음식을 담고 뉴반(柚盤: 싸리로 만든 상)에 올렸다. 왕과 노인들의 음식은 같은 수와 같은 음식이었으며 왕의 상은 주칠운족반(朱漆雲足盤: 붉은 칠의 구름무늬상)이었다. 치아가 좋지 않은 노인을 위한 것이라 부드럽고 무르며 소화에 좋게 조리했음을 알 수 있다.

양로연상의 어상과 노인상 찬품

상	찬품
어상1상(4기)	두부탕 편육 검은콩찜(黑太蒸) 실과: 배, 곶감, 밤
노인상 425상(4기)	

② 영접식

명이나 청의 사신이 조선에 오면 조정에서는 영접도감을 설치하고 영접하기 위한 모든 준비를 갖추어 진행하게 된다. 사신이 서울에 도착한 후 돌아갈 때까지 여러 차례에 걸친 공식적인 연회가 베풀어졌는데, 왕이 친히 참석하는 연회가 있는가 하면 제신이 대행하는 경우가 있다. 영접도감에는 맡은 바 임무를 수행하도록 100여 명이 넘는 많은 인원으로 구성되어 있다.

③ 가례식

가례란 왕의 성혼이나 즉위 또는 왕세자 왕세손의 성혼, 책봉 때의 예식을 말하며 가례색은 왕이나 왕세자의 가례에 임하여 두는 벼슬아치다.

조선조의 혼인 의식은 주가례를 기본으로 한 〈사례편람〉에 바탕을 두고 있다. 가례 상차림은 '동뢰연상을 기본으로 하며 서민의 혼례에서는 초례에 해당하는 것이고 〈가례의궤〉를 통하여 조선 왕조의 궁중 음식을 연구하는 자료로서 활용될 수 있으며 이들은 모두 대규모의 행사에 관한 것이다.

이에 비해 소규모 접대식이나 제사식 등의 상차림을 적어놓는 고문서가 남아 있는데 이것은 궁중 음식 건기(件記) 또는 발기라 한다.

고종 19년(1882) 임오(壬午) 정월 천만세 동궁마마 가례시 어상기를 예로 제시한다.

가례의 절차

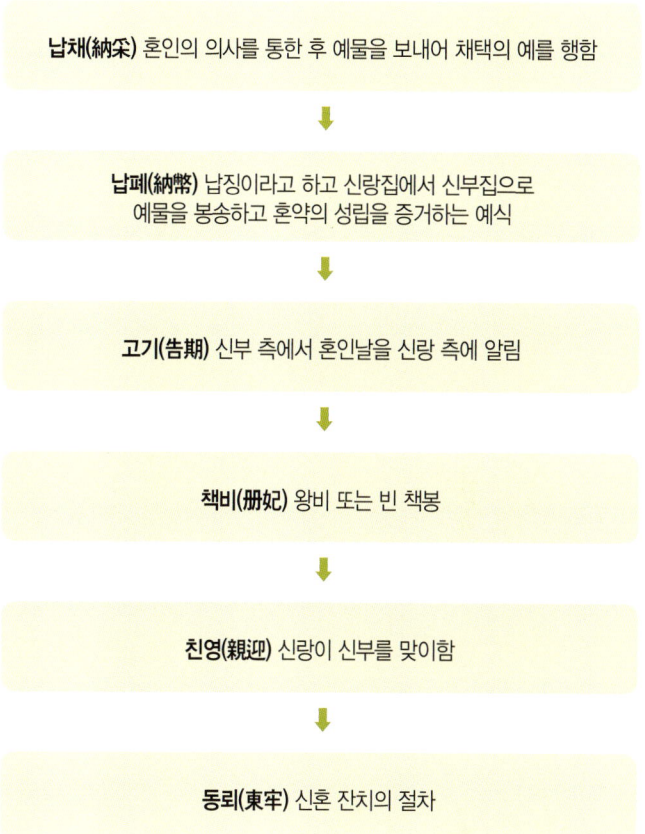

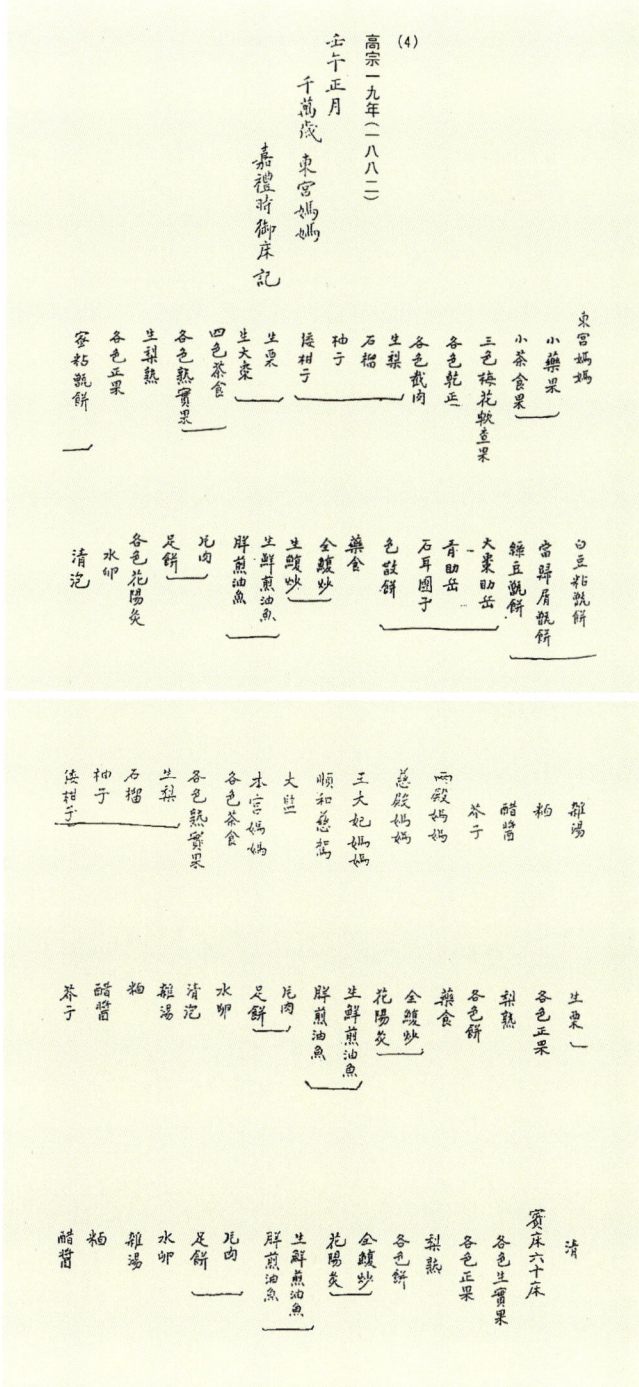

(3) 시절식

절식(節食)은 다달이 끼어 있는 명절에 차려 먹는 음식이고, 시식(時食)은 춘하추동 계절에 나는 식품으로 만드는 음식을 말한다. 조선시대의 명절 음식 단자와 종묘와 가묘에 천신하는 품목단자를 살펴보고, 또 일년 열두달 세시풍속을 알아보는 것은 한국 음식의 바탕을 아는데 도움이 되며 한국 식문화 연구의 중요한 자료가 된다.

궁중의 사대 명절은 왕의 탄일(誕日), 정조(正朝), 망월(望月: 정월 보름), 동지(冬至)이다. 민가에서 예부터 명절로 삼아온 초파일, 단오, 추석은 계절의 문호로 삼아 새 계절복으로 갈아입는 외에는 별로 다른 의미가 없었다고 한다. 정조에는 하례를 받으시고 잔치를 베풀지만 단오와 추석에는 특별히 차리지 않는다. 오히려 여염집과 농가에서 큰 명절로 삼고 많이 차리고 먹고 즐긴다. 춘하추동 시식의 풍습은 궁이나 서울이나 시골이나 매한가지였다.

〈경국대전〉에 의하면 '조의(朝議)를 정조, 동지, 성절(聖節: 왕의 생일), 천추절(千秋節: 왕세자의 생일)에는 왕이 왕세자 이하를 거느리고 망궐례(望闕禮)를 행한다'고 하였으니 이것이 명절날의 하례식이다.

정조, 동지, 초하루, 보름(朔望), 왕과 왕비의 탄일에는 왕세자와 백관이 조하(朝賀)한다. 초하루와 보름에는 단지 왕에게만 조하한다. 지방관은 각각 봉임하고 있는 곳에서 진하(進賀)한다. 매월 초 5일, 11일, 21일, 25일에는 백관이 조참(朝參)한다고 하였다.

종묘 천신 품목

월령	천신 품목
1월	조곽(早藿: 미역), 해태(海苔: 김)
2월	생합(生蛤), 생낙지(生絡蹄), 빙송어(氷松魚), 생전복(生全鰒), 반건치(半乾雉: 꿩), 청어(靑魚), 당귀싹(當歸芽), 작설치(雀舌茶)
3월	황석수어(黃石首魚: 조기), 눌어(訥魚: 누치), 위어(葦魚: 웅어), 궐채(蕨菜: 고사리), 신감채(辛甘菜: 승검초), 청귤(靑橘)
4월	진어(眞魚: 준치), 오징어(烏賊魚), 죽순(竹筍)
5월	농어(鱸魚), 대맥(보리), 소맥(밀), 외(瓜子), 앵도(櫻桃), 황행(黃杏: 살구)
6월	오려미(올벼), 수수, 조, 오얏, 능금, 동아(冬瓜), 참외, 수박, 가지(茄子), 은어(銀口魚)
7월	연어(鰱魚), 천렵고기(川獵), 배, 청포도, 호두, 잣, 가얌(榛子), 연밥(蓮實)
8월	게(蟹), 붕어(鮒魚), 송이, 밤, 대추, 홍시(紅柿), 신주(新酒)
9월	석류(石榴), 산포도(머루), 미후도(彌猴桃: 다래), 생안(生雁: 기러기)
10월	숭어(秀魚), 대구, 은어, 문어, 마, 은행, 곶감, 유자, 금귤(金橘), 감자(柑子: 귤)
11월	생치(生雉: 꿩), 천아(天鵝: 백조), 백어(白魚), 당유자(唐柚子)
12월	동정귤(洞庭橘), 유감(乳柑), 숭어, 생토(生兎: 토끼)

진달래꽃 삼월 삼짇날 두견화전을 부쳐 천신하였다

(4) 천신(薦新)

천신은 철을 따라 새로 난 과일이나 농산물을 먼저 신주나 조상께 제사 지내는 일을 이른다. 옛사람들은 조상에게 효심이 지극하여 계절 따라 새로 나오는 식품은 우선 종묘와 가묘에 바치고 고한 다음에 자손들이 나누어 먹었다. 이렇게 새로 나온 물건을 바치는 예를 임금님께서 수범하시어 종묘에 천신하니 백성들도 다 이를 본받았다. 천신한 품목을 보면 우리 강토에서 식품이 많이 나는 절기를 알 수 있다. 종묘에 천신하는 품목단자(品目單子)는 다음과 같다.

4월 천신품인 준치

3 궁중 음식의 특징

(1) 각 지방의 특산물인 해물, 육류, 채소, 곡식 등이 산출 시기에 맞추어 신선한 재료 또는 가공물로 진상되므로 궁중 음식은 만드는 식재료가 다양하고 신선하다. 따라서 음식의 종류가 많고 맛이 있다.

(2) 계절에 처음으로 나온 식품을 종묘에 천신하는 풍습이 있어 그것으로 음식을 만들어 왕께 올리므로 자연히 계절 음식과 명절 음식이 발달했다. 예를 들면 미나리강회, 대합구이, 도미면, 죽순채, 웅어감정, 앵두화채, 살구편, 준치만두, 보리수단, 유자화채, 은행단자 등이 있다.

냉이나물, 탕평채, 미나리강회 등의 봄철 시식

(3) 궁중의 연회, 영접, 가례에서의 잔치로 인하여 고임새 음식을 예술의 경지까지 이끌었으며 반가 내지는 서민에까지 영향을 끼쳤다.

(4) 궁중의 조리인은 전문직으로 어린 아기 나인 때부터 음식 기능을 철저한 훈련과정을 통해 익히고, 숙수제도에 의해 남성 조리인이 연회 음식을 지속적으로 세습에 의해 담당했으므로 기술이 뛰어나다.

(5) 찬이나 안주에서 고기 음식을 제일이라고 여기고 그중 쇠고기가 가장 많이 쓰였다. 잔치에는 많은 사람의 음식을 만들어야 하므로 소의 부위 전체를 활용한 요리가 많다. 신선한 내장은 회로, 질긴 고기는 찜과 탕으로, 내장은 삶아 전과 적을 하며, 살코기로는 회·구이 등 모든 음식에 조금씩 넣어 맛을 냈다. 육류 음식에는 쇠고기만을 쓰지 않고 진계, 저육, 꿩고기 등과 말린 해물인 전복, 해삼을 같이 써서 조리한 탕이나 찜이 많다. 또한 연하고 부드러운 등골, 두골 등도 전으로 하고 탕으로 한다. 예를 들면 잡탕, 금중탕, 두골탕, 열구자탕, 추복탕, 골탕, 잡찜이 있다.

갑회 궁중 잔치에 올렸던 소의 내장회

금중탕 궁중 잔치에 가장 많이 올렸던 탕이다.

(6) 맛을 내는 장이 특별하다. 진장, 중장, 청장으로 나누어 색과 염도를 조리법에 따라 달리 썼다. 예를 들면 청장은 미역국이나 나물에, 진장은 약식·조리개·초에 쓰였고, 중장은 구이·찜 등에 보편적으로 썼다.

(7) 상차림의 종류가 먹는 이의 신분과 때, 장소에 따라 달라진다. 아침과 저녁의 수라는 반수라·죽수라이고, 떡·과자·면·만두·일품

요리가 차려진 상은 다소반과라 하고, 조다·주다·만다·야다가 있다. 잔치에서는 왕, 대왕대비에게 올리는 진연상과 내빈, 외빈, 당상관, 본소의 장교, 서리, 장교, 고지기, 서사, 여령, 악공에게 독상, 겸상, 대우반, 소우반, 담당으로 낸다. 연상은 제신에게는 상상, 중상, 하상을 노인에게는 양로연상이 있다.

(8) 담담한 맛을 내며 강한 향신료를 쓰거나 모양이 바르지 않은 채소나 생선은 쓰지 않고, 짠 반찬이나 매운 찬, 냄새가 많이 나는 찬은 별로 없다. 재료의 부위 중에서도 맛있는 부분을 골라 쓴다.

(9) 쇠고기와 표고버섯을 꼭 같이 쓰므로 상승된 감칠미가 있다.

(10) 조리 용어가 다르다. 예를 들면 수라, 송송이, 조치, 조리개, 장과 등이 그것이다.

(11) 가장 권위가 있는 왕족에게 올리는 음식이기에 수십 년 익힌 솜씨로 정성을 최고로 보여주는 음식이다.

(12) 상차림법과 식사예법이 엄격하고 시중을 드는 사람이 많다.

4 궁중의 진상과 공상

(1) 진상, 공상 – 〈만기요람〉〈공선정례〉

① 진상(進上)

진상은 세공(稅貢) 이외에 백성들이 왕실 및 국가의 제사에 대하여 봉상(奉上) 예물이라는 관념에 의한 것으로 그 물목(物目), 수량, 횟수, 상납의 시기 등이 명목에 따라 상세히 규정되어 있다. 조선이 종주국인 명나라에 보내는 방물(方物) 또는 공물에 대해서는 진헌(進獻)이라 하였고, 국내의 왕실에 올리는 것은 진상 또는 공상(供上)이라고 하였다. 진상의 명목은 물선(物膳), 방물(方物), 제향(祭享), 천신(薦新), 약재(藥材), 천자(薦子) 및 별례(別例) 진상으로 크게 나눌 수 있다.

〈만기요람(萬機要覽)〉의 공상(供上)조에 대전, 중궁전, 왕대비전, 혜경궁(惠慶宮), 가순궁(嘉順宮, 수빈 박씨)의 각 전각별로 공상 물종이 상세히 적혀 있다. 공상은 축일공상, 소선, 축삭공상, 월령, 사삭일개(四朔一改), 연례, 납염, 침장, 침저, 탄일, 절일표리, 물선, 의대(衣襨), 삭선, 진하 등의 명목으로 1년간의 시기와 물량이 정해져 있다.

② 진상의 내용

가. 물선 진상

물선(物膳)은 음식의 재료를 말하는 것으로 왕실에 올리는 것이다. 물선진상을 진선(進膳)이라고도 한다. 다른 별선에 비하여 물선진상은 삭선(朔膳) 또는 월선(月膳)이라고도 한다. 이는 다른 진상은 부정기적인 것에 비하여 물선은 매월 정기적이기 때문이다.

물선의 범위는 국왕, 왕비, 왕세자는 물론 전대의 왕이나 왕비가 계신 경우에는 그들에게도 올린다. 정조 즉위년에 만든 〈공선정례(貢膳定例)〉(1776년)에는 각 도별로 바친 공물의 물종과 수량이 적혀 있는데 대전, 왕대비전, 혜경궁, 중궁전, 세자궁의 5곳으로 나눠 올렸다. 순조대에 지은 〈만기요람〉(1808년)의 공상조는 대전, 중궁전, 왕대비전, 혜경궁(정조의 생모), 가순궁(순조의 생모)의 5군데에 올렸다.

나. 물선의 물종

삭선(朔膳)은 매월 초하루에 바치는 물종으로 각 고을마다 다른 것을 바친다. 물선의 기록으로 조선시대 각 고을의 특산물을 잘 알 수 있으며, 또한 물종의 계량 단위도 알 수 있다. 물선은 음식에 쓰이는 곡류, 소채류, 어패류, 해초류, 육류, 건어물, 양념류, 과실류 등의 재료는 물론이고 각지의 명산품 중 젓갈, 포, 정과, 산자, 장류 등 이미 완성된 음식도 포함되어 있다.

물종을 계량하는 단위는 식품의 종류에 따라 다르다. 되로 달아야 하는 곡물은 두와 승, 모양이 납작하여 장수로 셀 수 있는 것은 권(卷), 무게를 달아야 하는 것은 근(斤), 낱개로 셀 수 있는 것은 개(箇), 생치(꿩)는 수(首), 생선은 미(尾: 마리), 김·곶감·전복·오징어 등은 접(帖: 접,첩), 조기는 속(束: 두름), 정과나 젓갈은 항아리에 담아 있으니 항(缸), 연밥이나 잣송이는 송이, 과실은 개 또는 상자, 송이버섯은 본(本), 길이가 긴 장인복은 줄기, 낙지는 타래(月乃)로 단위가 매우 다양하다. 납일(臘日) 납향(臘享)에 쓰이는 납육(臘肉)들로 희생된 짐승으로 토끼, 산돼지, 노루 등은 구(口)로 센다.

〈만기요람〉의 공상 내용

구분	품목
축일공상 (날마다 진상하는 것)	멥쌀(粳米), 메기장쌀(稷米), 포태(泡太), 겨자(芥子), 대구(大口魚), 조기(石首魚), 알젓(卵醢), 새우젓(白鰕醢), 소금(鹽), 고운소금(洗淨鹽), 참기름(眞油), 다맥(茶麥), 식초(醋), 생강(生薑), 황각(黃角), 즙진유(汁眞油), 우모(牛毛), 팥죽붉은팥(豆湯赤豆), 꿀(淸蜜), 배(梨), 밤(生栗), 잣(栢子), 곶감(乾柿), 참외(眞瓜), 수박(西果), 생치(生雉), 생선
소선(素膳) (생선이나 고기붙이를 쓰지 않는 찬물)	황대두(黃大豆), 포태(泡太), 분곽(粉藿), 조곽(早藿), 다시마(多士麻), 석이(石茸), 감태(甘苔), 미역귀(藿耳), 참가사리(細毛), 김(海衣), 곤포(昆布), 표고(票古), 상말(上末), 메밀가루(木麥末), 점(粘), 즙진유(汁眞油), 실임자(實荏子), 메주(全豉), 생강(生薑)
축삭공상 (달마다 진공하는 것)	분강갱미(粉糠粳米), 황밀(黃蜜), 들기름(法油), 세안용팥(飛陋小豆), 김치소금(沈菜鹽)
월령(月令) (다달이 정한 예에 의하여 바치는 것)	생합(生蛤), 생죽합(生竹蛤), 나문재(海紅菜), 고사리(蕨菜), 신감채(辛甘菜), 참조기(黃石首魚), 두릅(木頭菜), 생오징어(生烏賊魚), 게젓(靑蟹醢), 적굴비(炙仇非石首魚), 순채(蓴菜), 앵두(櫻桃), 보리쌀(大麥米), 오이(靑瓜), 햇밀가루(新眞末), 햇찹쌀(新粘米), 햅쌀(新稻米), 햇찰기장쌀(新黍米), 햇메기장쌀(新稷米), 수박(西果), 오얏(綠果), 동아(冬瓜), 가지(茄子), 참외(眞瓜), 살구(黃杏), 수꿩(兒雉), 생개암(生榛子), 가래(楸子), 적리(積梨), 능금(林檎), 햇잣(新栢子), 연밥(蓮實), 은어(銀口魚), 생쏘가리(生銀鱗魚), 송이(松耳), 생게(生蟹), 풋밤(軟栗), 생소라(生小螺), 다래(彌猴桃), 머루(山葡萄), 생조기(生石首魚), 생굴(生石花), 해양(海胖), 마(薯蕷), 생낙지(絡蹄), 은행(銀杏), 동백어(冬白魚), 노루(生獐)
침장(沈醬)·침저(沈菹)	말장(末醬), 소금(鹽), 참기름(眞油), 들기름(法油)
탄일(誕日) 절일(節日)	밤(生栗), 잣, 배, 개암, 홍시, 수박, 석류, 유자, 모과, 꿀, 양재황대두(禳災黃大豆), 숙주나물용녹두(長音菉豆), 두탕적두(豆湯赤豆), 백미(白米), 꿩(生雉), 생선, 냉이나물, 황아채(黃芽菜), 청아채(靑芽菜), 숙주나물(綠豆長音), 생파(生葱), 밤, 머루정과(山葡萄正果), 노루
삭선(朔膳)	물선(物膳) 값, 삼길(蔘吉) 값, 건숭어(乾秀魚) 값, 납향 납육 값
진하(進賀)	밤, 배, 개암, 홍시, 수박, 물선값, 생꿩, 생선, 머루정과, 홍시

다. 〈만기요람〉의 공상

〈만기요람〉은 순조 8년(1808)에 호조판서 서영보와 부제학 심상규가 왕명을 받들어 찬한 것으로 조선조 후기의 재정과 국방에 대하여 적은 귀중한 문헌이다. 〈만기요람〉의 재용편 공상조는 대전, 중궁전, 왕대비전, 혜경궁, 가순궁 등의 각전에 올리는 공상의 물종과 수량과 값이 상세히 나와 있다. 다음은 대전에 올리는 공상의 물종 중 식품만을 골라서 1년간의 수량을 적은 자료이다. 이를 통하여 조선조 후기 식품의 종류와 가격을 알 수 있으며, 식품의 쓰임새도 적혀 있어 식생활 풍습도 엿볼 수 있다.

③ 〈공선정례〉의 진상

〈공선정례〉는 영조 52년(1776)인 영조가 승하하신 해 7월에 예조와 호조에서 왕명으로 편찬하였고 무주 적상산 사고에 소장되었던 것이다. 여기에는 전국 각도별로 바치는 공물의 물종과 수량이 적혀 있다. 이 문헌을 통하여 조선조 후기 각 지방의 특산물과 산출 시기를 잘 알 수 있다.

가. 의정부(議政府) 육조(六曹) 명일 물선

의정부 육조에서는 명일에 생치와 생선을 올리는데, 물선의 물종과 수량이 각 전각마다 똑같다. 정조에는 생치 30수와 생선 30마리, 단오 역시 생치 30수와 생선 30마리, 추석에는 생치 30수, 동지에는 생치 30수와 생선 30마리, 탄일에는 생치 30수와 생선 30마리이다.

나. 경기(京畿)

● 삭선

경기 지방의 삭선은 1월과 12월은 없다. 경기 지방은 한양과 가까운

거리이므로 생선과 채소을 싱싱한 날것으로 올리고, 해초·과실·곡물 등 물종이 다양하다.

● 명일 물선

경기 지방의 명일 물선은 입춘에 기협(畿峽)마을에서 키운 오신채(五辛菜)와 기른 나물이 많다. 산갓김치와 산포도정과는 경기 특산이다.

경기도 삭선 물종

월령	물종
정월령	없음
2월령	생조개 400개, 해홍채 5상자, 생죽합(긴맛조개) 1두
3월령	고사리 8상자, 신감채 6상자, 조기 300마리
4월령	두릅나물 3상자, 생오징어 30마리, 청해해(게젓) 2항아리, 구이용 굴비(炙仇非石首魚) 50마리
5월령	순채 2항아리, 보리쌀 2두, 햇밀가루 15두, 앵두 3상자, 오이 300개
6월령	조 2두, 수수 2두, 피 4두, 햅쌀 5두, 황행 3상자, 참외 30개, 수박 8개, 녹이(산돌배) 3상자, 동과 30개, 가지 30개, 어린 꿩 30마리
7월령	개암 3상자, 호두(楸子) 5두, 적이(赤梨) 5상자, 임금(능금) 3상자, 햇잣 150송이, 연밥 30송이, 은구어 50마리
8월령	생금린어 20마리, 생게 500개, 생송이 150본, 연한 밤 8상자
9월령	생소라 10두름, 생조기 50마리, 다래 3두, 산포도 3두
10월령	생석화 2두, 서여(마) 6상자, 생낙지 20타래, 은행 5상자, 생합 400개, 해양 1두
11월령	언뱅어(凍白魚) 30두릅
12월령	없음

대전에 매일 올리는 물종은 생치와 생선이고 가을과 겨울에는 노루를 10일에 한 번씩 3마리씩 올렸다.
매삭(每朔) 일차(日次) 경영공(京營貢)
생치 200마리 - 초순에는 10마리씩, 중순과 하순에는 5마리씩 올린다.
생선 150마리 - 매일 5마리씩 올린다.
작은 노루(小生獐) 18구 - 3월부터 8월까지는 없고, 9월부터 다음해 2월까지 3마리(초일 1마리, 11일 1마리, 21일 1마리)

● 개성부(開成府) 물선

개성부는 송이버섯과 백어가 특산이어서 별도의 물선으로 올린다. 8월에 송이버섯을 세 차례에 걸쳐서 30개씩 올리고, 11월에는 백어(白魚)를 세 차례에 걸쳐서 40마리씩 올린다.

다. 충청(忠淸)

충청 지방의 삭선 물종은 정월에는 껍질이 있는 생전복(有匣全鰒)을 300개 올렸고, 2월과 3월에는 없고, 4월에는 황석수어(黃石首魚) 3두이다. 황석수어의 수량 단위가 말(斗)인 것으로 미루어 크기가 작은 것으로 젓갈을 담는 데 쓰인 듯하다.

5월에서 12월까지는 8월을 제외하고 삭선의 물종이 없다. 8월의 물종은 조홍시(早紅柿)로 이른 철에 나오는 감 100개와 생복(生鰒) 300개이다. 명일 물선으로는 산돼지를 올린다.

충청도 삭선 물종

월령	물종
정월령	생전복 300개
2월령	없음
3월령	없음
4월령	황석수어 3두
5월령	없음
6월령	없음
7월령	없음
8월령	조홍시 100개, 생전복 300개
9월령	없음
10월령	없음
11월령	없음
12월령	없음

라. 전라(全羅)

전라 지방의 삭선은 매달 빠지지 않고 있으며 주로 어패류가 많다. 전라 지방은 특산인 석류, 유자, 생강이 특별하다. 침죽순(沈竹筍)은 소금에 절인 죽순으로 전라의 남쪽에서만 나는 특산품이다. 전라 지방 삭선의 내용은 다음과 같다.

전라도 삭선 물종

월령	물종
정월령	소해의 15점, 분곽 10근, 전복 3첩, 곶감(乾柿子) 15접, 말린 숭어(乾秀魚) 15마리
2월령	조곽 10근, 소해의 10접, 건수어 10마리, 청밀 1되
3월령	조곽 10근, 전복 3첩, 세린석수어(洗鱗石首魚)50속, 표고 1근, 종강(種薑) 30두
4월령	건오적어 40마리, 숭어알(秀魚卵) 15부, 청밀 1두
5월령	전복 3첩, 굴비(仇非石首魚) 15두름, 생죽순 100본, 청밀 1두
6월령	전복 2접, 장인복(長引鰒) 10줄기, 침죽순 2두, 건수어 10마리, 청밀 1두
7월령	생은어(生銀口魚) 100마리, 건수어 10마리, 청밀 1두
8월령	전복 3접, 표고 1근, 절인 은어(鹽銀口魚) 200마리, 청밀 1두
9월령	석류 100개, 생강 5두, 건수어 10마리, 호두 5두
10월령	석류 100개, 유자 100개, 홍시 200개, 전복 3접, 분곽 7근, 청밀 1두
11월령	석류 150개, 유자 150개, 생치 15수, 생강 5두, 전복 3접, 청밀 1두
12월령	소해의 10접, 건시자 15접, 생치 15수, 전복 3접, 분곽 10근, 청밀 1두

마. 제주(濟州)

제주 지방의 공선 물종 중 감귤류와 전복과 표고는 다른 지방에서는 거의 나지 않는 물종들이다. 전복은 생것이 아닌 가공한 상태인 추복, 인복, 조복 등이나 현재 시중에는 통째로 말린 전복 이외에 전복 가공품이 없어서 가공법을 확실히 알 수 없다.

추복(搥鰒)은 전복을 말려서 망치로 두들겨서 건오징어포처럼 만든 것이며, 조복(條鰒)은 역시 말려서 가닥가닥 만든 것으로 여겨지며, 인복(引鰒)은 말린 전복을 길게 잡아 늘린 것으로 여겨지며 수량의 단위가 줄기(注之)라 셈한다. 매월 엄청난 물량이니 민폐는 대단하였으리라 여겨진다. 삭선은 정월과 10월을 제외하고 매월 있다.

제주의 감귤류는 11월에 배로 20차례에 걸쳐서 한양까지 운송되었다. 감귤의 종류는 유자(柚子), 감자(柑子), 청귤(靑橘), 동정귤(洞庭橘), 금귤(金橘), 유감(乳柑), 당유자(唐柚子) 등 다양하였으나 현재는 없어진 종류가 많다.

궁중에서는 추운 겨울철에 멀리 제주부터 공물을 가져온 이들을 왕이 직접 인견하시고, 의복을 하사하시고 음식을 베풀어서 먹이고 노고를 위로하셨다고 한다. 감제(柑製)는 납월에 감귤이 한양에 당도할 즈음에 열리는 과거시험이다.

조선시대에 제주는 탐라국이라 하였고, 감귤을 토산물로 공상하게 되었는데 12월, 1월, 2월에 경사에서 성균관 및 사학에서 배우고 있는 유생들에게 감귤을 반사(頒賜: 임금이 아랫사람에게 물건을 내리는 일)하고, 어제(御製)를 내리어 절일제지례(節日製之例)와 같은 시험을 치게 하는 과거로 수석자에게 제명(第名)을 사(賜)하니 이를 황감제(黃柑製) 또는 황감과(黃柑科)라고도 한다. 제주 지방은 명일 물선이 없으며, 삭선의 내용은 다음과 같다.

제주도 삭선 물종

월령	물종
정월령	없음
2월령	추복 30접, 조복 30접, 인복 30줄기, 청귤 190개
3월령	추복 30접, 인복 27줄기
4월령	추복 80접, 인복 54줄기, 표고 4두
5월령	추복 80접, 인복 54줄기
6월령	추복 55접, 인복 54줄기, 건오적어 25접
7월령	추복 54접, 인복 54줄기, 건오적어 54접
8월령	추복 54접, 인복 54줄기, 건오적어 40접, 비자(榧子) 3두

월령	물종
9월령	추복 54접, 인복 27줄기, 건오적어 20접, 유자 640개
10월령	없음
11월령	금귤, 감자, 유감, 동정귤, 당유자, 산귤
12월령	표고 1두

* 11월에는 감귤류를 20차례에 나누어 배로 보내는데 초운에서 20운까지의 물종과 분량이 정해져 있다. 초운(初運)은 금귤 140개와 감자 480개이고, 2운에서 7운까지는 금귤 140개와 감자 600개 이다. 8운에서 18운까지는 유감 280개, 동정귤 160개, 감자 480개이고, 19운은 유감 140개, 동정 귤 160개, 감자 480개, 산귤 180개이다. 20운은 유감 140개, 동정귤 160개, 감자 480개, 당유자(결실수에 따라 봉진)로 정해 있다.

바. 경상(慶尙)

경상 지방은 삭선이 매월 있다. 특산물인 어류의 종류가 다양하고 해초와 과실 등도 있다. 경상 지방 삭선의 내용은 다음과 같다.

경상도 삭선 물종

월령	물종
정월령	말린 대구 30마리, 관목청어 20두름, 곶감 10접, 건홍합 3두, 분곽 10근
2월령	조곽 10근, 해의 10접, 건광어 20마리
3월령	분곽 10근, 건광어 20마리, 건대구어 20마리
4월령	건복단인 15접, 표고 2근, 건홍합 5두
5월령	분곽 10근, 건가오리 15마리, 말린 소문어 30마리
6월령	생은구어 100마리, 생죽순 100본, 전복 7접
7월령	염은구어 200마리, 건홍합 5두, 가사리 2근
8월령	표고 1근, 건해삼 5두, 건소문어 30마리
9월령	호두 5두, 백자 5두, 조홍시자 200개, 건광어 20마리
10월령	분곽 10근, 석류 100개, 유자 100개, 황률 5두, 건광어 20마리, 백자 5두
11월령	곶감 15접, 생청어 20두름, 분곽 10근, 석류 200개, 유자 200개, 건홍합 5두, 곽이(藿耳: 미역귀) 1근
12월령	해의 10접, 건시자 15접, 생치 15수, 생저 1구, 건광어 20마리, 대구알젓 1두

통제사(統制使) 봉진(封進): 경상도 통제사에서는 경상도와는 별도로 11월 초등(初等)에 대구어 10마리, 2등에 대구어 150마리, 3등에 대구어 200마리와 12월에 초등에 생청어 1000마리, 2등에 생 청어 2000마리, 3등에 생청어 2500마리를 봉진한다.
좌수사(左水使) 봉진 : 11월에 각 전에 청어를 올리는데 대전에서 올리는 수량은 60두름이다.

사. 강원(江原)

강원 지방의 삭선은 매월 있으며, 특산물로 말린 어류와 젓갈이 많고, 또한 청밀도 많다. 강원 지방 삭선의 내용은 다음과 같다.

강원도 삭선 물종

월령	물종
정월령	반건대구어 10마리, 건문어 3미, 대구내장젓(大口古之醢) 1두, 조곽 5근, 청밀 1두
2월령	분곽 10근, 건대구어 10마리, 건광어 10마리, 생홍합 1두, 청밀 1두
3월령	분곽 7근, 건대구어 10마리, 건문어 3미, 생송어 1마리, 청밀 1두
4월령	건문어 3마리, 염소어 7마리, 청밀 1두
5월령	건대구어 10마리, 건홍합 2두, 건해삼 2두, 청밀 1두
6월령	건연어 5마리, 건여항어 10마리, 청밀 1두
7월령	건해삼 2두, 청밀 1두
8월령	건대구어 10마리, 생송이 80본, 청밀 1두
9월령	건대구어 10마리, 건문어 3마리, 생연어 5마리, 백자 3두, 청밀 1두
10월령	염연어 5마리, 생치 10수, 생은어 50두름, 생노루 1구, 연어알젓 1두
11월령	반건대구어 10마리, 생대구어 7마리, 생은어 50두름, 생치 10수, 연어알젓 1두, 청밀 1두
12월령	곶감 15접, 생청어 20두름, 분곽 10근, 석류 200개

아. 황해(黃海)

황해 지방은 삭선은 정월과 12월에 없다. 황해 특산물은 어패류와 과 실 등이다. 황해 지방 삭선 내용은 다음과 같고, 명일 물선은 없다.

황해도 삭선 물종

월령	물종
정월령	없음
2월령	생청어 20두름
3월령	곤쟁이젓(生紫蝦醢) 2두
4월령	거린석수어 50두름, 조기알젓 3두, 말린 숭어알(乾秀魚卵) 25부
5월령	말린 새우(乾大鰕) 10두름, 햇밀가루 10두, 보리쌀 10두
6월령	햇조 10두, 햇수수 10두, 햇피쌀 10두, 햅쌀 10두
7월령	생은구어 200마리
8월령	생합 3두, 진자(개암) 3두, 송이 없으면 백청(꿀) 2두
9월령	곤쟁이젓 2두, 백자 5두
10월령	생복 300개, 배 150개, 청밀 2두
11월령	언 숭어(凍秀魚) 15마리, 죽합 2두
12월령	없음

자. 함경(咸鏡)

함경 지방은 삭선이 매월 있으며, 특산물로 어패류를 날로 또는 말리거나 절인 종류가 많으며, 젓갈과 해조류도 많다. 함경 지방 삭선 내용은 다음과 같다.

함경도 삭선 물종

월령	물종
정월령	생대구어장 100개, 생황어(生黃魚) 30마리, 생해삼 200마리
2월령	마른 가자미(乾鰈魚) 40묶음, 마른 서대(乾瓜魚) 100마리, 중곽(中藿) 8근
3월령	건황어 70마리, 다시마(多士麻) 15근, 송어젓(松魚醢) 15근
4월령	건대구어 20마리, 건가자미 40묶음
5월령	건해삼 5두, 고등어내장젓(古刀魚腹臟醢) 2두
6월령	곤포(昆布) 15근
7월령	건광어 30마리
8월령	연어젓 20근, 찐 다시마(蒸昆布) 7근
9월령	연어알젓 2두, 반건대구어 20마리, 반건문어 7마리
10월령	건연어 15마리, 배 200개, 생문어 5마리, 생대구어 7마리
11월령	건대구어 20마리, 조곽 5근, 대구알젓 2두, 생청어 100마리, 서대 20마리
12월령	대구내장젓 1두, 건문어 7마리, 생치 1수, 노루 1구

(2) 하사

① 윤선도가 하사받은 식품

조선조 효종(孝宗)의 사부였던 윤선도(尹善道) 집에 사송(賜送)한 하사 물품을 기록한 단자가 남아 있다. 인조의 차남 봉림(鳳林)대군은 1619년생으로 10세부터 약 6년간 윤선도를 사부로 하여 공부하였고 인조 13년에 왕세자로 책봉되고 인조 27년에 부왕에 이어 32세로 즉위하여 효종이 되었다. 공부하는 동안 대전, 내전, 세자전에서는 사계절 여러 가지 물품을 사송하였다. 그때의 기록이 전남 해남군 해남읍 연동 해남(海南) 윤씨 종가에 전해내려와 지금까지 소중히 보존되어 있다.

궁중에서 물품을 하사할 때는 한지로 포장을 하고, 따로 물품단자(物品單子)를 붓글씨로 써서 보낸다. 단자의 첫줄에는 받을 상대를 윤선도가(尹善道家)라 쓰고, 다음 줄에 보낸 곳을 쓴다. 예를 들어 내전(內殿) 사송이라 하고 다음 줄에는 보낸 물품의 품명과 수량을 차례로 적고, 마지막에는 보낸 날짜와 책임자명으로 예를 들어 봉림대군방 장무 이충신(鳳林大君房掌務 李忠信)이라 쓰고, 수결(手結)이 있다.

단자는 어느 것은 한자 어느 것은 한글로 되어 있는데, 한지에 오려 붙여서 건곤(乾坤) 2첩으로 묶여 있고 표지에는 은사첩(恩賜帖)이라 썼다.

윤선도가 하사받은 식품의 종류

	물종	분량	보낸날짜
건조식품	쌀(祿米,貢米) 콩(貢太) 팥(赤豆) 소금(鹽) 미역(官藿) 잣(栢子) 녹말(綠末)	2석(石), 2두(斗) 1석(石) 1석(石) 1석(石) 50행(行) 1두(斗) 1동이(東海)	사철
과일	능금(林檎) 자두(紫桃) 황감(黃柑) 오미자(五味子) 유감(柚柑) 당감(唐柑) 감자(柑子) 동정귤(洞挺橘) 서과(西瓜)	1기(器) 1기(器) 1매(枚) 1기(器) 10매(枚) 1매(枚) 5매(枚) 1기(器) 한목판	6월 6월 12월 2월 26일 3월 12월 12월 26일 6월 21일
생선	석수어(石首魚) 은구어(銀口魚) 진어(眞魚) 청어(靑魚) 생선(生鮮) 생어(生魚) 생복(生鰒) 생문어(生文魚) 생위어(生葦魚) 생송어(生松魚) 생세어(生細魚) 생전어(生錢魚) 생새우(生鰕) 연어란해(鰱魚卵醢)	1속(束) 15미(尾) 10개(個) 3두름 2미(尾) 1미(尾) 10개(個) 4미(尾) 10두름 1미(尾) 7두름 20미(尾) 20개(個) 1기(器)	6월 29일 4월 14일 2월 21일 8월 9월 25일 11월 25일 4월 4일 3월 13일 8월
건어육	건문어(乾文魚) 건대구(乾大口) 건수어(乾秀魚) 건부어(乾鮒魚) 건광어(乾廣魚) 건연어(乾鰱魚) 단인복(短引鰒) 장인복(長引鰒) 추복(搥鰒) 편포(片脯) 중포(中脯) 건치(乾雉)	1미(尾) 3미(尾) 2미(尾) 5미(尾) 2미(尾) 1미(尾) 3첩(貼) 10줄기 10첩(貼) 5미(尾) 2미(尾) 2수(首)	8월 8월 8월 9월 9월 3월 13일 8월 2월 19일 1월 2월
수육	생치(生雉) 생록(生鹿) 생장(生獐) 생록후각(生鹿後脚)	1수(首) 반구(口) 반구(口) 1개(個)	9월 5월 15일 12월 22일
기타	향청(總菁) 후추(胡椒) 전약(煎藥) 향온주(香醞酒) 홍소주(紅燒酒)	20개(個) 3승(升) 1기(器) 5병(瓶) 5병(瓶)	12월
음식	구운 고기 생치(生雉) 생선전유어 어만두(魚饅頭) 전복숙(全鰒熟) 해삼초(海蔘炒) 홍합초(紅蛤炒) 추복탕(搥鰒湯) 편육(片肉)	1기(器) 1기(器) 1기(器) 1기(器) 1기(器) 1기(器) 1기(器) 1기(器) 1기(器)	6월 21일 6월 21일 6월 21일 6월 21일 6월 21일 6월 21일 6월 21일 6월 21일 6월 21일

② 이덕무가 하사받은 식품

이덕무(李德懋)는 영조 17년(1741)에 태어나 정조 17년(1793)까지 살았다. 그는 경사(經史)에서 기문이서(奇文異書)까지 정통하였으며 문장에 독특한 창의성이 있어 문명이 세상에 높았으나 서자 출신이어서 높은 벼슬에는 오르지 못하여서 규장각(奎章閣)의 검서관(檢書官)을 지냈다. 그는 중요한 도서 편집에 빠짐없이 참여하였고, 일찍부터 중국 여행을 통하여 많은 견문을 넓힘으로써 학문의 범위가 넓어 많은 저서를 남겼다. 그의 저술을 집대성한 것이 〈청장관전서(靑莊館全書)〉로 그의 아들인 이광규(李光葵)가 편집하였다.

선고 적성현감 부군연보(先考積城監府君年譜)에는 검서관으로 있는 동안에 임금으로부터 하사받은 식품이 기록되어 있다. 여기에 나온 식품들은 조선조 후기의 궁중을 중심으로 한 상류층의 기호식품이었다고 할 수 있다.

이덕무가 하사받은 식품의 종류

연도	월 일	하사받은 식품
신축년 (공41살)	4월 20일 4월 23일 5월 11일 5월 17일 5월 27일 윤5월 초1일 윤5월 초4일 윤5월 13일 8월초 4일 8월 17일 8월 29일 9월 19일 9월 20일 10월 초2일 1월 18일	웅어 1두름 웅어 1두름 웅어 1두름 소어(뱅댕이) 1두름 웅어 1두름 소어 2두름 소어 2두름 준치 1마리 산게 7마리 산게 10마리 산게 10마리 게젓 1항아리 대전 탄신일에 내리는 사찬상 절인 게 12마리 청어 1두름, 뱅어 1두름
임인년 (공42살)	1월 초7일 2월 초4일 4월 29일 8월 17일 1월 26일 2월 18일	당유자 1개 백미 1섬 준치 2마리 산게 10마리 밀감 3개, 귤 15개 청어 1두름, 양고기 1덩어리
계묘년 (공43살)	1월 초3일 1월 초7일 3월 22일 4월 초3일 5월 16일 12월 초1일 12월 초5일 12월 23일 12월 28일	대하 2두름, 마른 숭어 1마리, 문어 반마리, 생전복 10개, 사슴뒷다리 1개, 생률 1상자 양의 어깨살 1조각 황석수어 5되, 작은 가오리 1마리 웅어 1두름 소어 2두름 호초 3되 밀감 3개, 산귤 15개 청어 1두름 마른 숭어 1마리, 문어 1마리, 생률 1상자, 당유자 6개, 산귤 60개
갑진년 (공44살)	2월 21일 3월 초6일 3월 27일 윤3월 초7일 4월 초8일 4월 10일 4월 14일 4월 18일 4월 21일 5월 초5일 5월 초6일 5월 초7일 5월 16일 9월 30일 11월 초1일 12월 초2일 12월 15일	종강 3되 절인 웅어 2두름, 절인 소어 2두름, 절인 청어 1두름, 절인 준치 1마리 작은 가오리 1마리 중치 가오리 1마리 귤배(橘杯) 1개 웅어 1두름 웅어 1두름 웅어 1두름 소어 1두름 웅어 1마리, 잣 1되, 앵두 12그릇 소어 2두름 절인 준치 1마리 준치 2마리 절인 게 10마리 생대구어 1마리 산귤 10개, 청어 1두름 호초 3되, 통계(筒桂) 1개

연도	월 일	하사받은 식품
병오년 (공46살)	4월 초1일 4월 초3일 5월 초8일 11월 15일 12월 25일 12월 30일	비늘 땐 조기 1두름 절인 웅어 12마리, 절인 소어 12마리 웅어 2마리 청어 1두름 생치 1마리, 말린 은어 2마리, 곶감 1접 당유자 5개
정미년 (공47살)	1월 19일 3월 초1일 3월 29일 4월 초1일 4월 14일 4월 17일 4월 25일 5월 초1일 5월 초7일 5월 17일 5월 25일 12월 16일 12월 25일	산귤 15개 절인 준치 2마리, 절인 웅어 3두름, 절인 소어 3두름 웅어 1두름 웅어 2두름 웅어 1두름 조기 2마리 웅어 2두름 웅어 2두름 웅어 1두름 소어 1두름 소어 2두름 청어 2두름 생치 1마리, 곶감 1접, 절인 소어 2두름, 말린 숭어 1마리
무신년 (공49살)	4월 초8일 윤5월 초1일 9월 12일 9월 24일 12월 22일	절인 숭어 2두름, 절인 준치 2마리, 절인 소어 1두름 절인 소어 1두름 게 10마리 게 10마리 생치 1마리, 곶감 1접
경술년 (공50살)	5월 15일 5월 25일 11월 27일 12월 19일 12월 21일	절인 소어 1두름 절인 소어 1두름 밀감 10개, 뱅어 20마리 쇠고기산적 1그릇 생치 1마리, 곶감 1접
신해년 (공51살)	2월 9일 2월 12일 2월 15일 3월 26일 11월 15일 11월 24일 11월 28일 12월 23일	중국산 유자 3개 큰 귤 1개 숨어 1마리 절인 웅어 2두름, 절인 소어 2두름, 절인 준치 2마리 웅어 1두름 절인 소어 1두름 절인 준치 1마리 생치 1마리, 곶감 1접
임자년 (공52살)	1월 13일 3월 29일 윤4월 초5일 윤4월 15일 5월 5일 12월 8일	산귤 15개 절인 숭어 2두름, 절인 소어 2두름, 절인 준치 1마리 웅어 1두름, 조기 5마리 웅어 1두름 절인 소어 1두름 산귤 15개

5 궁중 음식의 종류

(1) 주식류

곡류로 만드는 음식

① 수라: 흰수라, 팥수라, 오곡수라

② 죽·미음·응이: 팥죽, 잣죽, 흑임자죽, 콩죽, 장국죽, 행인죽, 타락죽, 낙화생죽, 조미음, 속미음, 차조미음, 녹말미음, 율무응이

③ 면·만두·떡국: 장국냉면, 김치국냉면, 온면, 국수비빔, 콩국냉면, 생치만두, 동아만두, 편수, 규아상, 떡국

잡누름적

두골탕

(2) 찬품류

1. 우육으로 만드는 음식

① 포: 약포, 장포, 편포, 대추편포, 포쌈

② 족편: 용봉족편, 족편, 족장과

③ 편육: 양지머리편육, 우설편육

④ 조리개: 우육조리개, 편육조리개, 장똑똑이, 장산적

⑤ 구이: 가리구이, 너비아니, 간구이, 염통구이, 포구이, 편포구이

⑥ 산적·누름적: 육산적, 장산적, 섭산적, 화양적, 잡누름적

⑦ 전: 간, 등골, 천엽, 양전유아, 양동구리

⑧ 회·볶음: 육회, 각색회, 각색볶음, 양볶이

⑨ 전골: 고기전골, 콩팥전골

⑩ 찜: 가리찜, 육찜, 우설찜

⑪ 탕: 가리탕, 잡탕, 곰탕, 두골탕, 설렁탕, 맑은탕, 봉오리탕, 황볶이탕, 육개장

2. 돈육 및 노루고기로 만드는 음식

돈육찜, 돈육전골, 돈육구이, 돼지족구이, 제육편육 노루전골, 노루포

3. 닭 및 생치로 만드는 음식

① 닭찜, 백숙, 깨국탕, 닭김치, 닭산적

② 계란조치, 알쌈, 수란

③ 생치포, 생치구이, 생치전골, 생치조리개, 생치과전지

4. 어패류로 만드는 음식

① 포: 어포

② 찜: 생선찜, 부레찜, 도미찜, 도미면, 대하찜, 어선, 어만두

③ 전골: 생선전골

④ 전: 뱅어, 대합, 생선, 굴, 해삼, 게, 대하

⑤ 회: 생회, 어채, 홍합회, 대하회

⑥ 구이·산적: 생선구이, 꼴뚜기구이, 뱅어포구이, 대합구이, 어산적

⑦ 초·조리개·장과: 전복초, 홍합초, 삼합장과, 홍합장과, 생선조리개

⑧ 조치·감정: 생선조치, 게감정

⑨ 탕: 생선탕, 어알탕, 준치만두, 북어탕

염통콩팥구이

편육

닭구이

5. 채소, 버섯, 해조류로 만드는 음식

① 전골: 각색전골, 채소전골, 두부전골

② 찜: 속대배추찜, 송이찜, 죽순찜, 떡찜, 떡볶이, 배추꼬리찜, 무왁저지

③ 선: 호박선, 오이선, 가지선, 두부선

④ 조치: 절미된장조치, 김치조치, 무조치, 깻잎조치

⑤ 장과: 배추속대장과, 미나리장과, 무갑장과, 무장아찌, 송이장아찌, 열무장과, 오이장과, 마늘장과

⑥ 조리개: 풋고추조리개, 두부조리개, 감자조리개

⑦ 전: 풋고추전, 호박전, 가지전

⑧ 적·구이: 송이산적, 파산적, 떡산적, 김치적, 두릅적, 미나리적, 더덕구이, 박느름이

⑨ 생채·숙채: 겨자채, 무생채, 숙주나물, 물쑥나물, 고비나물, 오가리나물, 미나리나물, 애호박채, 죽순채, 잡채, 족채, 묵채, 구절판, 미나리강회

⑩ 탕: 연배추탕, 애탕, 청파탕, 호박꽃탕, 초교탕, 배추속대탕, 무황볶이탕, 콩나물탕, 곽탕

⑪ 김치: 햇김치, 열무김치, 나박김치, 오이송송이, 오이비늘김치, 배추통김치, 젓국지, 섞박지, 장김치, 동치미, 송송이, 보쌈김치, 오이소박이, 짠지

⑫ 자반·튀각: 김자반, 김부각, 미역자반, 다시마튀각, 매듭자반, 콩자반, 묵볶이, 호두튀각

(3) 후식류

1. 떡

각색편, 백설기, 깨설기, 팥시루편, 흰떡, 인절미, 유엽점증병, 증편, 봉우리떡, 송편, 석이단자, 밤단자, 은행단자, 경단, 주악, 화전, 밀쌈, 돈전병, 대추단자

2. 과자

① 유밀과: 약과, 매작과, 다식과, 한과, 만두과, 중배기, 채소과

② 다식: 녹말, 송화, 흑임자, 밤, 승검초, 콩, 용안육다식

③ 숙실과: 율란, 조란, 생란, 앵두편, 살구편, 대추초, 밤초, 준시호도말이

④ 정과: 연근, 생강, 유자, 도라지, 동아, 산사, 모과, 매실

⑤ 강정: 강정, 깨엿강정, 백자편, 빙사과

고배상에 올라가는 각색편과 웃기떡

3. 음청류

① 화채: 책면, 화면, 가련수정과, 앵두화채, 보리수단, 딸기화채, 복숭아화채, 유자화채, 식혜, 배숙, 수정과, 떡수단, 원소병

② 차: 녹차, 계지차, 결명자차, 율무차, 오과차, 유자차, 모과차, 생강차, 구기자차

CHAPTER 3
식단 작성과 상차림

여러 가지 음식을 한 상에 모아 차리는 것을 상차림이라하고 그 상위에 놓이는 음식의 구성을 식단이라 하는데, 궁중에서의 식단은 찬안, 또는 찬품단자로 불리웠다. 이는 연회 음식뿐만 아니라, 제사 음식, 일상식에 이르기까지 궁궐에서 격식을 차려 행하는 의례에서 음식이 준비되어 올려질 때까지의 내용을 적은 기록서이다. 이는 오늘날 서양식의 '메뉴'에 해당된다.

식단을 작성할 때의 주의점은 예나 오늘날이나 다름이 없다. 일상의 식사나 손님 초대시의 식단을 잘 짜는 일은 집안 식구들의 건강과 화목한 가정을 이끌 수 있는 원천이고, 친분을 돈독히 해주어 접대하는 소기의 목적을 이루게 하는 최상의 지름길인 셈이다.

호조낭관계회도(1550년)
풍류와 친목을 위하여 70세 이상 정이품 이상의 관직을 지닌 원로 문인들이 실내에서 일상적으로 펼친 계회이다. 큰 잔치가 아니라 간단히 주칠원반에 독상으로 음식을 받고 있다. *국립중앙박물관소장 · 출간한 〈조선시대의 풍속화〉(2002)에서 발췌

3. 식단 작성과 상차림

1 식단

여러 가지 음식을 한 상에 모아 차리는 것을 상차림이라 하고 그 상 위에 놓이는 음식의 구성을 식단이라 한다.

일상의 식사나 손님 초대시 식단을 잘 짜는 일은 집안 식구들을 건강하게 생활하게 하며 화목한 가정을 이끌 수 있는 원천이고, 친분을 돈독히 해주어 접대하는 소기의 목적을 이루게 하는 최상의 지름길이 될 수 있다. 식단 작성은 한때의 시간을 음식을 통하여 가장 잘 보낼 수 있게 하는 것이 최우선의 목적이다.

일상적인 경우는 하루에 필요한 영양 권장량을 고려하여 세끼의 식사를 영양적으로 편중되지 않게 짜는 것이 가장 중요하다. 그리고 경제적 여건과 작업 능률 등도 함께 고려해야 한다.

다음은 일상식뿐만 아니라 일반적으로 여러 가지 상차림의 식단을 작성할 때의 유의점이다.

식단 작성의 주의점
① 반상, 면상, 주안상 등 상차림의 종류에 맞는 음식을 선택한다. 주안상일 때는 술의 종류에 따라 음식을 정한다.
② 계절과 식사하는 시간대를 고려한다.
③ 인물 구성과 연령, 성별 등을 고려한다.
④ 제철 식품을 우선적으로 이용한다.
⑤ 식품 천연의 맛, 색, 모양 등을 잘 살리도록 한다.
⑥ 다양한 조리법을 이용하여 변화 있는 음식을 만든다.
⑦ 찬 음식과 더운 음식을 조화 있게 구성한다.
⑧ 전채 음식, 주음식, 후식의 성격을 확실히 구별하여 대접한다.
⑨ 식사를 하는 장소(주방, 식당, 홀, 방, 정원, 사무실 등)나 서빙 인원에 따라 음식의 대접법을 달리한다. 완전히 차려진 독상 또는 교자상인지, 뷔페식인지, 서빙을 일일이 해야 하는 코스식인지를 정해야 한다.

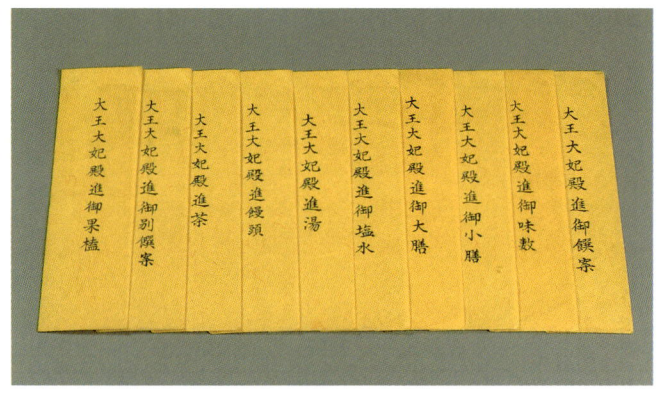

궁중 잔치에서 음식을 내기 전 올라가는 찬안

신분에 따라 찬품단자의 색이 다르다.

궁중에서의 식단은 찬안(饌案) 또는 찬품단자(饌品單子)라 하는데 찬품단자는 음식발기라고도 하며, 연회 음식뿐만 아니라 제사 음식, 사찬 음식, 일상식에 이르기까지 궁궐에서 격식을 차려 차리는 의례에서 음식이 준비되어 올려질 때까지의 내용을 적은 기록이다. 찬품단자란 한 상에 차리거나 한 번에 사찬하는 전 품목 또는 한끼에 대접하는 음식을 모두 모아서 두루마리 종이에 이어서 정연하게 적은 것이다. 이는 서양식의 메뉴(menu), 일본의 곤다테(獻立), 중국의 채단(菜單)에 해당된다고 하겠다.

음식에 관련된 발기의 종류는 진찬(進饌)발기, 진향(進享)발기, 다례(茶禮)발기, 관례(冠禮)발기, 생신발기, 탄일발기 등으로 매우 다양하다.

아기씨, 동궁마마, 대전마마의 경사에는 앞에 천백세, 천만세, 억만세라는 말이 붙은 것이 흥미롭다. 예를 들어 '천만세동궁마마탄일진어상발기' 라 한다.

음식 발기는 간혹 민간에서도 발견되는데, 이는 궁 밖에 사는 왕족이나 출가한 공주에게 경사가 있을 때에 하사품을 적어둔 것이다.

② 상차림

상차림은 크게 일상식 상차림과 의례 상차림으로 나뉜다. 일상식 상차림은 사람이 생활하며 매일 반복하는, 하루에 먹게 되는 밥이나 국수 등 곡물을 주식으로 해서 먹는 상과 특별한 날 손님을 청하여 대접하는 주안상, 다과상이 있다. 의례 상차림은 사람의 평생 의례에서 일생의 고비마다 차려먹으며 의미를 새기는 돌상, 관례상, 혼인상, 제상 등이 있다.

의례시에는 집안 식구가 모두 모이거나 손님이 항상 초대되지만 의례 상차림 자체로는 손님이 직접 상에 앉아 먹을 수 있게 차리지 않으므로 행사를 치르고 난 후의 의례상의 음식을 풀어서 일상식에서 보는 교자상, 주안상, 다과상, 떡상 등으로 차려 대접한다. 의례시라 해도 일상 상차림을 포함한다.

음식을 장만하여 맞는 그릇에 덥고 찬 것을 나누어 담아 먹는 이의 상에 차려놓는 것을 '배선한다' 라고 하고 큰상과 제상 등의 의례상에서는 '배설한다' 또는 '진설한다' 고 한다. 독상일 때는 한 사람이 가장 편안히 수저질을 할 수 있도록 놓는다. 국물은 오른편, 뜨거운 것은 앞으로, 맛있는 별식이나 자주 먹는 것은 앞으로 놓고 가끔 먹는 찬은 왼쪽에 멀리 놓는다.

여럿이 먹어야 하는 상은 주빈의 위치를 고려하지만 중심이 되는 신선로, 구절판, 찜 같은 것은 가운데에 놓고 밥이나 국 등 수저를 자주 대는 음식은 각각 앞에 놓아야 한다. 수저는 오른편에 놓으며 안쪽으로 숟가락, 밖으로 젓가락을 놓는다. 국물 음식을 먼저 먹게 되니 숟가락이 자연 앞으로 온다. 사각반에 독상이나 겸상은 수저를 옆으로 놓으나 교자상에서는 세로로 놓는다.

배선을 잘해야 하는 이유는 먹는 이가 정성스럽게 준비한 음식을 편하게 먹으면서도 귀하게 먹을 수 있게 배려하여야 하기 때문이다. 각각의 배선은 수저질이 다른 사람, 식성의 고려, 음식의 온도에 따라 다소 차이가 있지만 정해진 규칙은 아니다.

(1) 전통적 상차림

① 주식에 따른 분류 : 밥상, 죽상, 국수상, 만두상
② 인원구성에 따른 분류 : 독상, 겸상, 두레상, 교자상
③ 기호식에 따른 분류 : 술상, 다과상, 떡상

가. 주식에 따른 분류 : 밥상, 죽상, 국수상, 만두상

① 죽상

이른 아침에 초조반 또는 간단한 낮것상으로 차린다. 죽을 주식으로 차릴 때는 국물김치·맑은찌개·장이나 꿀을 기본으로 차리고, 찬품으로는 마른찬과 포나 자반 등을 함께 차린다.

죽상 차리기

상의 종류	음 식 명
응이상	응이, 동치미, 꿀
미음상	미음, 동치미 또는 나박김치, 마른찬, 간장 또는 소금, 꿀
죽 상	잣죽, 동치미 또는 나박김치, 마른 찬, 자반, 맑은찌개, 간장 또는 소금, 꿀

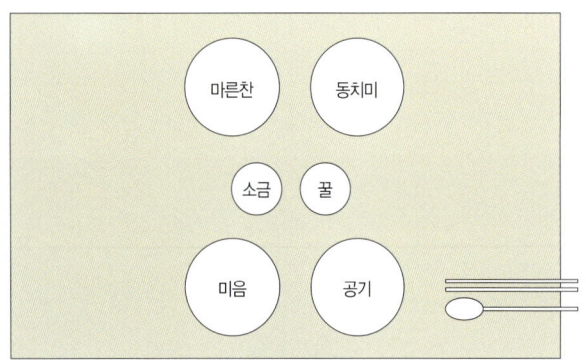

미음상 반배도

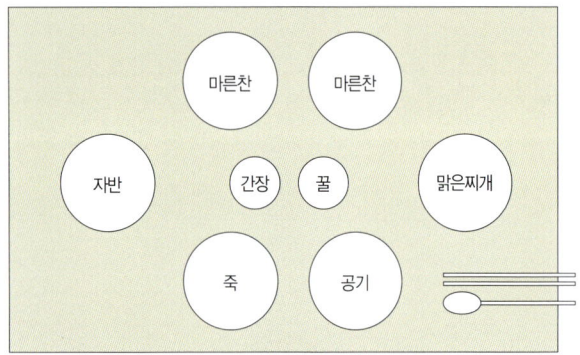

죽상 반배도

장국상 차리기

조리법	계절	봄	여름	가을	겨울
기본음식	주식류	온면	냉면	온면	떡국
	장류	청장·초간장	겨자·초간장	청장·초간장	청장·초간장
	김치	배추김치 장김치	오이소박이 나박김치	배추김치 동치미	보김치 배추동치미
찬품	포·마른안주	어포·생률	육포·잣솔	은행볶음	대추초
	탕	애탕	어알탕	송이탕	완자탕
	회 또는 강회	육회	병어회	어채	생굴회
	찜	닭찜	도미찜	사태찜	갈비찜
	신선로 또는 전골	신선로	닭전골	낙지전골	신선로
	구이 또는 적	갈비구이	너비아니	송이산적	떡산적
	전유어	생선전	채소전	내장전	버섯전·알쌈
	편육 또는 족편	족편	우설편육	돼지머리편육	쇠머리편육
	채	탕평채	구절판	월과채	잡채

② 장국상 차림

조석의 식사 때보다는 평상시의 점심 식사로 또는 잔치 때 손님께 내는 상이다. 국수, 만두, 떡국 등을 주식으로 하고 그 밖의 찬품과 함께 차리는 상이다. 식사 후에는 떡이나 조과, 생과, 화채 등을 후식으로 낸다. 후식은 한꺼번에 차려내기도 하였으나 식사가 끝난 후에 따로 내는 것이 바람직하다.

장국상 반배도

나. 인원구성에 따른 분류 : 독상, 겸상, 두레상, 교자상

① 반상 차림

밥을 주식으로 하고 찬품을 부식으로 차린다. 반상에 차려지는 찬품의 수에 따라 3첩·5첩·7첩·12첩으로 나누는데, 3첩은 서민의 상차림이고, 여유가 있는 가정에서는 첩수가 더 많은 반상을 차렸다. 조선시대의 궁중에서는 12첩반상을 차렸으나 사대부집에서는 9첩반상까지만 차리도록 제한하였다고 한다.

3첩반상

반상 차림의 원칙

구 분	기 본 음 식						
	밥	국	김치	장류	찌개	찜	전골
3첩	1	1	1	1			
5첩	1	1	2	2	1		
7첩	1	1	2	3	1	택 1	
9첩	1	1	3	3	2	1	1

구 분	쟁첩에 담는 찬품								
	생채	숙채	구이	조림	전	장과	마른찬	젓갈	회	편육
3첩	택 1		택 1		×	택 1			×	×
5첩	택 1		1	1	1	택 1			×	
7첩	1	1	1	1	1	택 1			택 1	
9첩	1	1	1	1	1	1	1	1	택 1	

아침 반상 차리기(3첩반상)

조리법	계절	봄	여름	가을	겨울
기본음식	밥	콩밥	완두콩밥	팥밥	흰밥
	국	조개시금치국	감자국	곰국	갈비탕
	장류	청장	청장	청장	청장
	김치	연배추김치	열무김치	깍두기	총각김치
찬품	생채 또는 숙채	냉이나물	가지나물	노각생채	느타리버섯나물
	구이 또는 조림	더덕구이	섭산적	생선조림	김구이
	장과 또는 젓갈	북어무침	조개젓	미나리장과	무숙장과

반상의 첩수는 밥·국·김치·장류·찌개·찜·전골 등의 기본이 되는 음식을 제외하고, 뚜껑이 있는 찬을 담는 작은 그릇인 쟁첩에 담겨진 찬품의 수를 가리킨다. 원래 우리의 반상 차림은 한 사람 앞에 한 상씩 차리는 외상 차림이 원칙이었으나 차츰 겸상 또는 두레반 형식을 취하게 되었다.

반상에 기본적으로 차리는 음식은 밥, 국, 김치, 장류, 찜, 찌개로 첩수에 세지 않는다. 첩수에 들어가는 찬품으로는 생채, 숙채, 구이, 조림, 전, 장과, 마른찬, 젓갈, 회, 편육 등으로 쟁첩에 담는다.

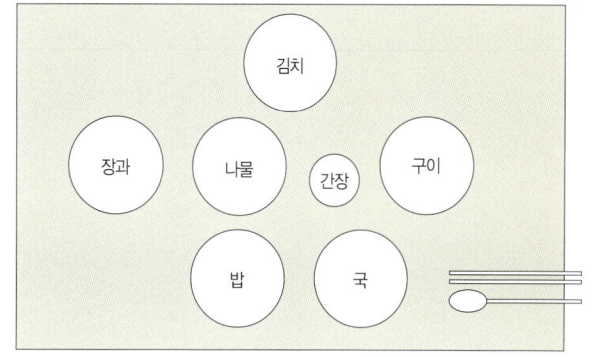

3첩반상 반배도

② 교자상 차림

교자상은 4인 기준의 큰 사각반이나 또는 대원반에 여러 사람을 함께 대접하는 상차림으로 집안에 잔치나 경사가 있을 때 마련된다. 주된 음식들은 상의 중심에 놓고 국물 있는 음식은 한 사람분씩 작은 그릇에 각각 마련된다. 교자상은 한 사람씩 외상을 차리던 상과 마찬가지로 국수나 만두, 떡국을 하고, 찬품은 장국상으로 주안상에 차리는 음식들과 같으며 음식을 들고 나서 다과를 내도록 한다. 술도 마시고 밥도 먹도록 차리는 교자상을 얼교자상이라고 하는데, 술과 안주를 들고 나서 진지를 들 때는 다시 밥반찬이 되는 찬품과 탕을 준비해야 되므로 매우 번거롭긴 하나 손님의 식성에 따라 낼 수 있다.

교자상 차림의 유의 사항

① 모임의 목적, 손님의 부류, 연령, 성별들을 고려해서 식단을 작성한다.
② 계절과 예산에 맞게 조리법을 택하여 식단을 작성한다.
③ 식단이 정해지면 담을 그릇과 수저, 휘건, 식탁보 등을 미리 점검한다.
④ 상에서 초장, 초고추장 등의 조미품과 김치, 국물이 있는 국, 죽, 국수 등은 한 사람분씩 따로 담는다. 그리고 공동의 음식을 덜어 먹을 개인용 앞접시를 상에 미리 놓는다.
⑤ 음식을 한꺼번에 상에 차리지 말고 처음에는 술과 식욕을 돋울 수 있는 전채 음식을 낸 다음 순차적으로 2~3가지씩 내도록 한다.
⑥ 더운 음식은 그릇을 미리 덥혀 상에 낼 때 바로 담아 뜨겁게 먹을 수 있게 하고, 찬 음식은 그릇에 담아 냉장고에 차게 두었다가 대접할 수 있도록 세심한 배려가 필요하다.
⑦ 주된 음식을 거의 들면 주식으로 국수, 만두, 떡국 등을 낸다. 후식은 주식을 들고 나서 상 위에 남은 그릇을 치운 후 내거나 다른 장소에 옮겨서 대접하도록 한다.

유기반상에 차린 5첩반상

저녁 반상 차리기(5첩반상)

조리법	계절	봄	여름	가을	겨울
기본음식	밥	보리밥	완두콩밥	흰밥	팥밥
	국	애탕	조기맑은국	미역국	무국
	장류	청장·초장	청장·초장	청장·초장	청장·초장
	김치	배추김치 나박김치	오이소박이 열무물김치	깍두기 나박김치	배추김치 동치미
	찌개	달래된장찌개	호박젓국찌개	순두부찌개	된장찌개
찬품	생채 또는 숙채	두릅나물	도라지생채	쑥갓나물	삼색나물
	구이 또는 조림	병어조림	너비아니	제육구이	쇠고기산적
	전유어	고기완자전	민어전	고추전	표고전
	장 과	달래장과	오이갑장과	마늘장과	무말랭이장과
	마른찬 또는 젓갈	김자반	조개젓	북어무침	명란젓

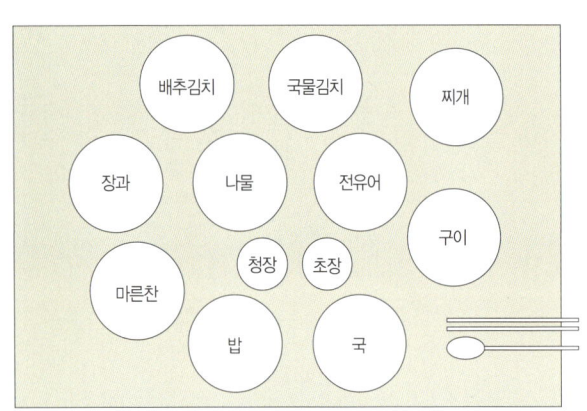

5첩반상 반배도

겸상으로 차린 주안상(교자상)

교자상 차림의 음식 내용

조리법			음식명
기본음식	주식류		온면, 냉면, 만두국, 규아상, 편수
	조미품		청장, 초간장, 초고추장, 겨자집, 꿀 등
	김치		배추김치, 오이소박이, 보김치, 장김치, 나박김치, 동치미, 배추동치미
찬품	포·마른안주		어포, 육포, 잣솔, 은행볶음, 호두튀김, 어란, 대추포
	탕		애탕, 어알탕, 송이탕, 완자탕
	회 또는 강회		육회, 간회, 천엽회, 생선회, 병어회, 생굴회, 어채, 미나리강회, 파강회
	찜		갈비찜, 사태찜, 쇠꼬리찜, 돼지갈비찜, 닭찜, 도미찜, 대하찜
	신선로 또는 전골		신선로, 낙지전골, 쇠골전골, 내장전골, 송이전골
	구이		쇠갈비구이, 너비아니, 대합구이, 대하구이, 생선구이
	적		화양적, 송이산적, 떡산적, 파산적, 사슬적, 두릅적, 누름적, 김치적
	전유어		생선전, 새우전, 굴전, 조개전, 알쌈, 간전, 천엽전, 연근전, 고추전, 표고전
	편육 또는 족편		족편, 양지머리편육, 우설편육, 사태편육, 돼지머리편육, 쇠머리편육
	채		탕평채, 구절판, 월과채, 잡채, 죽순채
후식	떡		각색편(꿀편, 백편, 승검초편), 절편, 개피떡, 인절미
			각색단자(대추, 석이, 쑥구리, 유자, 은행, 밤)
			주악, 화전, 경단, 증편, 두텁떡, 약식 등
	조과	유밀과	약과, 매작과, 모약과, 만두과, 다식과 등
		강정	매화강정, 세반강정, 산자, 연사과, 빙사과 등
		다식	송화, 흑임자, 깨, 진말, 녹말, 청태, 오미자, 밤 등의 다식
		숙실과	밤초, 대추초, 율란, 조란, 생강란 등
		정과	도라지, 연근, 생강, 모과, 유자, 박고지 등의 정과
	생실과		사과, 배, 감, 귤, 참외, 수박, 딸기, 포도, 복숭아 등
	화채		앵두·딸기·복분자·복숭아·배·오미자·유자·귤 등의 화채, 화면(책면), 떡수단, 보리수단, 원소병, 식혜, 수정과, 배숙, 제호탕 등
	차		녹차, 생강차, 인삼차, 칡차, 모과차, 유자차, 대추차, 계피차 등

③ 뷔페상 차림

뷔페(buffet)의 원뜻은 프랑스어로 식기장 또는 배선대를 가리킨다. 제한된 공간에서 많은 인원이 식사를 할 때에 한쪽에 음식을 모아 차려서 먹는 사람들 각자가 적당히 덜어 먹던 식사 방법에서 연유되었고, 외국에서의 바이킹 스타일(viking style)이라 한다.

우리의 전통의 접대법은 외상 차림이기 때문에 여러 사람에게 일일이 차리려니 번거로워 서너 사람분을 한데 차리는 교자상으로 변했다. 뷔페상은 교자상 차림을 더욱 간소화하여 접대하는 수고를 줄인 식사 형태이다.

그러므로 뷔페식은 원칙적으로 정중한 모임에는 어울리지 않는다. 대신 젊은이나 아이들의 모임과 같이 격의가 없는 경우에는 여러 면에서 편리하다. 뷔페상 차림의 장점은 좁은 공간에서 많은 인원을 동시에 대접할 수 있고 접대하는 사람이 없어도 된다는 것이다. 또한 음식을 기호에 맞는 것을 골라서 먹을 수 있고 손님 서로가 자유롭게 대화를 나눌 수 있다. 그리고 손님수가 정확하지 않거나 식기가 부족한 경우에 적당한 접대법이다.

뷔페상 차림의 유의 사항

① 손님의 부류와 연령, 성별 등을 고려하여 식단을 작성한다.
② 계절과 예산에 맞게, 조리법을 고르게 택하여 식단을 작성한다.
③ 음식을 덜어 먹기 쉬운 형태로 하고, 되도록 젓가락으로 먹을 수 있는 음식을 선정하도록 한다.
④ 상에 차릴 때 쓰이는 그릇과 음식을 덜 때 사용하는 도구와 조미품을 담을 그릇과 장식할 꽃 등의 상차림을 대강 그려본 뒤 준비한다.
⑤ 더운 음식을 보온할 수 있는 설비를 갖추고, 찬 음식은 얼음을 이용하여 계속 차게 할 수 있도록 준비한다.
⑥ 개인용 접시와 국물 있는 음식, 그릇과 수저, 포크, 냅킨 등은 넉넉히 준비한다.
⑦ 상에 배선할 때는 전채, 찬 음식, 더운 음식, 국물 있는 음식, 주식 등으로 구분하여 배선한다. 초장이나 초고추장 등의 조미품은 필요한 음식 바로 옆에 놓고 음식을 덜 때 필요한 주걱, 국자, 집게, 젓가락 등을 준비한다.
⑧ 후식은 되도록이면 따로 상을 마련하거나 한 상에 놓을 때는 한쪽에 모아 차린다. 후식은 주된 음식이 완전히 끝난 다음에 들도록 유도한다.

가정에서 간단히 차린 한식 뷔페상

한식 뷔페상 차림의 찬품

분류			음 식 명
전채 (찬 음식)	포 · 부각		어포, 어란, 육포, 대추포, 칠보편포, 김부각, 매듭자반
	채소		밀쌈, 구절판, 오이선
	견과류		생률, 호두튀김, 은행볶음, 땅콩, 호박씨, 잣솔, 곶감쌈
	회류	육류	육회, 간회, 천엽회
		어패류	어회, 광어회, 생굴회, 해삼회, 홍어회, 어채
		강회	미나리강회, 파강회, 두릅회, 송이회, 무초회
	편육 · 족편		족편, 양지머리편육, 우설편육, 사태편육, 돼지머리편육, 쇠머리편육
	생채류		겨자채, 해파리냉채, 더덕생채, 오이생채, 무생채, 상추겉절이
	숙채류		탕평채, 월과채, 잡채, 죽순채, 각종 나물
탕	더운 국		애탕, 어알탕, 송이탕, 완자탕, 된장국, 신선로
	차가운 국		오이냉국, 미역냉국, 임자수탕
조미품	·		청장, 초간장, 초고추장, 겨자집
김치류	·		배추김치, 오이소박이, 보김치, 총각김치, 비늘김치, 열무김치, 배추겉절이
더운 음식	육류	찜구이	갈비찜, 사태찜, 쇠꼬리찜, 돼지갈비찜, 닭찜
		구이 · 적	쇠갈비구이, 너비아니, 제육구이, 닭구이, 쇠고기산적, 닭산적
		전	고기전, 완자전, 간전, 부아전, 천엽전, 양전
	어패류	찜	도미찜, 대하찜, 어선
		구이 · 적	민어구이, 대합구이, 대하구이, 생선구이, 어산적
		전	민어전, 광어전, 새우전, 굴전, 조개전
	채소류	선	호박선, 가지선, 두부선, 죽순찜
		구이	더덕구이, 송이구이
		전	연근전, 고추전, 표고전, 깻잎전, 양파전, 호박전
주식	죽		잣죽, 흑임자죽, 녹두죽, 호박죽, 전복죽
	밥		흰밥, 오곡밥, 찰밥, 채소밥, 보리밥
	국수		온면, 냉면, 비빔면, 난면, 메밀국수
	만두		만두국, 병시, 규아상, 편수, 메밀만두
	떡국		흰떡국, 조랭이떡국
후식	떡		각색편(꿀편, 백편, 승검초편), 절편, 개피떡, 인절미
			각색단자(대추, 석이, 쑥구리, 유자, 은행, 밤)
			주악, 화전, 송편, 증편, 두텁떡, 약식 등
	조과	유밀과	약과, 매작과, 모약과, 만두과, 다식과
		강정	매화강정, 세반강정, 산자, 연사과, 빙사과 등
		다식	송화, 흑임자, 깨, 진말, 녹말, 청태, 강분, 오미자, 밤 등의 다식
		숙실과	밤초, 대추초, 율란, 조란, 생강란 등
		정과	도라지, 연근, 생강, 모과, 유자, 박고지 등의 정과
	생실과		사과, 배, 감, 귤, 참외, 수박, 딸기, 포도, 복숭아 등
	화채		앵두 · 딸기 · 복분자 · 배 · 오미자 · 유자 · 귤 등의 화채, 화면(책면), 떡수단, 보리수단, 원소병, 식혜, 수정과, 배숙, 제호탕 등
	차		녹차, 생강차, 인삼차, 칡차, 모과차, 유자차, 대추차, 계피차 등

다. 기호식에 따른 분류 : 술상, 다과상, 떡상

① 주안상 차림

술을 대접하기 위해 술안주가 되는 음식을 고루 차린 상이다. 주안상은 혼자 드는 외상보다는 둘 이상이 겸상을 하게 된다. 음식을 상에 낼 때는 먼저 술과 포나 마른안주를 내어 술잔이 고루 돌려지면 찬 음식과 더운 음식을 때에 맞추어 바로바로 내도록 한다. 술을 거의 들면 주식을 면이나 떡국 등으로 마련한다. 식사 후에는 후식으로 조과, 생과, 화채 등을 한 가지 정도씩 내도록 한다.

② 다과상 차림

다과상은 평상시 식사 이외의 시간에 다과만을 대접하는 경우와 주안상이나 장국상의 후식으로 내는 경우가 있다. 음식의 종류나 가짓수에는 차이가 있으나 떡류, 조과류, 생과류와 음료로는 차가운 음청류와 더운 차를 마련한다. 특히 각 계절에 잘 어울리는 떡, 생과, 음청류를 잘 고려하여 정성껏 마련하여 계절감을 살리도록 한다.

다과상만을 대접할 때는 떡과 조과류를 많이 준비하고, 후식상인 경우에는 여러 품목 중에 각각 한두 가지만을 마련하도록 한다.

주안상 차리기(9품)

조리법	계절	봄	여름	가을	겨울
기본음식	주식류	온면	냉면	온면	떡국
	장류	청장·초간장 초고추장	청장·초간장 초고추장	청장·초간장 초고추장	청장·초간장 초고추장
	김치류	배추김치 장김치	오이소박이 나박김치	배추김치 동치미	보김치 배추동치미
찬품	포·마른안주	어포·생률	육포·잣솔	은행볶음	대추초
	탕	애탕	어알탕	송이탕	완자탕
	회 또는 강회	육회	병어회	어채	생굴회
	찜	닭찜	도미찜	사태찜	갈비찜
	신선로 또는 전골	신선로	낙지전골	쇠고기전골	신선로
	구이 또는 적	갈비구이	너비아니	송이산적	떡산적
	전유어	생선전	채소전	내장전	완자전·알쌈
	편육 또는 족편	족편	우설편육	돼지머리편육	쇠머리편육
	채	탕평채	구절판	월과채	잡채

다과상 차리기

분류		음 식 명
떡	증병류(찌는 떡)	각색편(백편, 신감초, 꿀, 석이), 녹두편, 깨편, 백설기, 밀설기 등
	도병류(치는 떡)	절편, 개피떡, 인절미, 각색단자(대추, 석이, 쑥구리, 유자, 은행, 밤)
	기타 떡류	주악, 화전, 경단, 송편, 증편, 두텁떡, 약식 등
조과	유밀과	약과, 매작과, 모약과, 만두과, 다식 등
	강정	매화강정, 세반강정, 산자, 연사과, 빙사과 등
	다식	송화, 흑임자, 깨, 진말, 녹말, 청태, 강분, 오미자, 밤 등의 다식
	숙실과	밤초, 대추초, 율란, 조란, 생강란 등
	정과	도라지, 연근, 생강, 모과, 유자, 박고지 등의 정과
생과		사과, 배, 감, 귤, 참외, 수박, 딸기, 포도, 복숭아 등
화채		앵두·딸기·복분자·복숭아·배·오미자·유자·귤 등의 화채, 화면(책면), 떡수단, 보리수단, 원소병, 식혜, 수정과, 배숙, 제호탕 등
차		녹차, 생강차, 인삼차, 칡차, 모과차, 유자차, 대추차, 계피차 등
김치		배추김치, 오이소박이, 보김치, 장김치, 나박김치, 동치미 등
꿀		꿀

주안상

(2) 의례상 차림

가. 백일상

아기가 태어난 지 100일 되는 날에 아기의 무병장수를 빌면서 음식을 마련한다.

백설기: 백설같이 순수 무구하기를 빈다.
수수경단: 붉은색은 부정을 막는 주술적인 의미가 있다.
송편: 아기가 속이 차이길 기원한다.
미역국과 흰밥

나. 돌상

아기의 첫돌이 되면 아기의 장래를 축하하면서 돌잡이상을 차린다. 남아와 여아의 상에 놓는 물건이 약간 다르나 차리는 음식은 백설기, 수수경단, 쌀, 국수, 과일, 대추 등으로 똑같다. 음식 외에 남아는 돈, 종이, 붓과 먹, 천자문, 활과 화살을 놓는다. 여아는 천자문 대신 국문책을 놓고 활과 화살 대신에 색실, 자 등을 놓는다.

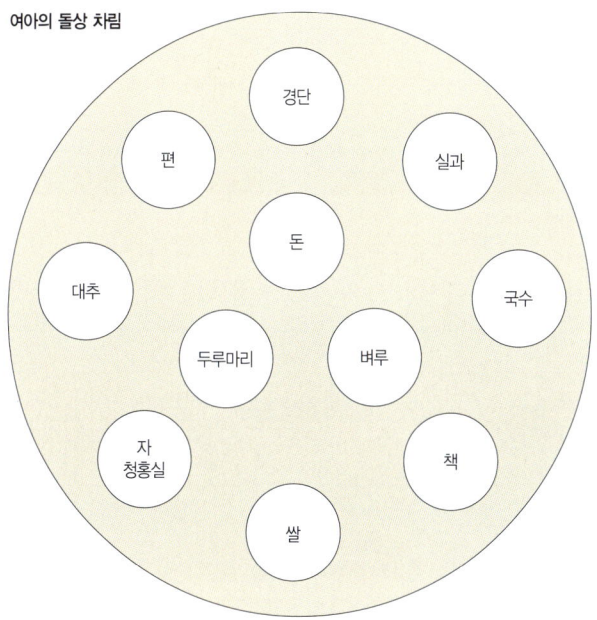

여아의 돌상 차림

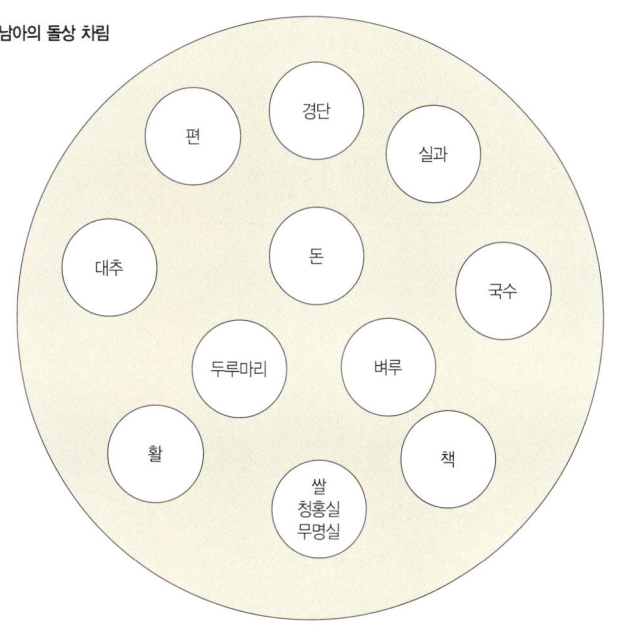

남아의 돌상 차림

다. 생신상

어른의 생신날에 자손이 축하드리고 봉양의 뜻으로 반상을 제대로 갖추어 대접한다. 아침상은 흰밥에 미역국을 차리고 5첩이나 7첩의 찬품을 마련하여 반상 차림을 한다. 손님을 대접할 때는 교자상 차림의 잔칫상을 마련한다.

7첩반상으로 차린 생일상

라. 혼례상

신랑 신부가 혼례식을 올릴 때 절하는 상을 교배상이라고 하는데, 먹는 음식으로는 떡과 과일류 외에는 차리지 않고 쌀·팥·콩 등의 곡물과 대나무·솔나무를 놓는다. 잔치에 온 손님들에게는 장국상을 마련하여 대접한다. 혼례식이 끝나면 신부집에서는 신랑에게 신랑상을 차려주는데, 떡·각색조과·각색과일과 어육을 고루 높이 고여서 큰상을 차린다. 고이는 음식은 각색편, 강정, 약과, 다식, 숙실과, 정과, 당속류, 각색과일, 어물새김, 전유어, 적, 편육 등이다. 또한 신부가 신랑집에 가면 신랑상과 마찬가지의 큰상을 차려준다. 큰상을 차릴 때는 고임상 외에 당사자들 앞에 각각 먹을 수 있는 면상을 차리는데 이를 입매상이라고 한다.

교배례상

마. 폐백 음식

혼례식이 끝난 후에 신부가 시부모님께 인사를 드릴 때에 올리는 음식으로 지방이나 가문에 따라 다르다. 서울 지방은 편포나 육포와 대추를 마련하고 술을 올린다. 편포 대신에 닭을 통째로 쪄서 겉을 달걀 지단이나 색지로 장식하기도 한다. 폐백은 청홍보로 싸고 보는 매듭을 짓지 않고 근봉(謹封)이라고 쓴 글씨로 고리를 만들어서 끼운다. 보는 청홍을 안팎 겹으로 만들어 네 귀에 술을 단다. 보에 쌀 때 육포는 파란색이, 대추는 붉은색이 겉에 오도록 싼다.

요즈음은 따로 구절판에 안주 되는 음식을 마련하기도 한다. 이바지 음식은 신부집이나 신랑집에서 큰상을 차렸다가 함께 온 후행이나 상객이 돌아갈 때에 석작에다 차렸던 음식들을 싸서 보내는 풍습이다.

폐백상

바. 회갑 수연상

부모가 회갑을 맞이하면 자손들은 축하하는 수연상을 차려드리고 손님을 초대하여 잔치를 베푼다. 큰상은 음식을 높이 고이므로 고배상(高排床)이라 하고, 또는 그 자리에서 먹지 않고 바라만 본다고 하여 망상(望床)이라고도 한다. 수연상(큰상)에 차리는 음식은 특별한 규정은 없으나 떡·과자·과일 등을 일척 이상 높이 고이고, 그 밖에 소채·고기·생선 등으로 만든 음식 등을 고루 차린다. 큰상을 차리고 부모님의 바로 앞에는 잡수실 음식을 따로 차린 입매상을 놓는다.

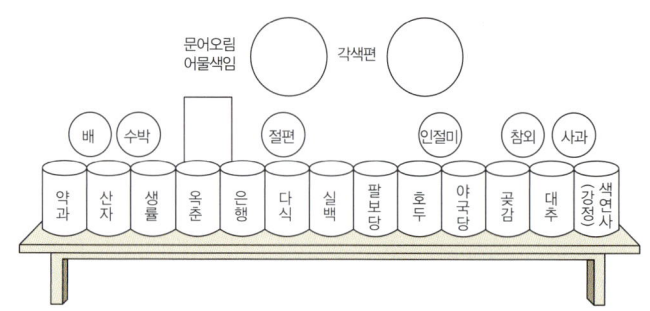

조대비 회갑상 재연

사. 제상

돌아가신 분의 기일에는 제사를 지내고, 정월 초하루와 추석에는 차례를 지내면서 선조의 은덕을 기리고 추모한다. 차례상과 제상에 차리는 제물은 다른 것은 별로 없고 정월에는 떡국을 차리고, 추석에는 토란탕과 송편 등을 차린다. 차리는 제물과 진설의 순서가 가문이나 지방에 따라 다르다. 일반적으로 차리는 제물은 주(酒: 술), 과(果: 생과, 건과), 포(脯: 육포, 어포)가 기본이다.

(3) 현대적 상차림

상차림들은 시대가 달라지면서 예전 그대로의 격식대로 차려질 수 없다. 전통의 상차림이라도 온돌방에서 좌식으로 앉아 먹는 상차림에서 식탁에서 여럿이 의자에 앉아 먹는 상차림으로 바뀌고 중심의 한 가지 음식을 나누어 먹는 식으로 바뀌었다. 좁은 장소에서 많은 손님을 치를 때는 앉지 않고 스스로 먹게 하는 뷔페식으로 바뀌었다.

그러나 먹는 양식이 달라졌을 뿐 우리가 먹는 음식의 내용은 늘 먹어온 우리 음식이 주조를 이룬다. 그렇지만 물질 문명은 고도의 산업화를 만들고 국제화되는 시대에 맞추어 전통적 상차림은 간소화되고, 편이식으로 바뀌고 국제화되고 다양화된 식문화 속에서 사는 방법을 피할 수 없게 되었다.

국제화라 해서 외국인만을 위한 정찬을 말하는 것은 아니다. 일품의

젯메와 갱 : 밥과 국
삼탕(三湯) : 소탕, 어탕, 육탕
삼적(三炙) : 소적(봉적), 육적, 어적
채소(菜蔬) : 삼색나물
침채(沈菜) : 동침채, 나박김치
장(醬) : 청장, 초장
청밀(淸蜜) : 꿀
편(片) : 백편, 녹두편 등
포(脯) : 북어, 건대구, 건문어, 건전복, 암치, 육포 등
유과(油果) : 중배기, 산자, 강정 등
당속(糖屬) : 옥춘당, 오화당, 매화당 등
다식(茶食) : 녹말·송화·콩·흑임자 다식 등
정과(正果) : 연근·도라지·생강 정과 등
실과(實果) : 각종 생실과와 밤, 대추, 곶감
제주(祭酒) : 청주

한정식에서 1인분으로 차린 궁중 음식

밥, 일품의 국, 일품의 요리를 한끼의 식사로 만족하게 먹을 수 있는 상을 정식이라 하겠으며 지향해야 하는 상차림은 지금 유행하고 있는 국적 혼동의 퓨전 요리가 아니다. 한국의 전통 음식이 근본적으로 갖고 있는 건강 음식, 약식동원의 음식이라는 장점을 보여줄 수 있는 식단 구성과 현재의 문화 배경에 맞는 상차림과 공손하고 편안한 대접이어야 하겠다.

다음은 국빈을 대접할 때 궁중 음식을 바탕으로 국제화하여 만든 식단의 예이다.

만찬 식단 작성의 기본 원칙

① 전통 음식 중 최고의 음식인 궁중 음식을 주음식으로 한다.
② 음양오행의 원칙인 재료의 배합과 적·녹·백·황·흑의 오색 고명을 쓰므로 시각적인 예술성과 섬세한 정성을 보이게끔 했다.
③ 전체적인 음식의 맛과 간은 상대방의 식성을 고려하여 맵고 짜지 않고 자극적이지 않게 구성했다.
④ 식사의 순서는 외국 요리의 대접법인 코스식으로 애피타이저-수프-생선 요리-고기 요리-앙트레-주식-디저트 순으로 자연스럽게 먹을 수 있게 하고, 개인마다 한 그릇씩 내놓으므로 가장 극진한 대접을 받을 수 있게끔 했다.
⑤ 코스를 길지 않게 하면서 가능한 많은 가짓수와 음식을 보여줄 수 있도록 하고 여러 가지의 다양한 재료와 조리법을 보여주었다.
⑥ 전통 한식 상차림을 비빔밥상으로 보여줌으로써 외형적으로 양식 차림새로 오인되지 않도록 한다.
⑦ 신선로를 내놓아 극적인 요소를 주어 먹는 즐거움과 만찬의 화려함을 돋보이게 했다.

만찬 메뉴의 예　2000년 6월 15일 남북정상회담시

코스	음식 명
전채요리	오이선, 어선, 대하찜, 밀쌈, 호박죽
주요리	유자향 은대구 구이와 표고전, 애호박전, 삼합찜, 신선로, 갈비와 수삼구이, 마늘쫑
식사	비빔밥, 석류탕, 배추김치, 백나박김치, 약고추장, 탕평채, 다시마 튀각, 마늘장선
후식	과일, 식혜, 매작과, 약과, 색단자

또한 전통 음식 중 대중화된 음식을 국제화 식단으로 만든 예는 다음과 같다.

국제화 식단의 예

상차림	메뉴
불고기 정식 (너비아니 정식)	밥, 콩나물국, 불고기(너비아니), 겨자채, 배추김치, 물김치
전골 정식	밥, 두부전골, 배추김치
비빔밥 정식	밥, 콩나물국, 나물, 고추장, 물김치
잡채 정식	밥, 잡채, 완자탕, 두부조림, 배추김치
생선구이 정식	밥, 무국, 생선양념구이, 삼색나물, 배추김치, 물김치
면상	냉면(온면), 갈비구이, 동치미
만두국상	만두국, 빈대떡, 간장, 배추김치, 동치미
죽상	전복죽(장국죽), 매듭자반, 북어보푸라기, 물김치
3첩반상	밥, 국, 배추김치, 물김치, 사태찜, 장, 삼색나물, 생선구이, 감자조림
신선로 정식	신선로, 소만두, 소면, 배추김치
한정식 A	탕평채, 연어구이, 불고기, 무생채, 김구이, 삼색전, 밥, 콩나물국, 배추김치, 물김치, 과일, 오미자화채
한정식 B	마른안주, 구절판, 대하찜, 너비아니, 생채, 신선로, 밥, 무국, 삼색나물, 홍합초, 배추김치, 물김치, 과일, 병과, 배숙

교자상 차림의 예　주안상　　다과상　　면상

독상과 교자상의 복합형태

현대적 교자상차림
냉면, 마른안주, 강회, 어채, 닭찜, 편육, 채소전, 고기산적, 김치, 장, 떡, 과일, 후식, 화채

뉴욕 메트로폴리탄박물관 '조선의 왕, 뉴욕에 가다' 행사때 보여준 궁중만찬과 메뉴(2011년 10월)

대하찜, 삼색밀쌈

타락죽

갈비찜, 다시마쌈밥, 백김치

녹차편&증편, 약과&무정과, 쌀강정, 매작과

조선의 왕, 뉴욕에 오다
The King of Joseon Dynasty Comes to New York
Oct., 3rd, 2011
Metropolitan Museum of Art, New York City

뉴욕 메트로폴리탄 뮤지엄 만찬
궁중 음식 한품단자

Menu

Starter
- *Daeha Jjim* 대하찜 • King prawn, beef and cucumber salad with pine nut sauce
- *Samsek Milsam* 삼색밀쌈 • Korean wrap with beef and vegetable

Porridge
- *Tarakjuk* 타락죽 • Rice and milk porridge

Main
- *Galbi Jjim* 채소갈비찜 • Brased beef short rib and vegetables in soy sauce
- *Baekkimchi* 백김치 • White Kimchi without red pepper powder
- *Ssambap* 다시마쌈밥 • Rice wrapped in seaweed

Dessert
Korean traditional confectionery 한국 전통 과자와 차
- *Maejakgwa* 매작과
  Samsek Ssalgangjong 삼색쌀강정
  Yakgwa & Mujeonggwa 약과와 무정과
- *Nokchapyeon & Jeungpyeon* 녹차편과 증편
- Ginseng Tea or Green Tea 인삼차 또는 녹차

Liquor
- *Bokbunja Ju* 건배주, 복분자주 '왕의 술' • Fruit wine made from Korean black raspberries

CHAPTER 4
궁중의 식생활 문화

예부터 내려오는 우리 민족의 훌륭한 음식문화는 각종 조리서를 통해 알 수 있다. 이 중 궁중에서의 문헌은 크고 작은 잔치의 기록이 의궤(儀軌)로 남아있고, 행사마다 쓰여졌던 음식 내용을 적은 음식발기(건기)가 있어 현재 그 내용을 짐작할 수 있다. 민간에서는 문중의 비법인 술 담그기, 장 담그기, 저장식 만들기 등의 내용이 담긴 조리서를 담겨 지금까지 전해져 내려오고 있다.

이 중 조선 궁중의 1700년대 일상식을 알 수 있는 의궤인 <원행을묘정리의궤>(1795년), 궁중 음식 발기, 한글로 쓰인 조리서인 <음식디미방>(1670년경) 등은 무엇보다도 가치 있는 음식 관련 기록문화유산이라 할 수 있다.

조대비사순칭경진하도(1837년)
헌종의 모친 신정왕후 조대비의 40세 생신 축하 잔치가 창덕궁 인정전에서 열렸다. 많은 문무백관과 각종 의장 행렬이 엄청나 궁중에서의 대비의 권력을 짐작할 수 있다. *동아대학교 소장 <조선 왕실의 의례와 행사>(돌베개, 2002년 출간)에서 발췌

4. 전통 음식의 문헌 연구

우리의 고유한 음식 문화는 한반도라는 자연환경 안에서 우리 민족이 겪어온 사회적인 변천에 영향을 받으며 오랜 세월 동안 자연스럽게 형성되었다.

그러나 우리만이 가진 고유한 음식 문화를 추정하려면 남겨진 기록 안에서 그 근거를 찾을 수밖에 없다. 훌륭한 음식 문화를 갖고 있음에도 식생활사에서 역사적으로 연구가 부족한 이유는 문헌이 적고 그 문헌도 본격적인 음식책이 아니며 연대가 오래되지 않았기 때문이다.

옛 문헌을 연구하면 당대의 생활상과 근접국과의 문화 교류를 짐작할 수 있고 몇 백년도 안 되는 사이에 즐겨 먹는 음식들이 수없이 변천된다는 것을 알 수 있다. 그러나 풍토에 뿌리박힌 식습관은 쉽게 달라질 수 없다는 것 또한 진리다. 음식에 관한 자료를 찾고 정리하는 작업은 후세에 바른 전통 식문화를 올바르게 전달할 수 있는 길이 된다.

궁중에서의 문헌은 크고 작은 잔치의 기록이 의궤로 남아 있고, 행사마다 쓰여졌던 음식 내용을 적은 건기(발기)가 있어 다행이라 하겠다. 민간에서는 문중의 비법인 술 담그기, 장 담그기, 저장식 만들기 등의 내용이 담긴 조리서를 남겼다. 기타 식생활에 관련한 가정백과전서, 의서, 의례서, 예법서, 풍속지 등이 있다. 옛 음식책의 연구는 오늘날 전통 식문화를 심도 있게 연구할 수 있는 새로운 전문 분야로 자리 잡아가고 있다.

우리의 식생활은 조선시대에 이르러 식품과 조리법이 다양해졌다. 특히 궁중에서는 전국에서 모이는 명산물로 고도의 기술을 지닌 주방 상궁이나 숙수들이 만들고 좋은 식기와 상에 차려서 세련된 예법과 절차에 따르므로 격조와 품위를 갖추고 있다. 따라서 조선왕조의 궁중 음식은 우리 음식 중에서 최고로 잘 다듬어진 한국 음식의 정수라 고 할 수 있다.

조선왕조의 궁중 음식은 한말 생존하였던 상궁이나 대령숙수들의 구전이나 손을 통하여 그 조리 기능이 전수되었으나 이는 구한말이나 망국 이후의 것이라 이것만으로는 조선조 궁중 음식의 식품 재료, 조리법, 예법, 절차 등의 전모나 변천의 역사를 알 수 없다.

조선조 중기 이후의 궁중 음식 자료로는 진찬의궤(進饌儀軌), 진연의궤(進宴儀軌), 등록(謄錄), 그리고 궁중의 음식발기(件記) 등이 비교적 많이 남아 있어 구체적으로 알 수 있다. 현재 알려져 있는 조선조 궁중음식은 대부분 한말에 생존하였던 상궁이나 숙수 그리고 한말의 고관 후손들의 구전이나 손을 통하여 전해진 것이다.

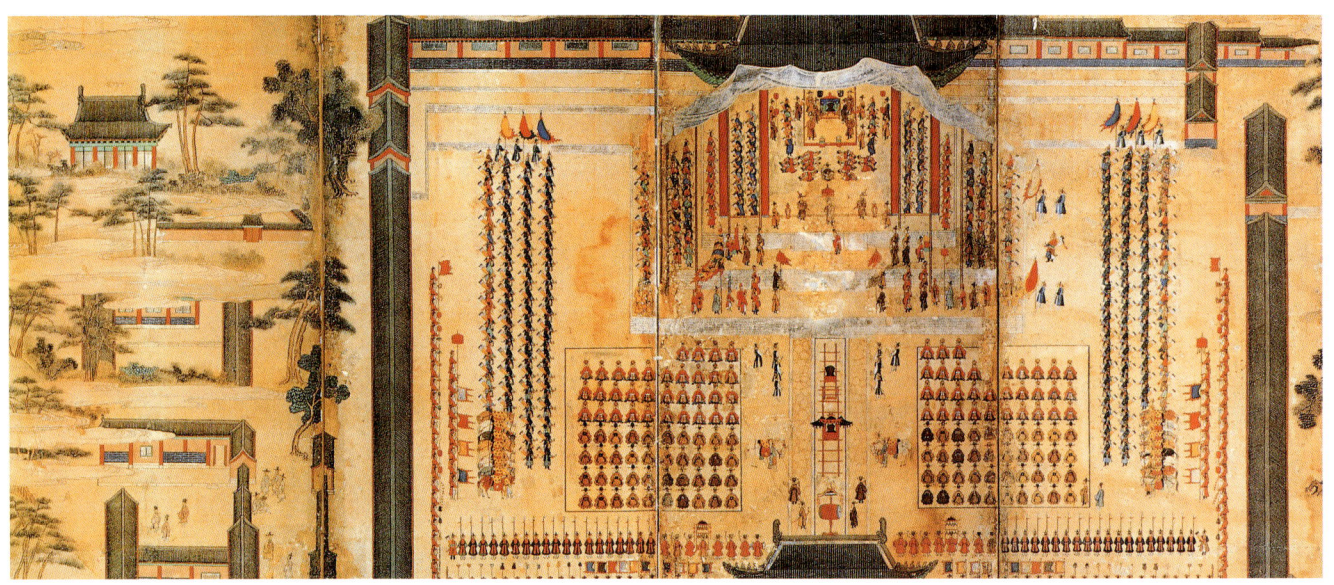

칭경진하도

1 조선왕조 궁중음식 관련 고문헌

궁중 연회식 의궤

조선조의 궁중에서는 경사, 이를테면 왕·왕비·대비 등의 회갑·탄신·사순(四旬)·오순(五旬)·망오(望五, 41세)·망육(望六, 51세) 등의 특별 기념일이나 이들이 존호(尊號)를 받았을 때, 또는 왕이 기로소(耆老所)에 들어갔을 때에 윤허(允許)를 받아 큰 연회를 베풀게 된다. 연회의 규모와 의식절차에 따라서 진연(進宴)·진찬(進饌)·진작(進爵)·수작(受爵) 등으로 나누고, 그 중 규모가 가장 큰 것이 진연이고 그 다음이 진찬·진작·수작의 순서라 하였으나, 의궤의 찬품조의 내용은 진연과 진작의 차이가 거의 없다. 궁중의 연회식 의궤는 프랑스에서 반환된 의궤들을 포함하여 현재까지 20여종이 전해지고 있다.

조선왕조 궁중연회 의궤 목록

	연 도	의궤명	잔 치 설 행 연 유
1	인조 8년 3월 경오 (1630)	豊呈都監儀軌	인목대비(선조의 계비)의 장수 기원으로 인경궁에서 연 수연
2	숙종45년 9월 기해 (1719)	[肅宗己亥] 進宴儀軌	숙종 망육과 기로소 입소를 축하해 경희궁 경현당에서 연 잔치
3	영조20년 10월 갑자 (1744)	[英祖甲子] 進宴儀軌	영조의 51세 기로소 입소와 대왕대비인 인원왕후(숙종의 계비)탄일 축하 잔치
4	영조41년 10월 을유 (1765)	[英祖乙酉] 受爵儀軌	영조의 망팔 축하로 경희궁 경현당에서 연 잔치
5	정조19년 2월 을묘 (1795)	園幸乙卯整理儀軌	혜경궁 회갑에 사도세자능인 현륭원을 참배하고 화성행궁에서 연 잔치
6	순조 9년 1월 기사 (1809)	己巳進表裏進饌儀軌	혜경궁 홍씨에게 전문, 치사, 표리(옷감)을 올리고, 2월에 베푼 잔치
7	순조 9년 2월 기사 (1809)	惠慶宮進饌所儀軌	혜경궁 홍씨의 관례 60주년 축하로 창경궁 경춘전에서 연 잔치
8	순조27년 9월 정해 (1827)	慈慶殿進爵整禮儀軌	효명세자(헌종)가 순조와 순원왕후를 위해 창경궁 자경전에서 베푼 잔치
9	순조28년 2월 무자 (1828)	[純祖戊子] 進爵儀軌	순원왕후의 사순 축하로 경복궁 자경전에서 연 잔치
10	순조29년 2월 기축 (1829)	[純祖己丑] 進饌儀軌	순조의 사순과 어극 30년 축하로 경복궁 자경전에서 연 잔치
11	헌종14년 3월 무신 (1848)	[憲宗戊申] 進饌儀軌	순조비 순원왕후의 육순과 익종비 신정왕후의 망오 축하로 창경궁 통명전에서 연 잔치
12	고종 5년11월 무신 (1868)	[高宗戊辰] 進饌儀軌	신정왕후 회갑 축하로 경복궁 강녕전에서 연 잔치
13	고종10년 4월 계유 (1873)	[高宗癸酉] 進爵儀軌	신정왕후 책봉 40년 축하와 고종의 친정을 기념해 존호를 올린 잔치
14	고종14년12월 정축 (1877)	[高宗丁丑] 進饌儀軌	신정왕후 칠순과 철인왕후의 망오를 기념해 창경궁 통명전에서 연 잔치
15	고종24년 1월 정해 (1887)	[高宗丁亥] 進饌儀軌	신정왕후 팔순과 효명세자 관례 60년 축하해 경복궁 만경전에서 연 잔치
16	고종29년 9월 임신 (1892)	[高宗壬辰] 進饌儀軌	고종의 망오와 어극 30년 축하로 경복궁 근정전에서 연 외진찬과 강녕전에서 연 내진찬
17	광무 5년 5월 신축 (1901)	[高宗辛丑] 進饌儀軌	명헌왕후(헌종의 계비) 망팔로 경운궁 함녕전에서 연 내진연
18	광무 5년 7월 신축 (1901)	[高宗辛丑] 進宴儀軌	고종의 오순 축하로 경운궁에서 연 잔치
19	광무 6년 4월 임인 (1902)	[高宗壬寅] 進宴儀軌	고종의 망육과 기로소 입소 축하로 경운궁에서 연 잔치
20	광무 6년11월 임인 (1902)	[高宗壬寅] 進宴儀軌	고종의 어극 40년 축하로 경운궁 중화전에서 연 외진연

(1) 원행을묘정리의궤(園幸乙卯整理儀軌)(1795)

조선조 궁중의 1700년대의 일상식 알 수 있는 유일한 의궤이다. 정조19년(1795)은 사도세자와 혜경궁 홍씨(惠慶宮 洪氏)가 갑년(甲年)이 되고, 자전(英祖의 繼妃)이 51세가 되며, 정조 즉위 20년 등 경사가 겹치는 해이다. 정조가 자궁과 자전에 각각 존호를 올리고, 자궁, 청연군주(淸衍郡主), 청선군주(淸璿郡主)와 함께 화성(華城)의 현륭원(顯隆園)에 행행(幸行)한 배경과 그 경위 절차에 대하여 기록한 것이다. 이 의궤는 권수, 5권, 부록 4권으로 8책이다. 권4 찬품(饌品)조에는 출발부터 환궁까지의 8일간의 식단이 자세히 기록되어있다. 행로 중에 각 행궁에서 마련한 행행식(行幸食)이다. 일상식인 수라상과 죽상, 반과상 등과 연회상으로는 봉수당 진찬연과 양로연의 찬품의 내용이 적혀 있다.

(2) 궁중의 영접(迎接), 가례(嘉禮)의궤

중국의 사신을 접대하기 위하여 영접도감을 설치하고, 도감에서 하는 일의 전말을 기록한 등록과 의궤에는 영접 절차와 각종의식 및 이에 소요되는 물품조달, 인력동원 등에 관한 제반사항을 기록하였다. 영접도감 의궤와 등록은 현재 20종이 전해지고 있다.

왕실의 혼례는 국혼(國婚)이란 단어로 일괄되지만, 이를 가례(嘉禮)와 길례(吉禮)로 나눈다. 가례는 왕의 결혼을 위시하여 세자·세손 등 왕통에 관계 있는 경우이고, 길례는 일반 왕자녀의 혼례를 말한다. 가례는 왕의 혼례, 즉위, 왕세자의 혼례, 책봉(册封)등의 의례로 가장 경사스러운 의례이다. 가례의 경우 가례청 또는 가례도감이 설치되어 혼례에 따르는 여러 의식 절차 거행한다. 동뢰연(同牢宴)의 의식이나 찬품을 알아볼 수 있는 궁중혼례의 과정을 기록한 가례도감의궤가 약 20종 남아있다. 영접식의궤와 가례식 의궤는 이성우교수가 〈朝鮮王朝行幸食·嘉禮食·迎接食儀軌〉(미원문화재단부설 한국음식문화연구원, 1988)에 축소 영인되어 실렸다. 의궤 원문은 서울대학교 규장각, 한국학중앙연구원 장서각 아카이브에서 볼 수 있다.

(3) 궁중음식 발기

「발기」(發記,撥記)란 궁중의례에 사용되는 물품과 수량을 적어둔 고문서로 한자로 건기(件記)·단자(單子)로 표기하기도 한다. 예전에는 궁중의 고문서를 장서각(藏書閣)에 소장되어있던 것이 지금은 한국학중앙연구원 장서각에 소장되어있다.

궁중의 여러 소규모 접대식이나 제사식 등의 상차림을 적어놓은 고문서를 궁중음식 발기(件記;건기)라고 한다. 이들 발기 중에 음식에 관한 것은 사찬(賜饌)발기, 진찬(進饌)발기, 진향(進享)발기, 다례(茶禮)발기 등이다. 장서각 외에도 일부 발기는 민간에 소장되어 전해진다.

접대식 발기는 접대상의 구성을 가리킨 것으로 관례(冠禮), 가례(嘉禮)시의 접대식, 병 회복을 축하하는 접대식, 각종 경사에 내리는 접대식, 각종 행사시의 접대식, 장례(葬禮)시의 접대식 등이다. 조선조 궁중 제사식 발기는 왕실 가족의 다례에 관한 것이다.

궁중음식 발기는 이성우교수가 〈朝鮮朝 宮中宴飮食 件記〉(미원문화재단부설,한국음식문화연구원, 1987)에 축소 영인되어 실려 있다. 또한 음식 발기 원문은 한국학중앙연구원 장서각 아카이브에서도 확인할 수 있다.

② 우리나라의 옛날 음식책

(1) 1600년대의 조리서

우리나라에서 식품과 음식에 관한 전문 문헌은 고려 시대까지는 전혀 찾아 볼 수가 없고, 조선시대 중기에 이르러 중종 때 김유(金綏, 1491~1555)의 〈수운잡방(需雲雜方)〉(1540년경)이 현재 가장 오래된 전문 조리서로 한문으로 쓰여있다. 이 책은 전부 121항으로 술과 누룩에 관한 것이 59항으로 주방문(酒方文)에 가까운 조리서라 하겠다. 조선시대 중기 이전의 식생활 연구에 귀중한 자료이다.

이수광(李晬光)의 〈지봉유설(芝峯類說)〉(1613년)은 백과전서로 구체적인 조리서는 아니지만 음식에 관한 고증적 설명이 많이 실려 있다. 이 책에 처음으로 고추가 나온다.

허균(許筠, 1569~1618)은 어릴 때부터 맛좋은 음식들을 먹어보았고, 과거 급제 후에는 전국 고을을 두루 다니며 벼슬살이를 하여서 전국의 식품 재료와 각종 유명한 음식을 고루 먹어보았다. 그가 말년에 바닷가에 유배되어 거친 음식을 먹게 되자 여러 가지를 생각나는 대로 적어 놓으면서 도문(屠門, 도살장의 문)을 바라보고 크게 씹는 것(大嚼)과 같이 하는 뜻의 〈도문대작(屠門大嚼)〉(1611년)을 남겼다. 이 책은 당시의 식품 재료와 조리, 가공품이 기록된 귀중한 자료이며, 최고의 식품 전문서로 떡류, 과실류, 해수족, 소채류 등 130여종을 특징과 명산지를 설명하였다.

조선 전기의 학자인 어숙권(魚叔權)이 쓴 〈고사촬요(攷事撮要)〉 (1554년)에는 일반 관리의 일상 업무에 필요한 사항을 편집하여 적었는데 잡방편에는 여러 가지 식품의 금기와 구산주법·도소주·내국향온법·홍조주 등의 술빚기와 초 만들기가 나온다.

한글조리서인 〈음식디미방(飮食知味方)〉(1670년경)은 경북 영양군의 정부인 안동 장씨(장계향)가 썼는데, 일명 〈규곤시의방(閨壺是議方)〉이라 하였다. 내용은 크게 면병류·어육류·소과류·술과 초의 네 부분으로 분류할 수 있다. 특히 개고기 조리법과 상화(霜花) 만드는 법이 자세히 적혀 있고 육류의 훈연 저장법이 나오는 것이 특징이며, 재료로 고추가 사용된 기록은 없다.

1680년경 찬자 미상의 한문 조리서인 〈요록(要錄)〉에는 김치의 재료로 과(瓜)류가 많이 쓰이고, 향신료로는 천초나 생강이 쓰이는 것을 알 수 있고, 식해 만드는 법이 나와 있다. 1691년에 나온 한문으로 된 농촌가정백서인 〈치생요람(治生要覽)〉에도 초·장·술의 제법과 구황, 찬법, 과실 수장법, 음식금기 등이 간략하게 쓰여 있다.

그리고 〈음식디미방〉과 비슷한 시기의 한글 조리서로 〈주방문(酒方文)〉이 있다. 이 책의 뒷장의 낙서에 〈하생원 주방문책(河生員 酒方文冊)〉 '정월이십칠일 전일량(正月二十七日 錢一兩)'이라고 쓰여 있다. 내용은 술 빚기뿐만이 아니라 조리 전반에 걸쳐 있다.

(2) 1700년대의 조리서

호남지역 종가에서 전해진 한글로 된 〈음식보(飮食譜)〉가 있다. 이 책의 표지에 '석애선생 부인(石崖先生夫人) 숙부인 진주정씨(淑夫人 晉州鄭氏), 주은공 부인(酒隱公夫人) 숙부인 진원 오씨(淑夫人 珍原吳氏)'라고 적혀 있다. 내용은 술, 반찬, 떡과 과자류 등 36항목이다. 반찬의 조리법 중에 느르미가 있고, 고추를 이용한 요리가 없는 것으로 미루어 보아 1600년대 말엽이나 1700년대 초엽의 것으로 짐작된다.

홍만선(洪萬選)은 〈산림경제(山林經濟)〉(1715년)라는 방대한 책을 남겼다. 이 책은 〈거가필용사류전집(居家必用類全集)〉(1560년), 〈신은지(神隱志)〉(1400~1450년경), 〈제민요술(齊民要術)〉(530~540년경) 등의 중국 서적과 우리나라 문헌자료를 충분히 인용하여 편찬한 농촌 가정생활 백과사전이다. 이 책은 〈산림경제보(山林經濟補)〉, 유중림(柳重臨, 1705~1771)이 쓴 〈증보산림경제(增補山林經濟)〉(1766년), 1827년 서유구(徐有榘)가 지은 〈임원십육지(林園十六志)〉의 모체가 되었다. 〈산림경제〉 치선(治膳)편에는 380 항목에 걸쳐서 총론·과실·차와 음료·국수·엿·죽과 밥·채보·어육·양념·장·초·누룩·술·식기(食器) 등의 각 방면에 걸쳐 다양하게 구성되어 있다.

그 후에 나온 두암(斗庵)의 〈민천집설(民天集說)〉(1752년경), 서호수(徐浩修, 1736~1799)의 〈해동농서(海東農書)〉(1799년), 서명응(徐命膺, 1716~1787)의 〈고사신서(攷事新書)〉(1771년) 등은 〈산림경제〉의 음식 내용과 유사하다.

1700년대의 중인 계급의 손으로 이루어진 한문으로 된 조리서로 조선 숙종, 경종 때 어의를 지낸 이시필(李時弼, 1657~1724)이 쓴 〈소문사설(謏聞事說)〉(1720년경)이 있다. 내용은 서울의 내관·역관·의원·대상들이 돈은 있으나 높은 벼슬에 오르지 못하는 시름을 식도락으로 잊고자 수많은 숙수(熟手)들의 비결을 알아내고 지방의 별미와 일본의 어묵(가마보곶)에 이르기까지 적혀 있다.

(3) 1800년대의 조리서

1800년대에 들어서서는 서유구의 일가가 남긴 농업서나 조리에 관한 문헌이 많다. 서유구의 조부 서명응은 〈고사십이집(攷事十二集)〉, 그의 조부인 서호수는 〈해동농서(海東農書)〉, 그의 형수인 빙허각(憑虛閣) 이씨는 〈규합총서(閨閤叢書)〉, 그리고 서유구 자신은 〈옹희잡지(饔饎雜志)〉와 〈임원십육지(林園十六志)〉 등을 편찬하였다.

가정 백과전서인 〈임원십육지〉의 정조지(鼎俎志)는 동서고금의 조리서를 원문 그대로 모아 편집한 것으로 음식의 명칭이 때와 곳에 따라 달라지고 있어 조리 용어가 매우 복잡하다.

한글판 가정 백과사전인 〈규합총서〉(1815년)는 빙허각 이씨(憑虛閣 李氏, 1759~1824)가 쓴 책으로 주사의(酒食議)·봉임(縫紝)·산가락(山家樂: 농업)·청낭결(靑囊訣: 의학)의 사문(四門)으로 나누어져 있다. 주사의에 조리법이 자세히 나와 있는데, 음식총론·술 만들기·장과 초 만들기·밥과 죽·차·김치류·어품류·육류·채소류·병과류·과실 저장법·채소 저장법·유독한 채소와 과일·기름 짜는 법·엿 고는 법·식해법·두부법·녹말법·전약·유자청 등의 음식이 실려 있다. 한편 〈규합총서〉의 음식만을 정리하여 1869년에 간행한 〈간본 규합총서〉가 있다.

1830년에 최한기(崔漢綺, 1803~1877)에 의해 방대한 농서인 〈농정회요(農政會要)〉가 나왔다. 이 책의 조리 분야는 〈증보산림경제〉의 치선편을 옮겨 놓은 것에 지나지 않는다.

1800년도 중엽에 찬자 미상의 〈군학회등(群鶴會騰)〉은 한문서로 내용은 〈산림경제〉나 〈증보산림경제〉를 많이 인용하고 있다. 그리고 표지에는 〈박해통고(博海通攷)〉라 쓰여 있지만, 내제에는 〈군학회등〉으로 되어 있다.

1850년에 나온 〈오주연문장전산고(五洲衍文章箋散稿)〉는 이규경(李圭景, 1788~1856)이 지은 것으로 조선과 청나라, 그리고 외방의 모든 사물에 대하여 고증한 것으로 60여 권에 이르는 방대한 책이다. 이규경은 '산구준여 변증설(山饋饌餘辨證說)'에서 다양한 떡의 종류와 단맛을 내는 엿을 소개하였다. 1854년에 찬자 미상인 〈음식법(飮食法)〉은 비교적 충실한 내용의 한글 조리서이다. 내용 중에 낙지느르미와 동아느르미가 나오는데 이는 1600년대의 느르미와는 달리 재료에 녹말이나 달걀을 씌워서 번철에 지져내는 느름적 · 전의 부류이다.

〈규곤요람(閨壼要覽)〉은 두 가지 판본이 전해진다. 1800년대 초 · 중엽의 고려대 소장본 〈규곤요람〉(일명 듀식방)은 술빚기가 대부분이고 약간의 떡과 찬이 실려 있고, 연세대 소장본 〈규곤요람〉(1896년)에는 술은 천일주 한 가지만이고 조리법 전반에 걸쳐서 자세하게 설명되어 있다.

철종 9년(1858)에 나온 〈음식유취(飮食類聚)〉는 한글 요리서로서 현재 소재가 불명하나, 내용은 술빚기가 대부분인 조그만한 책이다. 철종 11년(1860)에는 찬자 미상인 〈김승지댁 주방문(金承旨宅 酒方文)〉이라는 한글 요리서가 나왔다. 〈(역)주방문〉은 대청가경(大淸嘉慶) 5년(1800)의 책력을 뒤집어서 자기 집에 내려오는 조리를 한문으로 적은 필사본으로 술 제조법과 음식 조리법이 실려 있다.

1800년대 말엽에 나온 찬자 미상의 〈시의전서(是議全書)〉라는 매우 충실하게 반가 음식을 적은 전문 조리서가 있다. 이 책은 조선시대의 다른 조리서와는 달리 술 빚기가 실려 있지 않고, 제물(祭物)부를 따로 설명한 것과 음식 담는 법과 구첩 반상 · 칠첩 반상 · 오첩 반상 · 입맷상의 음식 구성과 배선 방법이 그림으로 실려 있는 것이 특징이다. 이 〈시의전서〉는 전통음식들이 광범위하게 분류, 정리가 잘 되어 있어 조선 시대 말엽의 우리나라 음식을 한눈에 볼 수 있다.

(4) 1900년대의 조리서

1900년대에 들어서의 조리서는 필사본은 거의 없고, 한글의 신활자체로 발행된 것과 일본어로 된 한국 조리서가 나오게 되었다. 1917년에는 방신영이 〈조선요리제법(朝鮮料理製法)〉을 지어서 그 후 수차 개정되고 1952년에는 〈우리나라 음식 만드는 법〉이 나왔다. 이 책은 현대 한국 음식의 모범이 된다.

1915년에는 〈부인필지(夫人必知)〉라 하여 가정생활에서 긴요한 것을 〈간본 규합총서〉보다 더 광범위하게 뽑고 1900년도 초엽의 명물인 명월관 냉면같은 것을 보충한 것이다. 1924년에 이용기(李用基)가 쓴 〈조선무쌍신식요리제법(朝鮮無雙新式料理製法)〉은 〈임원십육지〉의 「정조지」를 바탕으로 전통 조리법에 새로운 조리법을 보태어 쓰고, 음식의 유래나 풍속, 외국인의 관점에서 본 한국 음식과 외국 음식의 수용 등을 기록하였다. 1934년에는 이석만(李奭萬)이 지은 〈간편조선요리제법(簡便朝鮮料理製法)〉과 1935년에는 〈신영양요리법(新營養料理法)〉이 나왔다. 〈신영양요리법〉은 요리뿐 아니라 영양학의 기초와 식단표를 작성하여 실었다.

1939년에 경성여자사범학교의 가사연구회에서 요리 전문 교과서인 〈할팽연구(割烹研究)〉를 일본어로 간행하였다. 대학 교수인 손정규(孫貞圭)가 1940년에 일본어로 된 〈조선요리(朝鮮料理)〉을 썼으며, 해방 이후인 1948년에 한글로 번역되어 〈우리음식〉으로 발간되었다. 1944년에 김호직(金浩稙)이 〈조선식물개론(朝鮮食物槪論)〉을 일본어로 번역한 책을 펴냈으며, 우리나라의 음식물과 식품 전반에 걸쳐서 전통적인 것과 신영양학을 한데 밝혔다.

또한 1930년에 서울 주재 외국인 여성 단체에서 서양요리책인 〈선영대조 서양요리법(鮮英對照西洋料理法)〉을 발행하였다. 1934년 조미료 아지노모토를 이용한 조선 요리책으로 〈사계(四季)의 조선요리(朝鮮料理)〉가 간행되었다. 1940년에는 홍선표(洪善杓)가 국한문 혼용으로 〈조선요리학(朝鮮料理學)〉을 출간하였으며, 이 책은 한국 음식재료와 식사법 및 음식유래 등을 다루고 있다. 궁중음식 조리서로 1957년에 조선 왕조 마지막 주방 상궁인 한희순(韓熙順)과 황혜성(黃慧性) · 이혜경(李惠卿)가 함께 저술한 〈이조궁정요리통고(李朝宮廷料理通攷)〉가 출판되었다. 이 책은 전통 한국 음식이 외국 음식의 영향으로 변모하기 시작한 즈음에 우리 음식의 근본을 세우고 그 전통을 잇고자 집필한 것이며, 궁중음식이 오늘날까지 이어지도록 만들어준 초석 같은 책이다.

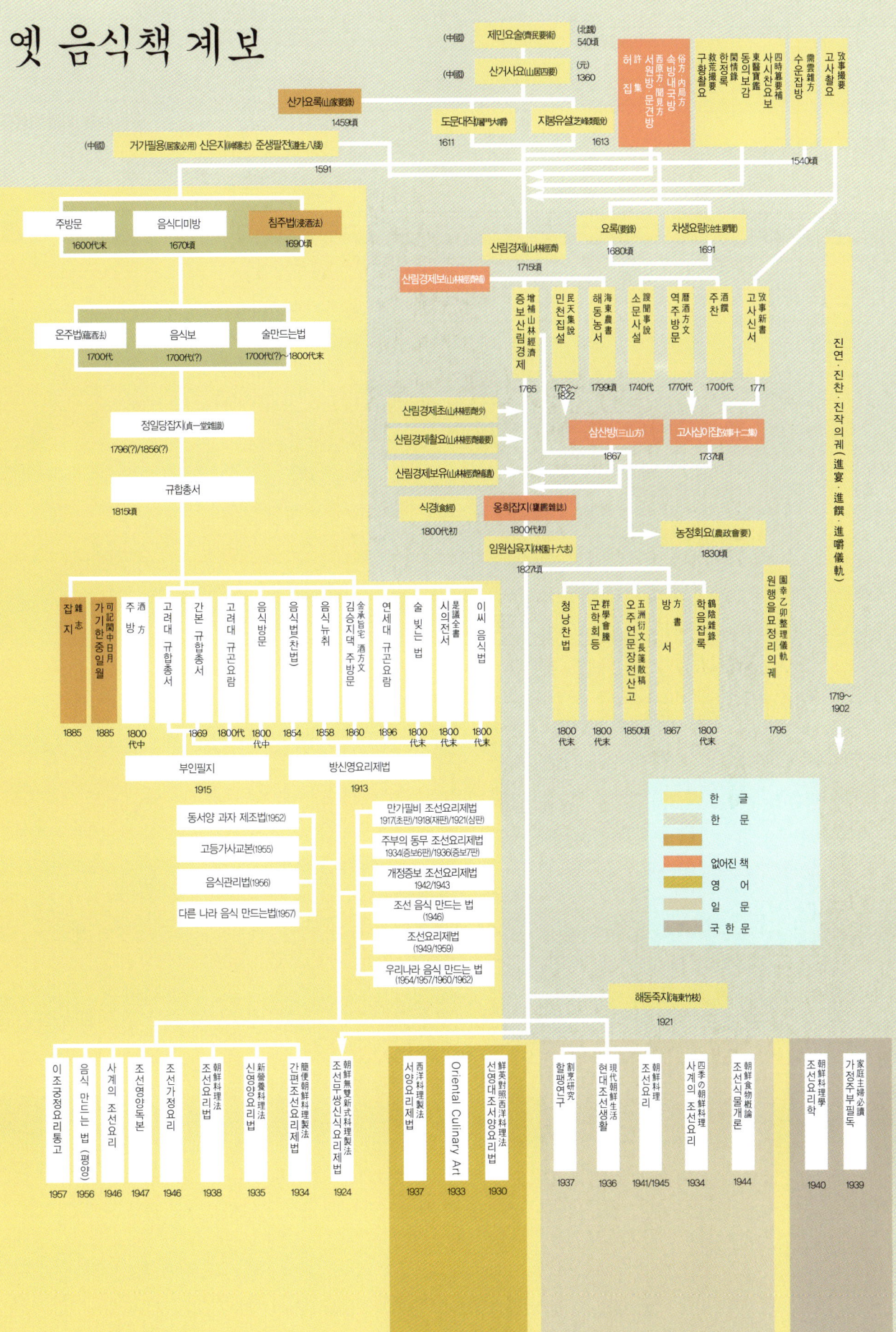

CHAPTER 5
조리의 기초

칼을 제대로 사용하고 계량을 잘하는 것은 음식을 만드는 데 있어서 가장 중요한 기초이므로, 능률적이면서도 합리적인 조리를 하기 위해서는 각종 조미료의 계량과 가열 시간, 조리 온도를 정확히 알 필요가 있다.

음식을 만들 때 식품이 지닌 고유의 맛을 살리면서 음식마다 특유의 맛을 내기 위해 사용하는 각종 재료를 양념이라 하고, 이 양념은 다시 조미료와 향신료로 나뉜다. 한국 음식의 조미료에는 소금, 간장, 고추장, 된장, 식초, 설탕 등이 있고 향신료에는 생강, 겨자, 후추, 고추, 참기름, 들기름, 마늘, 천초 등이 있다.

고명이란 음식을 보고 아름답게 느끼어 먹고 싶은 마음이 들도록 음식의 모양과 색을 좋게 하기 위해 장식하는 것을 말한다. '웃기' 또는 '꾸미'라고도 한다. 한국 음식의 색깔은 오행성에 영향을 두어 붉은색, 녹색, 노란색, 흰색, 검은색의 오색이 기본이며 그 색은 붉은 고추, 미나리, 황백지단 등 식품이 지닌 천연의 색으로 낸다.

선묘조제재경수연도(1605년)
음식을 만드는 조찬소의 모습을 잘 묘사한 그림으로 많은 손님을 치를 때 음식 준비를 분담하는 모습과 숙수와 시중 드는 이들의 움직임을 잘 보여주고 있다. 아직 밝혀지지 않은 궁중의 숙설소를 짐작할 수 있게 해주는 귀중한 자료이다. *고려대학교박물관 소장·출간한〈조선시대 기록화의 세계〉(2001년)에서 발췌

■■■ 조리의 기초

조리의 기초

① 기초 조리

조리의 기본

조리는 한 가지의 조작이 아니라 아래 그림과 같이 여러 가지의 조작이 합해져서 이루어진다. 이는 거의 모든 조리에서 다 일어나는 공통적이고 기초적인 조작과 바로 그 조리의 성격을 나타내는 주조작으로 나뉜다. 가열 조작은 주로 주조작인 경우가 많다.

- **기본적인 조작** : 계량, 씻기, 담그기, 썰기, 갈기, 으깨기, 섞기, 식히기, 냉동, 해동
- **주된 조리 조작** : 가열하기, 무치기, 굳히기

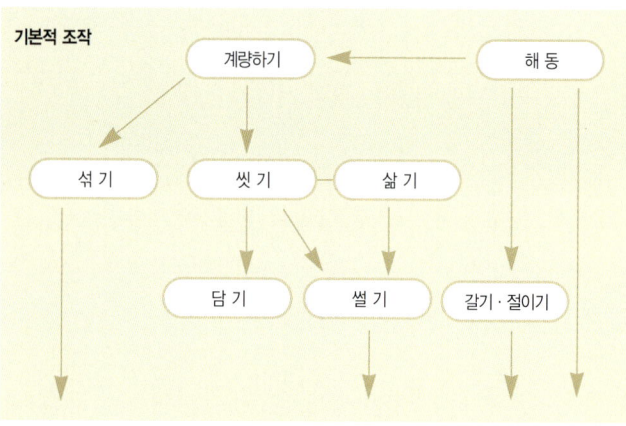

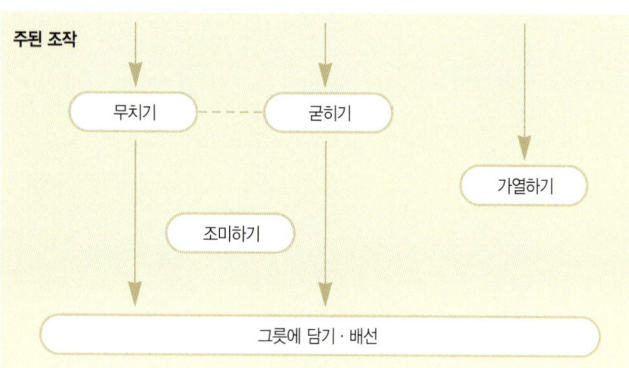

조리의 흐름

② 기본 조리 도구

① 칼

우리나라 재래식 식칼의 모양은 칼끝이 날카롭게 올라가 있고 손잡이가 둥근 나무로 되어 있다. 현재는 재래식 식칼은 거의 쓰이지 않고 대개는 서양식과 일본식 칼의 변형된 모양이 많이 쓰이고 있다.

가. 일반 조리용 칼

전문인의 업무용은 날의 길이가 30cm 이상의 것으로 순 강철로 만든 칼을 많이 쓴다. 가정용이나 여성에게는 날의 길이가 25cm 정도로 스테인리스로 만든 칼이 다루기가 쉽고 간수하기에도 편리하다. 가장 많이 쓰이는 서양식 칼을 프렌치 나이프라고 한다. 육류·어류·채소류를 얇게 썰거나 잘게 썰 때 주로 쓰인다.

나. 창칼

서양식 창칼은 프렌치 나이프와 똑같은 모양의 칼로 날의 길이가 12cm 정도 되는 작은 칼로 페티 나이프라고 한다. 우리나라의 식칼에도 작은 모양의 창칼이 있으나 대체로 서양식 칼을 많이 쓴다. 채소나 과일의 껍질을 벗기거나 뿌리를 다듬을 때 쓰인다.

다. 그 외 용도의 칼

뼈 있는 생선이나 육류를 토막 낼 때는 칼의 날이 두껍고 무거운 칼이 적당하다. 그리고 생선을 포 뜰 때는 날이 가늘고 긴 생선회 전용의 일본식 칼이 편리하다.

라. 칼의 사용법과 손질

㉠ 칼의 부분 명칭과 용도

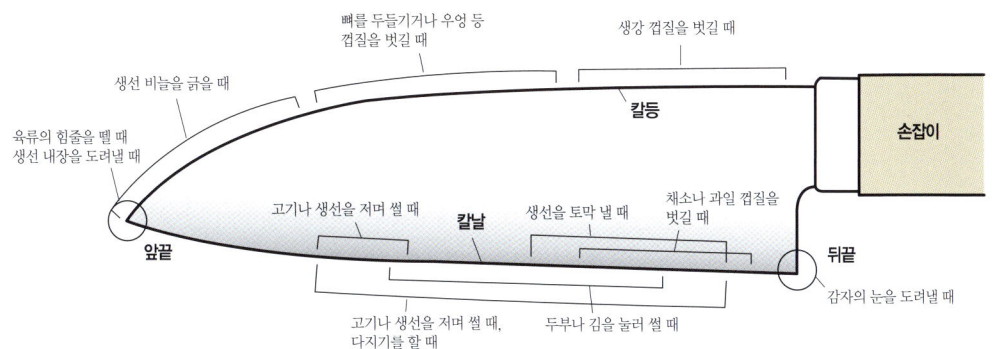

ⓛ 썰기의 기본 동작

써는 식품의 종류 및 용도에 따라서 칼의 사용 부분과 동작의 방향이 정해진다. 칼은 칼날의 끝과 중앙·칼등 부분으로 나누어 사용한다.

기본 썰기

기본 썰기의 근본 목적은 식품의 맛을 살리면서 조리하기 쉽게, 먹기 쉽게, 소화하기 쉽게 하는 것이다. 칼날의 여러 부위를 적절하게 이용하여 일정한 두께로, 일정한 폭으로, 가지런한 모양으로 자를 수 있도록 기본 썰기를 익혀두자.

① **통썰기** _ 모양이 둥근 오이, 당근, 연근을 통째로 써는 방법. 두께는 재료와 요리에 따라 다르게 조절하며 보통 조림, 국, 절임 등에 이용한다.

② **반달썰기** _ 무, 고구마, 감자 등 통으로 썰기에 너무 큰 재료들은 길이로 반을 가른 후 썰어 반달 모양이 되게 한다. 주로 찜 요리에 이용한다.

③ **은행잎썰기** _ 재료를 길게 십자로 4등분한 다음 고르게 은행잎 모양으로 썬 것. 감자, 무, 당근 등을 조리거나 찌개에 이용할 때 주로 쓰인다.

④ **얄팍썰기** _ 재료를 원하는 길이로 토막 낸 다음 고른 두께로 얇게 썰거나 재료를 있는 그대로 얄팍하게 써는 방법. 무침이나 볶음에 주로 쓰인다.

⑤ **어슷썰기** _ 오이, 당근, 파 등 가늘고 길쭉한 재료를 적당한 두께로 어슷하게 써는 방법. 썰어진 단면이 넓어 맛이 들기 쉬우므로 조림에 좋다.

⑥ **골패썰기·나박썰기** _ 둥근 재료를 토막 낸 다음 네모지게 가장자리를 잘라내고 직사각형으로 얇게 썬 것. 사각형으로 얇게 썰면 나박썰기가 된다.

⑦ **깍둑썰기** _ 무, 감자, 두부 등을 막대썰기한 다음 다시 주사위처럼 썬 것. 깍두기, 조림, 찌개 등에 흔히 이용하는 썰기 방법이다.

⑧ **채썰기** _ 얄팍썰기한 것을 비스듬히 포개어놓고 손으로 가볍게 누르면서 가늘게 썬 것. 보통 생채나 생선회에 곁들이는 채소를 썰 때 쓰인다.

⑨ **다져썰기** _ 채 썬 것을 가지런히 모아서 잡은 다음 직각으로 잘게 써는 방법이다. 파, 마늘, 생강, 양파 등 양념을 만드는 데 주로 쓰인다.

⑩ **막대썰기** _ 재료를 원하는 길이로 토막 낸 다음 알맞은 굵기의 막대 모양으로 써는 방법. 무, 오이장등은 이처럼 썬다.

⑪ **마구썰기** _ 오이나 당근 등 가늘면서 길이가 있는 재료를 한 손으로 빙빙 돌려가며 한입 크기로 각이 지게 써는 방법. 단단한 채소의 조림에 쓰인다.

⑫ **깎아썰기** _ 우엉 등의 재료를 돌려가며 연필 깎듯이 칼날의 끝 부분

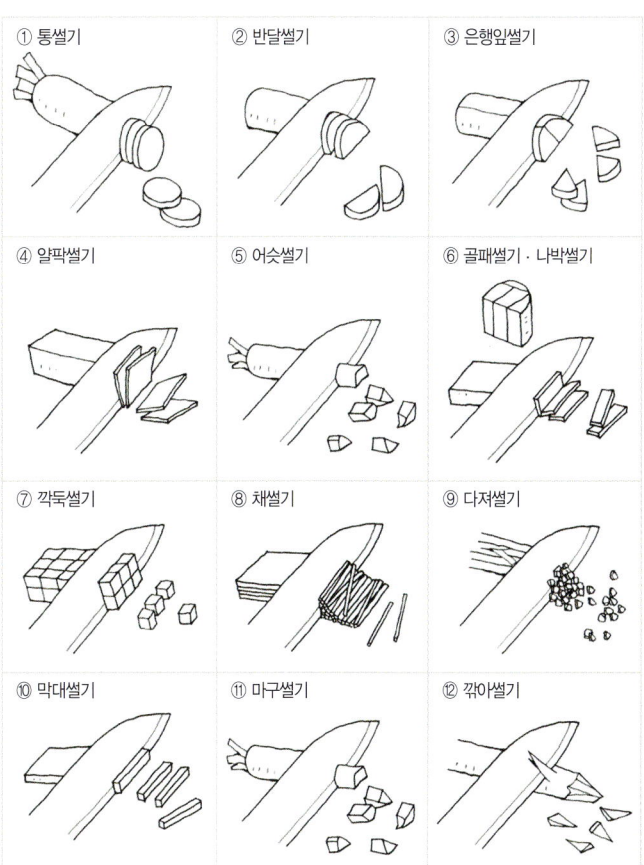

으로 얇게 써는 방법. 무 등 굵은 것은 칼집을 여러 번 넣은 다음 썬다.

② 도마

가. 도마의 크기와 개수

도마의 크기는 다지거나 썬 것을 도중에 옮기지 않아도 쓸 수 있을 정도의 크기(30cm×40cm)가 좋다.

영업장의 조리용 도마는 크기가 가정용의 2배 이상으로 큰 것이 편리하다.

그리고 도마는 생선과 육류용, 채소용 그리고 과일용의 3개가 필요하고, 각각을 앞뒤로 가열해서 먹는 것과 날로 먹는 것으로 나누어 쓰면 이상적이다.

나. 도마의 종류

㉠ 나무 도마: 나무 도마는 적당한 굳기와 탄력성이 있어 칼날이 부드럽게 닿는 것이 좋다. 플라스틱에 비하여 상처가 나기 쉽지만 매일매일 뒤처리를 잘하면 깨끗하게 쓸 수 있다. 재질은 은행나무, 후박나무, 버드나무 등이 단단하여 좋다.

㉡ 플라스틱 도마: 플라스틱 도마는 나무 도마에 비해 미끄러지기 쉽고 날이 닿는 감촉이 나쁘다. 그러나 상처가 깊이 생기지 않고 냄새도 배지 않으므로 위생적이라 할 수 있다.

다. 도마의 올바른 사용법

마른 것을 썰 때를 제외하고는 반드시 물을 적신 행주로 닦고 사용한다. 그렇게 하지 않으면 더러움이나 냄새가 배서 없애기가 어렵다. 쓰고 나서는 반드시 물로 씻은 다음에 더운물로 닦는다. 바로 더운물을 쓰면 단백질이 응고되어서 더러움이 쉽게 떨어지지 않는다.

라. 도마의 간수와 소독

일이 끝나면 세제를 뿌리고 수세미로 문질러 씻는다. 물기를 닦고서 통풍이 잘되는 곳에 세워 보관한다. 한 달에 한 번 정도는 소독을 한다. 큰 도마라도 소독액을 담은 그릇에 걸쳐놓고 젖은 행주를 펴서 걸쳐 놓으면 윗부분까지 표백액이 스며들어 소독된다.

③ 행주

행주는 식용의 식품들을 직접 다루는 조리용, 그릇의 물기를 닦거나 윤을 내는 그릇용, 그리고 조리대와 작업대 등을 훔치는 용도의 세 가지로 구분하여 써야 한다.

㉠ 조리용은 목면으로 된 소창이 적합하고 대·중·소의 세 가지 크기가 있으면 편리하다. 절였던 채소를 싸서 물기를 짜거나 국물을 거를 때에 많이 쓰인다.

㉡ 그릇이나 상에 마른행주질을 하거나 유리컵에 윤을 낼 때는 마직의 행주가 보푸라기가 묻지 않고 맑게 닦인다.

㉢ 테이블이나 조리대를 닦는 행주는 흡수성이 좋은 목면의 타월처럼 두꺼운 것이 적당하다.

㉣ 키친타월은 소금을 뿌린 생선이나 육수의 기름기를 걷어낼 때에 쓰고 나서 버릴 수 있어서 편리하다. 튀김이나 전을 만들어서 키친타월 위에 놓으면 기름을 흡수한다.

③ 식품의 계량

능률적이면서 합리적인 조리를 하기 위해서는 식품이나 각종 조미료의 계량과 가열 시간이나 조리 온도를 정확히 할 필요가 있다. 또한 계량을 해야 항상 같은 맛을 내는 재현성을 높일 수 있다. 계량(計量)이란 무게(重量)·부피(體積)·온도·시간의 측정을 말한다.

(1) 중량

중량을 잴 때는 일반적으로 물건을 놓는 곳이 위쪽에 있는 접시형 저울(500g, 1kg, 2kg)과 천평저울(100g, 200g)을 사용한다. 목적에 맞는 계기(計器)를 선택하여 사용한다. 디지털 저울을 이용하면 보다 정확한 중량을 달 수 있다.

(2) 체적

> 1컵(Cup) = 200㎖ = 약 13큰술(Table Spoon)
> 1큰술(Table Spoon) = 15㎖ = 3작은술(tea Spoon)
> 1작은술(tea Spoon) = 5㎖

① 계량기

조미식품의 중량(단위 g)

식품 명	1작은술 5㎖	1큰술 15㎖	1컵 200㎖	식품 명	1작은술 5㎖	1큰술 15㎖	1컵 200㎖
물	5	15	200	마늘(다져서)	3	9	120
간장	6	18	230	파(다져서)	3	9	120
식초	5	15	200	생강(다져서)	3	9	120
술	5	15	200	깐 마늘			110
소금(호렴)	2.7	8.1	130	깐 생강			115
소금(재제염)	5	15	200	화학조미료	3.5	10.5	140
설탕	3	9	120	고춧가루	2	6	80
꿀, 물엿, 조청	6	18	292	계피가루	2	6	80
식물성 기름	4	13	180	겨자가루	2	6	80
참기름	3.5	12.8	190	후춧가루	3	9	120
고추장	5.7	17.2	260	통깨	3	7	90
된장	6	18	230	깨소금	3	6	120
새우젓	6	18	240	밀가루	3	8	100
멸치육젓	6	18	240	녹말가루	3	9	120

◀ 계량기 사용시의 유의점

㉠ 사용하는 계량컵이나 스푼에 물이나 기름을 묻히지 않는다.

㉡ 기름이나 간장 등의 액체 식품은 표면장력에 의하여 컵이나 스푼에 약간 솟아오를 정도로 가득 채워서 잰다.

㉢ 밀가루나 설탕 등의 재료는 덩어리가 있으면 대강 부수어 체에 쳐서 고르게 한 다음 컵이나 스푼에 가볍게 담고 윗면을 수평이 되도록 깎아서 잰다.

㉣ 가루 재료는 흔들거나 꼭꼭 눌러 담지 않는다. 밀가루나 설탕 등의 입자가 작은 재료의 경우는 눌러 담을 때와 체에 쳐서 담을 때 체적의 변화가 크다. 같은 체적이라도 중량이 현저하게 차이가 난다.

㉤ 된장이나 다진 고기 등은 빈 공간이 없도록 채워서 윗면을 수평이 되도록 깎아서 잰다.

㉥ 쌀이나 팥 등의 입자형의 식품은 컵에 가득 담아 살짝 흔들어서 윗면을 수평이 되도록 깎아서 잰다.

② 계량기의 눈대중과 손대중

음식의 맛을 정확히 하기 위해서는 정확한 계량이 이루어져야 한다. 그리하여 항상 저울과 계량컵, 계량스푼 등을 비치하여 사용하여야 한다. 그리고 항상 쓰이는 식품들은 눈대중이나 손대중으로 식품의 분량을 재서 사용하면 한결 편리하다. 식품별 계량컵으로 한 컵과 개별 단위의 표준 중량은 위의 표를 참조한다.

(3) 온도

식품의 조리 과정 중이나 오븐 등의 조리 기기를 이용하여 조리하는 경우 적합한 온도로 제어하기 위해 정확한 온도를 알 필요가 있다.

특히 튀김 조리와 오븐 요리를 하는 경우에 필요하며 달걀의 가열 조리와 빵이나 식혜 등의 발효온도를 일정하게 유지할 필요가 있다.

식품의 중량표

채소 · 과일 · 생선 등은 중간 정도의 크기를 기준으로 하였음

	식품명	계량	중량(g)	식품명	계량	중량(g)	식품명	계량	중량(g)
곡류	백미	1컵	160	밀	1컵	160	옥수수	1컵	155
	현미	1컵	160	대두	1컵	140	차조	1컵	160
	찹쌀	1컵	160	녹두	1컵	170	메조	1컵	165
	보리쌀	1컵	180	팥	1컵	165	기장쌀	1컵	160
	압맥	1컵	110	강낭콩	1컵	160	수수	1컵	180
	참깨	1컵	120	들깨	1컵	120	흑임자	1컵	110
각종가루	밀가루(강력분)	1컵	105	콩가루(생것)	1컵	98	잣가루	1컵	90
	밀가루(중력분)	1컵	105	콩가루(볶은 것)	1컵	85	도토리가루	1컵	130
	밀가루(박력분)	1컵	100	팥가루	1컵	125	칡녹말	1컵	140
	차수수가루	1컵	90	메주가루	1컵	80	거피팥고물	1컵	114
	쌀가루	1컵	100	엿기름가루	1컵	115	붉은거피팥고물	1컵	108
건과류	구기자	1컵	70	행인(껍질 깐 것)	1컵	120	결명자	1컵	140
	오미자	1컵	40	밤(껍질 깐 것)	1개	10	호두(껍질 깐 것)	1컵	80
	모과(말린 것)	1컵	60	곶감	1개	20	은행(껍질 깐 것)	12개	16
	잣	1컵	140	대추	1컵	70	건포도	1큰술	13
채소	배추	½통	1000	오이	1컵	150	마늘	1컵	30
	무	1개	800	호박	1컵	300	생강	1컵	20
	감자	1개	100	양파	1개	100	굵은파	1컵	80
	고구마	1개	150	풋고추	3개	20	실파	1단	230
	연근	1컵	170	가지	1개	80	붉은 고추	3개	20
	토란	1컵	45	쑥갓	1컵	140	부추	1컵	160
	우엉	1대	80	시금치	1컵	140	미나리	1단	200
	당근	1개	100	상추	小 10장	60	달래	1컵	60
	양배추	大 1장	50	두릅	3개	40	도라지	1컵	75
	양상추	大 1장	50	더덕	2개	30	고사리	1컵	100
	토마토	大 1개	250	표고버섯(생)	5개	30	고비	1컵	100
	죽순(삶은 것)	1컵	200	느타리버섯(생)	1컵	180	늙은 호박	1컵	300
	숙주나물	1컵	100	양송이	6개	100	콩나물	1컵	120
육류·어패류	쇠고기(다진 것)	1컵	200	민어	1마리	2300	중하	1마리	12
	돼지고기(다진 것)	1컵	200	농어	1마리	2000	대하	1컵	100
	닭고기(다진 것)	1컵	200	조기	1마리	400	홍합초	1컵	200
	꿩	1마리	1000	도미	1마리	1000	새우살	1컵	120
	닭	1마리	1200	넙치	1마리	1100	조갯살	1컵	200
	오징어	1마리	140	준치	1마리	700	굴	1컵	200
	낙지	1마리	500	갈치	1마리	350	마른오징어	1컵	100
	갑오징어	1마리	250	고등어	1마리	480	북어	1컵	150
	해삼	1마리	200	동태	1마리	600	암치	1컵	700
	멍게	1개	300	전갱이	1마리	300	뱅어포	1컵	20
	꽃게	1마리	200	정어리	1마리	150	마른멸치	1컵	50
과실류	사과	1개	300	참외	1개	250	레몬	1컵	150
	배	1개	300	복숭아	1개	120	딸기	10개	150
	감	1개	150	자두	大 1개	80	앵두	1컵	150
	귤	1개	100	포도	20알	100	모과	1컵	500
	유자	1개	110	수박	1쪽	250	키위	大 1개	100
기타	달걀	1개	55	생크림	1컵	180	우유	1컵	200
	메추리알	1개	12	연유	1통	250	플레인 요구르트	1컵	200
	두부	1모	400	분유	1큰술	14	슬라이스 치즈	1장	22
	김	1장	5	미역(불린 것)	1컵	150	다시마	20cm	20

젤라틴이나 한천을 이용하여 굳히는 조리와 냉동품의 저장 등에도 온도 제어가 필요하다. 보통은 막대 모양의 온도계를 사용하지만 100℃~300℃의 높은 온도를 잴 때에는 수은 온도계가 적당하다.

4 양념과 고명

음식을 만들 때는 식품이 지닌 고유한 맛을 살리면서 음식마다 특유한 맛을 내는 데 여러 가지 재료가 사용된다. 이러한 것들을 양념이라 하고 양념은 조미료와 향신료로 나눌 수 있다.

'양념'은 한자로 약념(藥念)으로 표기하는데, '먹어서 몸에 약처럼 이롭기를 바라는 마음으로 여러 가지를 고루 넣어 만든다'는 뜻이 깃들어 있다. 조미료는 기본 양념은 짠맛·단맛·신맛·매운맛·쓴맛의 5가지 기본 맛을 내는 것들로, 음식에 따라 이 조미료들을 적당히 혼합하여 알맞은 맛을 내는 것이다. 향신료는 그 자체가 좋은 향기를 내거나 매운맛, 쓴맛, 고소한 맛 등을 내는 것들이다. 식품 자체가 지닌 좋지 않은 냄새를 없애거나 감소시키고, 또한 특유한 향기로 음식의 맛을 더욱 좋게 한다.

한국 음식의 조미료에는 소금·간장·고추장·된장·식초·설탕 등이 있으며, 향신료에는 생강·겨자·후추·고추·참기름·들기름·깨소금·파·마늘·천초 등이 있다. 특히 우리나라 음식은 한 가지 음식에 적어도 5~6가지 조미료를 넣어 만들므로 다른 나라 음식들과 비교하여보면 독특한 맛을 낸다.

'고명'이란 음식을 보고 아름답게 느끼어 먹고 싶은 마음이 들도록, 음식의 맛보다 모양과 색을 좋게 하기 위해 장식하는 것을 말한다. '웃기' 또는 '꾸미'라고도 한다. 한국 음식의 색깔은 오행설(五行說)에 바탕을 두어 붉은색(赤), 녹색(綠), 노란색(黃), 흰색(白), 검은색(黑)의 오색(五色)이 기본이다. 색은 식품들이 지닌 자연의 색깔로 쓰는데 붉은색은 다홍고추·실고추·대추·당근 등으로, 녹색은 미나리·실파·호박·오이 등으로, 노란색과 흰색은 달걀의 황백지단으로, 검은색은 석이버섯·목이버섯·표고버섯 등을 사용한다. 그리고 잣, 은행, 호두 등 견과류와 고기완자 등도 고명으로 많이 쓰인다.

(1) 양념

● 소금

소금은 음식의 맛을 내는 데 가장 기본적인 조미료로 짠맛을 낸다. 음식의 가장 기본적인 맛은 '짜다' 또는 '싱겁다'라는 간이다. 소금의 간은 음식에 따라 가장 맛있게 느끼는 농도가 각각 다르다. 맑은 국이면 1% 정도가 알맞고, 맛이 진한 토장국이나 건지가 많은 찌개는 간의 농도가 더 높아야 하고, 찜이나 조림 등 고형물의 간은 더욱 강해야 맛있게 느껴진다.

양념

소금의 종류는 호렴, 재렴, 제재염, 식탁염, 맛소금 등으로 나눌 수 있다. 호렴은 입자가 굵어 모래알처럼 크고 색이 약간 검다. 대개 장을 담그거나 채소나 생선의 절임용으로 쓰인다. 재렴은 호렴에서 불순물을 제거한 것으로 제재염보다는 거칠고 굵으며 간장이나 채소나 생선의 절임용으로 쓰인다.

소금의 짠맛은 신맛과 함께 있을 때는 신맛을 약하게 느끼게 하는 억제 작용을 하고, 단맛은 더욱 달게 느끼게 하는 맛의 대비 작용을 한다. 그러므로 단맛의 과자나 정과 등을 만들 때는 설탕 약 50%에 약간의 소금을 첨가한다. 또 젓갈류는 10~15%의 염도가 적당하다.

● 간장

간장과 된장은 콩으로 만든 우리 고유의 발효 식품으로 음식의 맛을 내는 중요한 조미료이다. 간장의 '간'은 소금의 짠맛을 나타내고, 된장의 '된'은 되직한 것을 뜻한다. 재래식으로는 늦가을에 흰콩을 무르게 삶아 네모지게 메주를 빚어 따뜻한 곳에 곰팡이를 충분히 띄워서 말려두었다가 음력 정월 이후 소금물에 넣어 장을 담근다. 충분히 장맛이 우러나면 국물만 모아 간장으로 쓰고, 건지는 소금으로 간을 하여 따로 항아리에 꼭꼭 눌러두고 된장으로 쓴다. 요즘은 집에서 장을 담그지 않고 공장에서 제조하여 시판되는 제품들을 쓰는 가정이 많아졌다. 따라서 시중에서 판매되는 장은 재래식 장맛과는 달라져서 음식의 맛도 많이 변해가는 실정이다.

음식에 따라 간장의 종류를 구별하여 써야 한다. 국·찌개·나물 등에는 색이 옅은 청장(국간장)을 쓰고, 조림·포·초 등의 조리와 육류의 양념은 진간장을 쓴다. 간장은 주방에서 조리할 때 조미료로만이 아니라 상에서 쓰이는 초간장, 양념간장 등을 만드는 데 쓰인다. 전유어나 만두, 편수 등에 곁들여 낼 때의 초간장은 간장에 식초를 넣고, 양념간장은 고춧가루, 다진 파·마늘 등을 넣어야 맛이 더 있다.

● 된장

된장은 조미료뿐만 아니라 단백질의 급원 식품 역할까지도 한다. 재래식으로는 콩으로 메주를 쑤어서 알맞게 띄워 소금물에 담가 40일쯤 두어 소금물에 콩의 여러 성분들이 우러나면 간장을 떠내고 남은 건더기가 된장이다. 이 방법은 간장으로 영양분이 많이 우러나고 남은 것이라 영양분도 적고 맛이 덜하였다. 근래에는 공업적으로 된장을 만드는데 콩과 밀을 섞어 발효시켜서 만든다.

된장은 주로 토장국과 된장찌개의 맛을 내는 데 쓰이고, 상추쌈이나 호박쌈에 곁들이는 쌈장과 장떡의 재료가 된다.

● 고추장

고추장은 우리 고유의 간장, 된장과 함께 발효 식품으로 세계에서 유일한 맛을 내는 복합 발효 조미료이다. 탄수화물이 가수 분해로 생긴 단맛과 콩단백에서 오는 아미노산의 감칠맛, 고추의 매운맛, 소금의 짠맛이 잘 조화를 이룬 식품으로 조미료인 동시에 기호 식품이다.

재래식 고추장은 메주, 고춧가루, 찹쌀, 엿기름, 소금 등이 원료이다. 찹쌀은 가루로 하여 반죽하여 쪄서 메주가루를 혼합하여 저어 당화되어 묽어지면 고춧가루를 섞고 소금으로 간을 맞추어 숙성시킨다. 지방에 따라 찹쌀 대신 멥쌀, 밀가루, 보리 등도 쓰인다. 고추장용 메주는 콩에 쌀가루를 섞어서 빚기도 하고 버무릴 때 소금 대신 청장으로 간을 맞추기도 한다.

고추장은 된장과 마찬가지로 토장국이나 고추장찌개에 맛을 내고, 생채나 숙채, 조림, 구이 등의 조미료로 쓰인다. 그리고 상에 놓이는 회나 강회 등을 찍어 먹는 초고추장을 만들고, 비빔밥이나 비빔국수의 볶음고추장도 만든다.

경상도와 전라도 지방에서는 메주가루를 넣지 않고 조청을 고아서

1 고추장 재료
2 찹쌀가루 넣기
3 끓이기
4 메주가루 섞기
5 고춧가루 섞기
6 버무리기

고춧가루를 섞고 소금으로 간을 한 엿꼬장도 있다.

● 설탕·꿀·조청

설탕은 단맛을 내는 조미료로 가장 많이 쓰이는데, 우리나라에는 고려시대에 들어왔으나 귀한 재료여서 일반에서는 널리 쓰이지 못하였다. 예전에는 꿀과 집에서 만든 조청이 감미료로 많이 쓰였다.

설탕은 사탕수수나 사탕무의 즙을 농축시켜 만드는데 순도가 높을수록 단맛이 산뜻해진다. 당밀분을 많이 포함한 흑설탕보다 정제도가 높은 흰설탕이 단맛이 가볍다. 같은 흰설탕이라도 결정이 큰 것이 순도가 높으므로 산뜻하게 느껴진다. 달게 느끼는 정도는 흑설탕, 황설탕, 흰설탕, 그래뉼당, 모래설탕, 얼음설탕의 순으로 차츰 강하게 느낀다.

조청은 곡류를 엿기름으로 당화시켜 오래 고아서 걸쭉하게 만든 묽은 엿으로 누런 색이고 독특한 엿의 향이 남아 있다. 요즈음에는 한과류와 밑반찬용 조림에 많이 쓰인다. 엿은 조청을 더 오래 고아서 되직한 것을 식혜 딱딱하게 굳힌 것이다. 엿은 간식이나 기호품으로 즐기나 음식에는 조미료로서 단맛도 내면서 윤기를 낸다.

꿀은 꿀벌이 꽃의 꿀과 꽃가루를 모아서 만든 천연 감미료로, 인류가 구석기시대부터 이용한 가장 오래된 감미료이다. 꿀은 꿀벌의 종류와 밀원이 되는 꽃의 종류에 따라 색과 향이 다르다. 투명하면서 농도가 묽은 것도 있고 되직하면서도 불투명한 흰색의 침전물이 많은 것도 있다. 꿀은 약 80%가 과당과 포도당이어서 단맛이 강하고 흡습성이 있어 음식의 건조를 막아준다. 단맛과 향이 좋은데 고가이므로 음식의 감미료보다는 과자·떡·정과 등에 쓰이고, 만병통치의 효능이 있어 약재로 많이 쓰인다. 예전에는 죽이나 떡을 상에 낼 때 종지에 담아 함께 내었으며, 한문으로는 백청(白淸) 또는 청(淸)이라 하였다.

● 식초

식초는 음식의 신맛을 내는 조미료이다. 신맛은 음식에 청량감을 주고 생리적으로 식욕을 증가시키고 소화액의 분비를 촉진시켜 소화 흡수도 돕는다.

식초의 종류는 양조식초와 합성식초, 혼성식초로 나눌 수 있다. 그중 양조식초는 곡물이나 과실을 원료로 하여 발효시켜 만든 것으로 원료에 따라 쌀초, 술지게미초, 엿기름초, 현미초, 포도주초, 사과초, 주정초, 소맥초 등이 있다. 합성식초는 빙초산을 만들어 물로 희석하여 식초산이 3~4%가 되도록 한다. 합성식초에는 양조식초와 같이 온화하고 조화를 이룬 감칠맛이 없다. 혼성식초는 합성식초와 양조식초를 혼합한 것으로 시중에 이러한 제품이 많다. 양조식초는 각종 유기산과 아미노산이 함유된 건강 식품이다.

재래식 식초는 처음부터 누룩과 찹쌀밥을 섞어서 물을 발효시키는 법이 여러 가지 있으나, 대개의 가정에서는 시어진 술이나 먹다가 남은 술로 만들었다. 술을 항아리에 담아 부뚜막에 올려놓아 2~3개월 지나면 자연에 존재하는 초산균이 침입하여 에틸알코올을 산화시켜 초산이 생기면서 황록색의 투명한 액이 위쪽에 모이는데, 이것을 따라서 식초로 쓰고 다시 덜어낸 만큼 술을 부어두면 계속 초가 만들어진다. 이는 요즈음의 식초와는 아주 다른 독특한 향이 있다.

한국 음식은 대개 차가운 음식에 식초를 넣는다. 생채와 겨자채, 냉국 등에 넣어 신맛을 낸다. 식초는 녹색의 엽록소를 누렇게 변색시키므로 푸른색 나물이나 채소에는 먹기 직전에 넣어 무쳐야 한다. 식초는 간장이나 고추장에 섞어 초간장, 초고추장 등을 만들어 상에서의 조미품으로 쓰인다.

● 파

파는 자극성 냄새와 독특한 맛으로 향신료 중에 가장 많이 쓰인다. 파의 종류에는 굵은 파, 실파, 쪽파, 세파 등 여러 가지가 있고 나는 시기가 각기 다르다. 여름철에는 가늘고 푸른 부분이 많은 파, 가을철에는 굵고 흰 부분이 많은 파가 많고, 세파는 여름철에 나온다. 파의 흰 부분은 다지거나 채 썰어 양념으로 쓰는 것이 적당하고, 파란 부분은 채 썰거나 크게 썰어 찌개나 국에 넣는다. 고명으로는 가늘게 채로 썰어 쓰도록 한다. 파의 매운맛을 내는 물질은 가열하면 향미 성분이 부드러워지고 단맛이 강해진다.

● 마늘

마늘에는 독특한 자극성의 맛과 향기가 있어 파와 더불어 많이 쓰이며, 특히 육류 요리에 빠지지 않는다. 마늘은 밭에서 나온 밭마늘이 논마늘보다 육질이 단단하여 오래 보관할 수 있고 육쪽 마늘을 상품으로 친다.

나물이나 김치 또는 양념장 등에 곱게 다져서 쓰고, 동치미나 나박김치에는 채 썰거나 납작하게 썰어 넣는다. 연한 풋마늘은 푸른 잎까지 모두 채 썰어 양념으로도 쓰고 일반 채소처럼 쓰기도 한다.

● 생강

생강은 쓴맛과 매운맛을 내며 강한 향을 가지고 있어 어패류나 육류의 비린내를 없애주고 연하게 하는 작용을 한다. 생선이나 육류로 익히는 음식을 조리할 때는 생강을 처음부터 넣는 것보다 재료가 어느 정도 익은 후에 넣는 것이 효과적이다. 생강은 육류나 어패류를 조리할 때 향신료로 사용할 뿐 아니라 음료나 한과를 만들 때에 많이 쓰인다. 생강은 음식에 따라 강판에 갈아서 즙만 넣기도 하고 곱게 다지거나 채로 썰거나 얇게 저며 사용한다.

생강은 되도록 알이 굵고 껍질에 주름이 없는 것이 싱싱하다. 식욕을 증진시키고 몸을 따뜻하게 하는 작용이 있어 한약재로도 많이 쓰인다.

● 후추

후추는 매운맛을 내는 향신료로서 이미 고려 때 수입한 기록이 남아 있는 것으로 보아 조선시대 중기 이후에 들어온 고추보다 훨씬 먼저 쓰였다. 생선이나 육류의 비린내를 제거하고 음식의 맛과 향을 좋게 하고 식욕도 증진시킨다. 검은 후추는 미숙된 후추 열매를 천일 건조한 것으로 대개는 갈아서 가루로 하여 쓴다. 향이 강하고 색이 검어 육류와 색이 진한 음식의 조미에 적당하다. 흰 후추는 완숙한 후추 열매를 불에 가열하여 껍질을 벗긴 것으로 매운맛도 약하고 향이 부드러우며 색이 연해 흰살 생선이나 채소류, 색이 연한 음식의 조미에 적당하다.

후추를 공기 중에 방치하면 향기가 없어지고 매운맛도 약해지므로 소량씩 갈아서 잘 밀봉하여 쓰도록 한다. 통후추는 육류를 삶거나 육수를 만들 때에 넣고, 차를 달일 때나 배숙 등의 음료에 쓰인다.

● 고추

한국 음식의 매운맛은 주로 고추가 쓰여지지만 고추의 전래 역사는 짧다. 우리나라에는 임진왜란 이후 17세기 초에 일본을 통해 들어왔다는 설이 가장 유력하다. 지금은 세계적으로 고추의 소비량이 으뜸이 될 정도로 우리나라 음식에 많이 쓰이게 되어 매운맛이 한국 음식의 대표적인 특징처럼 되었다.

고추의 매운맛은 품종이나 산지에 따라 차이가 크다. 고추는 완전히 성숙하기 전의 풋고추도 사용하며 붉은색의 말리지 않은 고추도 쓰고, 말려서 가루로 쓰거나 실고추를 만들어 쓴다.

말리는 법에 따라 태양에 말린 것을 태양초라 하는데 붉은빛이 선명하고 매운맛이 강하다. 증기건조법으로 말린 것은 색이 진하여 음식의 색이 곱지 않고 맛도 덜하다. 품종은 개량종보다 재래종이 크기가 작고 맵다.

고추는 용도에 따라 굵은 고춧가루, 중간 고춧가루, 고운 고춧가루로 나누어 빻는다. 실고추로 썰어 나박김치에 넣고, 고춧가루는 김치나 깍두기에, 고운 고춧가루는 일반 조미용과 고추장에 적당하다.

● 겨자

겨자는 갓의 씨를 가루로 빻아서 쓴다. 건조할 때는 매운맛이 없으나 물로 개어서 공기 중에 방치하면 매운맛이 난다. 재래종은 물에 개어서 따뜻한 곳에 엎어서 오래 두어야 매운맛이 나며 개량종은 개어서 고루 저어주면 바로 쓸 수 있다.

겨자 개기 겨자는 건조할 때는 매운맛이 없으며 물로 개어서 어느 정도 두어야 매운맛이 난다.

● 천초

천초나무의 열매와 잎은 독특한 향과 매운맛을 내며 '산초'라고도 한다. 요즈음은 사찰이나 특별한 음식에만 쓰이고 일반적으로는 널리 쓰이지 않으나 고추가 전래되기 이전에는 김치나 그 외의 음식에 매운맛을 내는 조미료로 쓰인 기록이 많이 남아 있다. 완숙한 열매는 말려서 가루로 하여 조미료로 쓰는데, 추어탕이나 개장국 등 비린내와 기름기가 많은 음식에 쓰인다. 천초 열매가 덜 여물어 아직 푸른색일 때 식초를 부어 삭혀서 간장을 부어 천초장아찌도 담근다. 천초는 건위와 구충 작용이 있어 한약재로도 쓰인다.

● 계피

계수나무의 껍질을 말린 것으로 두껍고 큰 것은 육계(통계피)라 하며 가는 나뭇가지를 계지(桂枝)라 한다. 육계를 계피가루로 만들어 떡류나 한과류, 숙실과 등에 많이 쓰인다. 통계피와 계지에 물을 붓고 달여서 수정과의 국물이나 계지차로 만들어 먹는다.

● 참기름

참기름은 우리나라 음식에 가장 널리 쓰이는 기름으로 참깨를 볶아서 짠다. 우리의 음식 중 고소한 향과 맛을 내는 데 쓰이고, 특히 나물 무칠 때와 약과·약식 만들 때 많이 쓰인다.

참기름은 튀김기름으로는 쓰지 않으며, 나물은 물론 고기 양념 등 향을 내기 위해 거의 모든 음식에 넣는다. 한국 음식이 다른 나라 음식과 맛에서 차이가 있는 것은 참기름, 깨소금, 파, 마늘, 고춧가루의 사용량이 크게 다르기 때문이다.

● 들기름

들기름은 들깨를 볶아서 짠 것으로 참기름과는 다른 고소하고 독특한 냄새가 난다. 누구나 일반적으로 좋아하는 향은 아니어서 널리 쓰이지는 않으나 김에 발라 굽거나 나물을 무칠 때 사용한다. 들깨는 기름으로 짜서 쓰는 외에 들깨를 그대로 갈아서 즙을 만들어 나물을 무치거나 냉국과 된장국에 넣기도 한다.

● 콩기름

전유어나 지짐, 볶음 등 일반적인 조리용으로 가장 많이 쓰이는 기름으로 무색무취의 투명한 것이 좋다. 우리나라 찬류의 조리법 중에는 튀김 요리가 부각이나 튀각 이외에는 없다. 예전에는 기름이 귀하여 중히 여겼고 찬류보다는 유과나 유밀과를 지질 때에 많이 쓰였다.

● 깨소금

깨소금은 참깨에 물을 조금 부어 비벼 씻어 물기를 뺀 다음 볶아 소금을 약간 넣어 반쯤 부서지게 빻는다. 실깨는 겉껍질을 말끔히 없앤 다음 씻어 뽀얗게 볶는 것이다. 깨는 잘 여문 것으로 고르고 볶을 때는 번철이나 두꺼운 냄비에 나무주걱으로 저으면서 볶는다. 깨알이 익어서 통통하게 되고 손끝으로 비벼서 으깨어질 수 있을 정도로 볶아야 알맞다. 지나치게 볶아 색이 거메지면 음식에 넣었을 때 품위가 없다.

볶아서 오래 두면 습기가 스며들어 눅어지고 향이 없어지므로 되도록 조금씩 볶아서 뚜껑을 꼭 막아두고 쓰도록 한다.

● 새우젓

새우젓은 작은 새우를 소금에 절인 젓갈로서 김치에 가장 많이 쓰인다. 소금 대신에 국, 찌개, 나물 등의 간을 맞추는 조미료로 쓰이는데 소금간보다 감칠맛이 난다. 특히 호박, 두부, 돼지고기로 만든 음식과 맛이 잘 어울린다. 그리고 돼지고기 편육에는 새우젓국에 식초, 파, 고춧가루 등을 섞어 초젓국을 만들어 반드시 곁들여 낸다. 젓국만 쓸 때는 건지가 들어가지 않게 꼭 짜서 쓴다.

(2) 고명

고명에 쓰이는 재료들

● 달걀 지단

달걀을 흰자와 노른자로 나누어 각각 소금을 약간 넣어 기름을 두르고 불을 약하게 한 번철에 풀어놓은 달걀을 부어서 얇게 펴서 양면을 지져서 용도에 맞는 모양으로 썬 것이다. 지단은 고명 중에 흰색과 노란색을 가진 자연 식품 중에 가장 널리 쓰인다.

채 썬 지단은 나물이나 잡채, 골패형인 직사각형과 완자형인 마름모꼴은 국이나 찜·전골 등에 쓰인다. 줄알이란 뜨거운 장국이 끓을 때 푼 달걀을 줄을 긋듯이 줄줄이 넣어 부드럽게 엉기게 하는 것을 말하는데 국수나 만두국, 떡국 등에 쓰인다.

달걀 흰자와 노른자 나누기

● **미나리 초대**

미나리를 깨끗이 씻어서 줄기만 12cm 정도의 길이로 잘라, 굵은 쪽과 가는 쪽을 번갈아 대꼬치에 가지런히 빈틈없이 꿰어서, 칼등으로 자근자근 두들겨서 네모지게 한 장으로 하여 밀가루를 얇게 묻힌 후 푼 달걀에 담갔다가, 번철에 기름을 두르고 달걀 지단 부치듯이 양면을 지진다. 지나치게 오래 지지면 색이 나쁘다. 달걀의 흰자와 노른자를 따로따로 풀어서 입히는 경우도 있다. 미나리가 억세고 좋지 않을 때는 가는 실파를 미나리와 같은 요령으로 부친다. 지져서 채반에 꺼내 식은 다음 완자형이나 골패형으로 썰어 탕, 전골, 신선로 등에 넣는다.

● **고기 완자**

완자를 봉오리라고 하며 대개는 쇠고기의 살을 곱게 다져서 양념하여 고루 섞어서 둥글게 빚는다. 때로는 물기를 짠 두부를 으깨서 섞기도 한다. 완자의 크기는 음식에 따라 지름 1~2cm 정도로 빚는다. 둥글게 빚은 완자는 밀가루를 얇게 입히고 풀어놓은 달걀에 담가 옷을 입혀서 번철에 기름을 두르고 굴리면서 전체를 고르게 지진다. 면이나 전골, 신선로의 웃기로 쓰이고 완자탕의 건지로 쓴다. 고기의 양념은 간장 대신 소금으로 하는 경우가 많고, 파·마늘을 곱게 다져 넣고 설탕이나 깨소금은 조금 넣는다.

● **고기 고명**

쇠고기는 곱게 다져서 간장, 설탕, 파, 마늘, 깨소금, 참기름, 후춧가루 등으로 양념하여 볶아 식힌 후 다시 곱게 다져서 국수장국이나 비빔국수의 고명으로 쓴다. 채 고명은 쇠고기를 가늘게 채 썰어 양념하여 떡국이나 국수의 고명으로 얹는다. 지방에 따라 떡국에 고기 산적을 작게 만들어 얹기도 한다.

미나리 초대 부치기

고기로 만든 고명류

● **버섯류**

대개 말린 표고버섯, 목이버섯, 석이버섯, 느타리버섯 등으로 불리며 손질하여 고명으로 쓴다.

㉠ 표고버섯

표고버섯은 만드는 음식에 따라 적당한 크기의 것으로 골라 물에 불려서 부드럽게 만든 다음 기둥을 떼어내고 용도에 맞게 썬다.

전을 부칠 때는 작은 것으로 하고, 채로 썰어 쓰려면 어느 크기라도 괜찮으나 크고 두꺼운 것은 얇게 저민 다음 채로 썰도록 한다. 마른 표고버섯은 먼저 물에 재빨리 헹구어 씻어낸 후 버섯이 잠길 정도로 미지근한 물이나 찬물을 부어서 위에 떠오르지 않게 접시로 눌러두어 충분히 부드러워질 때까지 불려서 기둥을 떼고 용도에 맞게 썬다. 표고버섯을 담갔던 물은 감칠미의 성분이 많이 우러나서 맛이 좋으므로 국이나 찌개의 국물로 이용하면 좋다. 단, 지나치게 더운물로 불리면 색깔도 거메지고 향기도 좋지 않다. 고명으로 쓸 때는 고기 양념장과 마찬가지로 양념하여 볶는다.

석이버섯 비벼 씻기 뜨거운 물에 불려 양손으로 비벼 이끼를 벗겨낸다.

표고버섯 물에 불려 물기 짜기

㉡ 석이버섯

석이버섯은 되도록 부서지지 않은 큰 것으로 골라 뜨거운 물에 불려서 양손으로 비벼서 안쪽의 이끼를 말끔히 벗겨낸다. 여러 번 물에 헹구어 버섯에 붙어 있는 모래를 말끔히 떼어낸다. 석이버섯은 한 번에 많이 쓰지 않아 번번이 손질하려면 번거롭다. 시간의 여유가 있을 때에 넉넉히 준비하여 말렸다가 쓸 때마다 물에 담갔다가 바로 쓸 수 있도록 하는 것이 편리하다. 석이버섯을 채로 썰 때는 말아서 썰고, 다져서 계란 흰자에 섞어 석이지단을 부친다. 채 썰어 보쌈김치, 국수, 잡채, 떡 등의 고명으로 쓴다.

● 실고추

붉은색으로 곱게 말린 고추를 갈라서 씨를 털어내고 젖은 행주로 싸 두었다가 눅눅해지면 2개 정도씩 합하여 꼭꼭 말아서 곱게 채 썬다. 시중에서 썰어서 파는 것은 짧게 끊어서 쓰도록 한다. 나물이나 국수의 고명으로 쓰이고 김치에 많이 쓰인다.

● 붉은 고추 · 풋고추

말리지 않은 붉은 고추와 풋고추를 반으로 갈라 씨를 빼서 채로 썰거나 완자형, 골패형으로 썰어서 웃기로 쓴다. 익은 음식의 고명으로 쓸 때는 끓는 물에 살짝 데쳐서 사용한다. 잡채나 국수의 고명으로 쓰인다.

● 실파 · 미나리

가는 실파나 미나리 줄기를 데쳐서 3~4cm 길이로 썰어 찜, 전골이나 국수의 웃기로 쓴다. 푸른색을 살리려면 넉넉한 물에 소금을 약간 넣고 데쳐 바로 찬물에 헹궈 완전히 식혀 쓴다.

● 실깨

참깨를 거피하여 잘 일어 씻어 볶아서 빻지 않고 그대로 둔 것으로 나물, 잡채, 적, 구이 등의 고명으로 뿌린다.

● 잣

잣은 대개 딱딱한 껍질을 까고 얇은 속껍질까지 벗겨서 시판되고 있다. 되도록 굵고 통통하고 기름이 겉으로 배지 않아 보송보송한 것이 좋다. 잣은 뾰족한 쪽의 고깔을 뗀 다음 통째로 쓰거나 길이로 반을 갈라서 비늘잣으로 하거나 잣가루로 하여 쓴다. 잣가루는 도마 위에 종이를 깔고 칼로 곱게 다진다. 보관할 때는 종이에 싸두어야 여분의 기름이 배어 나와 잣가루가 보송보송하다.

통잣은 전골·탕·신선로 등의 웃기나 차나 화채에 띄우고, 비늘잣은 만두소나 편의 고명으로 쓴다. 잣가루는 회나 적, 구절판 등의 완성된 음식을 그릇에 담은 위에 뿌려서 모양을 내며 초간장에도 넣는다. 한과류의 재료로 강정이나 단자 등의 고물로 쓰이고, 잣박산·마른안주로도 많이 쓰인다.

● 은행

은행은 딱딱한 껍질을 까 달구어진 번철에 기름을 두르고 굴리면서 볶아 뜨거울 때 마른 종이나 행주에 놓고 소금을 약간 뿌린 뒤 비벼 속껍질을 벗긴다. 소금을 약간 넣은 끓는 물에 넣어 국자로 누르면서 삶아 껍질을 벗기는 방법도 있다. 신선로·전골·찜의 고명으로 쓰이고, 볶아서 소금으로 간을 하여 두세 알씩 꼬치에 꿰어서 마른안주로도 쓴다.

은행 볶아 속껍질 벗기기 뜨거울 때 마른 종이에 놓고 비벼 속껍질을 벗긴다.

● 호두

딱딱한 껍질을 벗기고 알맹이가 부서지지 않게 꺼내어, 반으로 갈라서 뜨거운 물에 잠시 담갔다가 대꼬치 등 날카로운 것으로 속껍질까지 벗긴다. 호두살은 너무 오래 담가두면 불어서 잘 부서지고 껍질 벗기기가 어렵다. 많은 양을 벗길 때는 여러 번에 나눠 불려서 벗긴다.

찜, 전골, 신선로 등의 고명으로 쓰인다. 속껍질까지 벗긴 호두살에 녹말가루를 고루 묻혀 기름에 튀겨서 소금을 약간 뿌려 마른안주로 먹기도 한다.

● 대추

대추는 실고추처럼 붉은색 고명으로 쓰이는데 단맛이 있어 어느 음식이나 적합한 것은 아니다. 마른 대추를 찬물에 재빨리 씻어 건져 마른행주로 닦고, 돌려깎기 하여 씨를 뺀 다음 밀대로 편편히 눌러 2장씩 등을 겹쳐서 놓고 채로 썰어 고명으로 쓰거나 돌돌 말아서 꽃 모양으로 쓰기도 한다.

찜에는 크게 썰어 넣고, 보쌈김치·백김치 등에는 채 썰어 넣고, 식혜와 차에는 채로 썰어 띄운다. 대추는 보통 음식보다는 떡이나 과자류에 많이 쓰인다.

● 밤

단단한 겉껍질을 벗기고 속껍질까지 말끔히 벗긴 후 찜에는 통째로 넣고, 채로 썰어 편이나 떡고물로 하고, 삶아서 체에 걸러 단자와 경단의 고물로 쓴다. 예쁘게 깎은 생률은 마른안주로 가장 많이 쓰이고, 납작하고 얇게 썰어서 보쌈김치·겨자채·냉채 등에도 넣는다.

5 조리법

한국 음식은 크게 주식과 찬품, 후식으로 나뉘지며 후식에는 병과류와 음청류가 있다. 주식에는 밥·죽·국수 등이 있고, 찬품에는 국·찌개·전골·볶음·찜·선·생채·나물·조림·초·전유어·구이·적·회·쌈·편육·족편·튀각·부각·포·장아찌·김치·젓갈 등이 있다. 그리고 병과류에는 떡, 과자, 생과, 그리고 차와 음료 등이 있다.

(1) 주식류

● 밥

주식은 주로 쌀로 지은 흰밥이고 보리, 조, 수수, 콩, 팥 등을 섞어 지은 잡곡밥도 즐겨 한다. 밥짓기는 곡물과 물을 함께 넣고 끓여서 수분을 흡수시켜 익힌 후에 충분히 뜸을 들여서 완전히 호화된 곡물을 섭취한다. 별식의 밥으로는 채소류·어패류·육류 등을 한데 넣어 짓기도 하며, 비빔밥은 밥 위에 나물과 고기를 얹어서 고루 비벼 먹는 밥이다.

● 죽·미음·응이

모두 곡물로 만드는 유동식 음식들로 죽은 곡물을 알곡 또는 갈아서 물을 넣고 끓여 완전히 호화시킨 것이고, 미음은 죽과는 달리 곡물을 푹 고아서 체에 밭친 것이다. 응이는 곡물의 전분을 물에 풀어서 끓인 것으로 훌훌 마실 수 있을 정도의 묽은 농도이다.

죽에는 곡물 이외에 채소, 육류, 어패류 등을 한데 넣어 끓이기도 한다. 종실과 곡물을 넣은 죽으로 잣죽·깨죽·호두죽·녹두죽·콩죽 등이 있고, 채소를 넣은 죽으로는 늙은 호박죽·애호박죽·표고죽·아욱죽 등이 있다. 어패류죽으로는 전복죽·어죽·조개죽·피문어죽 등이 있고, 육류죽으로 장국죽·쇠고기죽 등이 있다.

전복죽

● 국수

일상의 조석 식사보다는 잔치 때나 손님 접대 때 주식으로 차리고, 평상시에는 점심 때에 간단하게 국수를 많이 먹는다.

국수의 종류는 곡물이나 전분의 재료에 따라 밀국수, 메밀국수, 녹말국수, 강량국수, 칡국수 등이 있다. 국수는 따뜻한 국물에 먹는 온면과 찬 육수나 동치미 국물에 먹는 냉면과 장국에 말지 않는 비빔국수로 나눌 수 있다. 국수장국은 예전에는 꿩고기를 쓰기도 하였으나 대개는 쇠고기의 양지머리나 사골 등을 삶아 쓰고, 칼국수는 닭을 삶은 국물을 쓴다.

냉면은 메밀가루에 밀가루나 전분을 섞어 반죽하여 국수틀에 넣어 눌러 빼고, 칼국수는 밀가루나 메밀가루를 반죽하여 얇게 밀어 칼로 썰어 만든다. 여름철에는 콩국을 만들어 밀국수를 말아 먹는 콩국수도 있다.

● 만두·떡국

만두는 껍질 재료로 넣는 소에 따라 아주 다양하다. 대개는 밀가루를 반죽하여 밀어서 껍질을 만드는데, 메밀가루로 빚는 메밀만두도 있다. 궁중의 만두에는 소를 넣고 주름은 잡지 않고 반달형으로 빚은 병시와 해삼 모양으로 빚는 규아상이 있다. 편수는 네모진 껍질에 호박, 숙주, 쇠고기 등으로 만든 소를 넣고 사각지게 빚는다. 평안도를 비롯해 북쪽 지방 만두의 소는 배추김치·돼지고기·두부 등으로 하고, 둥근 껍질에 소를 넣어 주름 지거나 둥근 모양으로 크게 빚어서 육수에 넣어 끓인다.

예로부터 우리나라에서는 어느 가정에서나 정월 초하루에는 떡국을 마련하여 조상께 차례를 지내고, 새해 아침에 일년의 첫 식사를 하였다. 만두는 북쪽 지방 사람들이 즐기고, 남쪽은 떡국을 즐겨 한다. 떡국은 멥쌀로 흰 가래떡을 만들어 어슷한 타원형으로 얇게 썰어 육수에 넣어 끓인다.

(2) 찬품류

● 국·탕

밥이 주식인 일상 식사에서 국은 거의 빠지지 않고 매끼마다 밥상에

아욱된장국

오르는 기본적인 찬물이다. 국의 종류는 맑은장국, 토장국, 곰국, 냉국으로 크게 나뉜다. 국은 육류는 물론 어패류, 채소류, 해조류 등 거의 모든 재료로 만든다. 특히 육류 중에는 쇠고기의 양지머리·사태·우둔 등의 살코기, 갈비·꼬리·사골 등의 뼈, 양, 곱창 등 내장류, 그리고 선지까지도 모두 쓴다.

맑은장국은 소금이나 청장으로 간을 맞추고, 토장국은 된장·고추장을 쓰며, 곰탕·설렁탕처럼 오래 고는 곰국은 소금이나 청장으로 간을 맞춘다. 더운 여름에는 오이, 미역, 다시마, 우무 등으로 차가운 냉국을 만든다.

● 찌개

건지와 국물이 비슷한 양이며 국보다 간이 센 편인 국물 음식이다. 맛을 내는 재료에 따라 된장찌개, 고추장찌개, 맑은찌개로 나뉜다. 찌개와 비슷한 것으로 지짐이, 조치, 감정이 있다. 조선조 궁중에서는 찌개를 조치라 하고, 고추장찌개를 감정이라 하였다. 된장찌개는 토장국과 마찬가지로 맹물보다는 쌀뜨물로 끓이면 더 맛이 있다.

된장찌개는 우리나라 사람들이 가장 좋아하는 토속적인 음식으로 된장 맛에 따라 맛이 다르고 건지는 두부, 풋고추, 호박, 쇠고기, 멸치 등을 많이 넣는다. 충청도 지방에서는 청국장찌개를 즐긴다. 고추장찌개는 건더기로 두부나 채소를 넣기도 하지만 생선을 주재료로 하여 채소를 넣고 맵게 끓인다. 매운탕 혹은 매운탕찌개라고 한다. 맑은 찌개는 소금이나 새우젓으로 간을 맞추고 두부, 호박, 무, 조개 등을 넣어 끓이는 담백한 맛의 찌개로 중부 지역에서 즐기는 음식이다.

● 전골·볶음

전골은 육류와 채소를 밑간하여 그릇에 담아 준비하여 상 옆에서 화로에 전골틀을 올려놓고 즉석에서 볶고 끓이는 음식이다. 미리 볶아서 접시에 담아 상에 올리면 볶음이라고 한다. 전골냄비에는 쇠로 만든 벙거지골로 전립(戰笠)을 뒤집어놓은 것처럼 생긴 것도 있고, 돌로 만든 전골틀은 굽이 낮고 편편하다. 벙거지골은 가운데에는 국물을 끓일 수 있게 패어 있고 가장자리는 넓은 전이 있어 여러 가지 재료를 얹어 볶으면서 먹을 수 있다.

● 찜·선

찜은 육류, 어패류, 채소류를 국물과 함께 끓여서 익히는 법과 증기로 쪄서 익히는 법이 있다. 끓이는 찜은 쇠갈비·쇠꼬리·사태·돼지갈비 등을 주재료로 약한 불에서 서서히 오래 익혀서 연하게 만들며, 증기에 찌는 찜은 생선·새우·조개 등의 재료로 주로 만든다.

선(膳)은 채소나 생선, 두부를 재료로 한 찜으로 끓이는 법과 찌는 법이 있다. 호박, 오이, 가지, 배추 등의 식물성 재료에 쇠고기, 채소 등 부재료로 소로 채워 넣어 장국에 넣어 잠깐 끓이거나 찐다. 어선은 생선 흰살을 얇게 하여 소를 넣고 둥글게 말아 쪄서 만들며, 두부선은 으깬 두부에 닭고기·쇠고기 등을 섞어서 반대기를 지어서 찜통에 쪄낸다.

● 나물(생채)

생채는 계절마다 새로 나오는 싱싱한 채소들을 익히지 않고 초장,

민어지짐이

삼색생채 계절마다 나오는 싱싱한 채소를 익히지 않고 양념한 찬품.

초고추장, 겨자장으로 무친 가장 일반적인 찬품이다. 조미에 설탕과 식초를 써서 달고 새콤한 산뜻한 맛을 낸다. 생채는 무, 배추, 상추, 오이, 미나리, 더덕, 산나물 등 날로 먹을 수 있는 채소들로 만드는데 해파리, 미역, 파래, 톳 등의 해초류나 오징어, 조개, 새우 등을 한데 넣어 무치기도 한다.

● 나물(숙채)

나물은 가장 대중적인 찬품으로 원래는 생채(生菜)와 숙채(熟菜)의 총칭이나 지금은 대개 익은 나물인 숙채를 가리킨다. 나물 재료로는 거의 모든 채소가 쓰이는데, 푸른 잎 채소들은 끓는 물에 파랗게 데쳐 내어 갖은 양념으로 무치고, 고사리·고비·도라지는 삶아서 양념하여 볶는다. 말린 취, 고춧잎, 시래기 등은 불렸다가 삶아서 볶는다.

나물은 참기름과 깨소금을 비교적 넉넉히 넣고 무쳐야 부드럽고 맛이 있다. 신선한 산마늘을 초고추장에 신맛이 나게 무치기도 한다. 묵은 전분질을 풀처럼 쑤어 그릇에 부어서 응고시킨 것으로 청포묵, 메밀묵, 도토리묵 등이 있다. 묵은 채소와 쇠고기 등과 함께 양념간장으로 무치는데 그중 청포묵무침을 탕평채라고 한다. 여러 재료를 볶아서 섞은 잡채, 탕평채, 죽순채 등은 숙채이다.

초(炒)는 원래 '볶는다'는 뜻이지만 우리 조리법에서는 조림처럼 조리다가 나중에 녹말을 풀어서 넣어 국물이 엉기게 하며 대체로 간은 세지 않고 달게 한다. 초의 재료로는 홍합과 전복이 가장 많이 쓰인다.

홍합초 조림처럼 조리다가 나중에 녹말을 풀어 윤기나게 한다.

● 전유어

전(煎)은 기름을 두르고 지지는 조리법으로 전유어, 전유아, 저냐, 전야, 전 등으로 불리고 궁중에서는 전유화라고 하였다. 간남은 대개 제사에 쓰는 전유어를 가리키며 '간납'이라고도 한다.

전의 재료는 육류, 어패류, 채소류 등을 고루 이용한다. 재료들을 일단 지지기에 좋은 크기로 하여, 소금과 후춧가루로 간을 한 다음에 밀가루와 달걀 푼 것을 입혀서 번철에 지진다. 전은 한 가지만 하지 않고 세 가지 이상을 만들어서 한 그릇에 어울려 담는다. 옷을 달걀이 아니고 메밀가루를 묻히거나 밀가루 즙을 씌워서 지지는 전도 있다.

취나물 익은 나물인 숙채를 말하며 삶아서 양념하여 볶는다.

● 조림·초

조림은 육류, 어패류, 채소류에 간을 약간 세게 하여 주로 반상에 오르는 찬품이다. 쇠고기장조림같이 장기간 밑반찬으로 할 것은 간을 세게 한다. 대개 맛이 담백한 흰살 생선은 간장으로 조리고, 붉은 살 생선이나 비린내가 많이 나는 생선류는 고춧가루나 고추장을 넣어 조린다.

모음전 기름을 두르고 지지는 조리법으로 육류, 어패류, 채소류 등을 고루 이용한다.

지짐은 빈대떡이나 파전처럼 재료들을 묽은 가루 반죽에 섞어서 기름에 지져내는 음식이다. 녹두빈대떡은 녹두를 갈아서 부치고, 콩부침은 콩을 불려서 부친다. 파전은 파와 해물을 많이 넣어 지진다.

● 구이 · 적

구이(炙伊)는 인류가 불을 이용한 조리법 중 가장 먼저 생겼다. 끓이는 조리는 그릇이 생긴 다음에 시작되었지만 구이는 특별한 기구 없이 불에 쬐기만 해도 되는 조리법이다. 우리 조상들은 상고시대부터 고기 구이를 잘 만들었다는 기록이 있다. 불고기는 근래에 생겨난 말로 본래는 얇게 저미서 너비아니라고 하였고, 소금구이는 방자구이라고 하였다.

적(炙)은 육류, 채소, 버섯 등을 양념하여 대꼬치에 꿰어 구운 것이다. 산적은 익히지 않은 재료를 꼬치에 꿰어서 지지거나 구운 것이고, 누름적은 재료를 양념하여 익힌 다음 꼬치에 꿴 것과 재료를 꼬치에 꿰어 전을 부치듯이 옷을 입혀서 지진 것의 두 가지가 있다.

● 회 · 쌈

회(膾)는 육류, 어패류를 날로 또는 익혀서 초간장, 겨자집, 소금기름 등에 찍어 먹는 음식이다. 날로 하는 육류회는 쇠고기의 연한 살코기와 간, 천엽, 양 등으로 마련한다. 어패류는 민어, 광어, 병어 등의 신선한 생선과 굴, 해삼 등은 날것으로 회를 한다. 어채는 흰살 생선을 끓는 물에 살짝 익혀내는 숙회(熟膾)이며, 오징어 · 문어 · 낙지 · 새우 등도 숙회로 한다. 채소류의 숙회로는 미나리, 실파, 두릅 등이 많이 쓰인다.

김, 상추, 배춧잎, 취, 호박잎, 깻잎, 생미역 등에 밥을 얹어서 싸 먹는 것을 쌈이라 한다. 밥이나 불고기, 회 등을 쌈에 싸서 먹는 것을 즐겨 하는 것은 한국인들만의 특이한 식성이다.

● 편육 · 족편

쇠고기나 돼지고기의 덩어리를 통째 삶아 익혀서 베보에 싸서 도마에 모양 나게 누른 다음 얇게 썬 것으로 초장, 양념장이나 새우젓국, 겨자장을 찍어 먹는다. 쇠고기는 양지머리 · 사태 · 업진 · 우설 · 우랑 · 우신 · 유통 · 쇠머리 등의 부위로 만들며, 돼지고기는 삼겹살 · 어깨살 · 머리 부위가 적당하다. 돼지고기 편육은 새우젓과 함께 배추김치에 싸서 먹으면 맛이 잘 어울린다.

족편은 육류의 질긴 부위인 쇠족과 사태, 힘줄, 껍질 등을 물에 넣어 오래 끓이면 젤라틴 성분이 녹아서 죽처럼 되는데 이것을 네모진 그릇에 부어서 굳힌 다음 얇게 썬 것이다. 양념간장 또는 초장이나 겨자장을 찍어 먹는다.

● 튀각 · 부각

튀각은 다시마, 가죽나무순, 호두 따위를 기름에 바싹 튀긴 것이다. 부각은 재료를 그대로 말리거나 찹쌀풀이나 밥풀을 묻혀서 말렸다가 튀기는 반찬으로 많이 만드는 재료는 감자, 고추, 깻잎, 김, 가죽나무 잎 등이다.

여러가지 부각

● 포

육포는 주로 쇠고기를 간장으로 간하여 말리고, 어포는 생선을 그대로 통째로 말리거나 살을 떠서 소금간을 하여 말린다. 북어포는 간을

숙회(어채)와 육회 육류와 어패류를 날로 또는 익혀서 초간장, 소금기름 등에 찍어 먹는다.

하지 않고 말린다. 쇠고기 육포는 우둔이나 홍두깨살을 결대로 얇고 넓게 떠서 간장, 설탕, 후춧가루 등을 넣고 주물러서 널어 말린다. 편포(片脯)는 살코기를 곱게 다져서 양념하여 덩어리를 지어서 말린다.

편포의 종류는 다진 고기를 대추처럼 빚어 말린 대추포와 동글납작하게 빚어 잣을 박아서 말린 칠보편포와 잣을 넣어 작은 만두처럼 만든 포쌈 등이 있다. 민어나 대구는 통째로 갈라서 넓게 펴서 소금으로 절여서 말린다. 민어포는 암치라고 하여 고임에 쓰인다. 뜯어서 무쳐서 마른찬을 하거나 토막 내어 찌개나 지짐으로 끓인다. 명태는 추운 겨울에 얼리면서 말리는데 여러 가지 찬물의 재료로 쓰인다. 오징어는 말릴 때 몸통을 갈라서 말린다.

암치보푸라기 민어포를 긁어 보풀려서 만들어 참기름을 찍어 먹는다.

● 장아찌

장아찌는 채소가 많은 철에 간장, 고추장, 된장, 식초 등에 넣어 저장하여 그 재료가 귀한 철에 쓰는 찬품으로 장과라고도 한다. 오랫동안 장류에 박아두는 장아찌는 상에 낼 때는 잘게 썰어서 참기름, 설탕, 깨소금 등으로 무친다. 장아찌에 넣으려면 채소를 말리거나 절여서 수분을 줄여서 장에 넣어야 물러지지 않고, 상하지 않는다.

장아찌에 많이 쓰이는 재료는 마늘, 마늘종, 깻잎, 무, 오이, 더덕 등이다. 장류에 오래 저장하는 장아찌가 아니고 바로 만든 장과를 갑장과 또는 숙장과라고 한다. 오이, 무, 열무 등을 작게 썰어 절여 물기를 뺀 다음 조미하여 볶는다.

● 김치

채소류를 절여서 저장 발효시킨 음식으로 찬품 중에 가장 기본이 된다. 발효하는 동안에 유산균이 생겨서 독특한 산미와 고추의 매운맛이 식욕을 돋우고 소화 작용도 돕는다. 김치에는 채소류 외에 젓갈류를 함께 넣어서 맛이 더욱 좋아지고, 동물성 단백질의 급원이 되기도 한다. 겨울철의 김장김치는 장기간 보존하지만 다른 계절에는 계절에 많이 나는 채소로 만들어 장기간 보존하지는 않는다.

젓국지

● 젓갈

어패류를 소금에 절여서 염장하여 만드는 저장 식품이다. 젓갈은 어패류의 단백질 성분이 분해하면서 특유의 향과 맛을 낸다. 젓갈류 중 새우젓, 멸치젓 등은 주로 김치의 부재료로 쓰이고 명란젓, 오징어젓, 창란젓, 어리굴젓, 조개젓은 찬품으로 한다.

식해(食醢)는 어패류를 엿기름과 곡물을 한데 섞어서 고춧가루, 파, 마늘, 소금 등으로 조미하여 만든 저장 발효 음식으로 가자미식해, 동태식해, 도루묵식해 등이 있다.

각종 젓갈류 파, 마늘, 고추, 깨소금 등으로 양념하여 밥반찬으로 먹는다.

CHAPTER 6
음식 만들기

최상의 재료로 최고의 조리인들에 의해 만들어지고 전승되어온 궁중 음식은 우리 음식 문화의 정수라고 할 수 있다. 한말의 주방상궁들에 의해 전수되어진, 왕이 드시던 그 음식들을 지금 맛볼 수 있다는 건 우리에게 주어진 하나의 축복인 셈이다.

한국 음식은 크게 주식과 찬품, 후식으로 나누어진다. 주식에는 밥·죽·국수 등이 있고, 찬품에는 국·찌개·전골·볶음·찜·선·생채·나물·조림·초·전유어·구이·적·회·쌈·편육·족편·튀각·부각·포·장아찌·김치·젓갈 등이 있으며, 후식은 떡·과자·생과 등의 병과류와 음청류로 나누어진다. 현대의 인스턴트 식품에 익숙해진 우리에게 정성 어린 옛맛을 살려주는 이 음식들은 육체적인 건강은 물론 정신적인 풍요로움까지 전해줄 조상의 선물이다.

응이 녹말응이 율무응이
미음 속미음
죽 잣죽 전복죽 장국죽 흑임자죽
밥 흰밥 적두반 오곡반 콩나물밥 별밥 골동반
만두·떡국 규아상 편수 병시 어만두 준치만두 석류탕 떡국 조랭이떡국
면 온면 난면 냉면 골동면 면신선로

탕·국 설렁탕 곰탕 육개장 토란곰탕 신선로 삼계탕 초교탕 임자수탕 애탕 어알탕 냉이토장국 쑥토장국 배추속대국 오이냉국 미역냉국

찌개 굴두부조치 절미된장조치 두부된장찌개 게감정 오이감정 민어지지미 김치조치
전골·볶기 두부전골 도미면 낙지전골 궁중떡볶이 묵볶이

찜 사태찜 떡찜 갈비찜 닭복어찜 궁중닭찜 전복찜 대하찜 통오이선 오이선 두부선 어선 호박선 가지선 배추속대찜 죽순찜
조림 육장 편육조리개 홍합초 삼합장과 감자조리개 두부조리개 풋고추조리개
구이 너비아니 갈비구이 쇠갈비찜구이 제육구이 맥적 닭구이 대합구이 병어고추장구이 더덕구이
적 섭산적 파산적 송이산적 두릅적 김치적 화양적 사슬적
전 천엽전 간전 부아전 육전 알쌈 두골전 등골전 생선전 굴전 홍합전 패주전 연근전 풋고추전 애호박전 청포묵전 두부전 녹두전 파전

채 오이생채 도라지생채 삼색무생채 더덕생채 도라지나물 고사리나물 시금치나물 숙주나물 콩나물 가지나물 미나리나물 말린 가지나물 고구마순나물 말린 취나물 시래기나물 호박오가리나물 겨자채 죽순채 탕평채 월과채 애호박젓국나물 잡채 구절판
회 전복회 생선회 굴회 해삼회 육회 갑회 어채 두릅회 미나리강회
쌈 상추쌈 차림
편육 양지머리편육 제육편육 족편 족채

마른찬 육포 포다식 대추편포 칠보편포 포쌈 오절판 김부각 다시마부각 호두튀김 미역자반 김자반 매듭자반 북어보푸라기 멸치볶음
젓갈 어리굴젓 참게장 꽃게무침
장아찌 무갑장과 오이갑장과 통마늘장아찌 오이간장장아찌 오이고추장장아찌 무고추장장아찌
김치 통배추김치 장김치 나박김치 무송송이 동치미

떡 두텁떡 삼색단자 상추시루떡 물호박떡 각색편 약식 진달래화전 삼색부꾸미
한과 궁중약과 매작과 녹말다식 흑임자다식 송화다식 콩다식 대추초 밤초 조란 율란 도라지정과 연근정과 곶감쌈 섭산삼 깨엿강정
음료 곶감수정과 식혜 유자화채 유자청 오미자화채 진달래화채 제호탕 송화밀수

평양감사환영도(19세기)
평양감사가 새로 부임하여 환영연을 베푸는 그림으로 각계각층의 인물들과 연회를 하는 장면이 음식상을 받은 이들을 중심으로 되어 있다. 당대의 지방 관리들의 식생활 문화를 짐작할 수 있게 해주는 자료이다. *피바디박물관소장, 국립중앙박물관과 조선일보사가 발간한《유길준과 개화의 꿈》(1994년)에서 발췌

응이

녹말응이

◆ 재료
녹말가루 ········· 4큰술
물 ····················· 1컵
오미자 ········ $\frac{1}{4}$컵(20g)
물 ····················· 3컵
꿀 또는 설탕 ··· 적당량

만 들 기
1 녹말가루를 물에 풀어놓는다.
2 오미자를 물에 하루 정도 우려 면보에 밭쳐 오미자국을 만든다.
3 오미자국을 끓이다가 녹말물을 넣어 덩어리가 생기지 않도록 끓인다.
4 꿀이나 설탕을 타서 마신다.

율무응이

만 들 기
1 율무는 껍질을 벗기고 물에 담가 불린 다음 맷돌에 간다. 앙금을 앉혀 윗물을 따라내고 볕에 펴서 말려 녹말을 만든다.
2 냄비에 설탕물을 넣고 팔팔 끓이다가 율무녹말을 물에 풀어서 넣어 잘 저으면서 끓인다.
3 소금만 넣어 마시기도 하고 설탕으로 달게 쑤어 마시기도 한다.

◆ 재료
율무녹말 ········ 4큰술
설탕 ················ 4큰술
물 ···················· 2컵

■ ■ ■ ■ 미음

차조미음

속미음

조미음

속미음

◆ 재 료

차조 ·················· 1컵
찹쌀 ·················· 1컵
인삼 ················ 2뿌리
대추 ················· 20개
황률 ················· 20개
물 ··················· 20컵
소금 또는 설탕··· 적당량

만 들 기
1 인삼, 대추, 황률을 물에 넣어 끓인다.
2 ①에 불린 찹쌀과 차조를 넣어 무르게 끓여 체에 밭친다. 소금이나 설탕을 타서 마신다.

차조미음
차조, 찹쌀, 대추, 황률 등을 잘 씻는다. 물을 넉넉히 붓고 오래 끓여서 체에 거른다. 소금으로 간을 맞추고, 마실 수 있는 농도로 다시 덥힌다.

조미음
메조와 쌀에 물을 넉넉히 붓고 끓여 체에 걸러서 소금으로 간을 맞춘다. 식기 전에 설탕과 생강즙을 타서 먹는다.

죽

잣죽

◆ 재료

쌀 ············ 1컵
잣 ············ ½컵
물 ············ 5~6컵
소금·설탕 ···· 적당량씩

만 들 기

1 쌀을 씻어서 물에 2시간 이상 충분히 불려서 소쿠리에 건져 물기를 뺀다.
2 잣은 고깔을 뗀다. 분량의 물을 정확히 재어놓는다.
3 블렌더에 쌀과 물 1컵을 넣어 곱게 갈아 고운 체로 밭친다. 잣에 물 ½컵을 넣고 곱게 간다.
4 쌀물에 물 3½컵을 섞는다.
5 두꺼운 냄비에 먼저 쌀물을 부어 불에 올려 따뜻해지면 나무주걱으로 서서히 저으면서 끓인다.
6 끓어오르면 잣 간 것을 조금씩 넣어 멍울이 지지 않도록 불을 약하게 줄인다. 나무주걱으로 저으면서 죽이 어우러질 때까지 서서히 끓인다.
7 뜨거울 때 그릇에 퍼서 담고, 소금과 설탕은 따로 작은 그릇에 담아낸다.

타락죽

만 들 기

1 쌀을 씻어서 30분 정도 불린 뒤 물기를 뺀다. 불린 쌀과 물 2컵을 믹서에 넣고 곱게 갈아 다시 고운체에 거른다.
2 체에 내린 쌀에 남은 물 2컵을 더한 다음 나무 주걱으로 저으면서 끓인다.
3 끓어오르면 불을 약하게 줄인 뒤, 우유를 조금씩 부어가며 멍울이 생기지 않게 한 방향으로 잘 섞이도록 젓는다.
4 뜨거울 때 그릇에 담고, 소금과 설탕을 곁들인다.

◆ 재료

쌀 ············ 1컵
물 ············ 4컵
우유 ·········· 4컵
소금·설탕 ···· 약간

호박죽
늙은 호박살을 삶아 곱게 간 것과 찹쌀가루를 섞어 쑨 무리죽이다. 삶은 팥, 불린 콩, 고구마, 밤 등을 섞어 호박범벅을 만들기도 한다.

장국죽

만들기

1 쌀을 씻어서 물에 2시간 이상 불려서 소쿠리에 건져 물기를 뺀다. 분말기에 쌀을 넣고 반쯤 갈아 물 ½컵을 넣고 체에 밭쳐 앙금물을 받는다.
2 쇠고기를 살로 곱게 다진다. 표고버섯은 물에 불려서 곱게 채 썬 다음, 완자 양념으로 고루 무쳐서 3㎝ 지름의 동글납작한 고기완자를 빚는다.
3 냄비에 참기름을 두르고 쌀을 넣어 볶아 투명해지면서 기름이 전체에 고루 돌면 분량의 물을 부어 가끔 저으면서 끓인다.
4 한 번 끓어오르면 불을 약하게 줄여서 쌀알이 완전히 퍼질 때까지 서서히 끓이다가 고기완자를 넣어 익힌 후 밭쳐놓은 앙금물을 넣고 끓인다. 맛이 잘 어우러지면 국간장이나 소금으로 간을 맞추어 더울 때 그릇에 담는다.

◆ **재료**

쌀 ··········· 1컵
참기름 ········ 1큰술
물 ··········· 7~8컵
쇠고기 ········ 80g
마른 표고버섯 ··· 1장
국간장 또는 소금
··········· 적당량

완자 양념
국간장 2작은술 / 다진 파 2작은술 / 다진 마늘 1작은술 / 참기름 1작은술 / 후춧가루 약간

흑임자죽 _ 깨죽

만들기

1 씻은 쌀은 물에 2시간 이상 충분히 불려서 소쿠리에 건져 물기를 뺀다.
2 흑임자는 씻어서 건져 볶고, 블렌더에 쌀과 흑임자를 따로따로 담아 물을 조금씩 넣고 갈아 고운 체에 거르고 찌꺼기는 버린다.
3 두꺼운 냄비에 쌀 간 것과 남은 물을 붓고 불에 올려 저으면서 약간 따뜻해지면 흑임자를 조금씩 넣고 멍울이 지지 않도록 가끔 저으면서 끓인다.
4 끓어오르면 불을 줄여 죽이 잘 어우러질 때까지 서서히 끓인다.
5 뜨거울 때 그릇에 담고 소금과 설탕을 따로 작은 그릇에 담아 내어 식성에 따라 넣는다.

◆ **재료**

쌀 ··········· 1컵
흑임자 ········ ½컵
물 ··········· 7~8컵
소금·설탕 ····· 적당량

전복죽

◆ **재료**

멥쌀 ·········· 1컵
전복(껍질째) ··· 200g
참기름 ······ 1~2큰술
물 ············ 8컵
국간장 ········ 1큰술
소금 ··········· 약간

만들기

1 쌀을 씻어서 2시간 이상 물에 충분히 불려서 소쿠리에 건져 물기를 뺀다.
2 전복을 솔로 깨끗이 문질러 씻은 다음 껍질이 얇은 쪽에 작은 칼이나 납작한 숟가락을 넣어 살을 떼어낸다. 얇게 저며 썬다.
3 냄비에 참기름을 두르고 먼저 전복을 넣어 볶다가 불린 쌀을 넣고 함께 투명해지도록 볶은 다음 물을 부어 약간 센 불에 끓인다.
4 한 번 끓어오르면 불을 약하게 하고 나무주걱으로 가끔 저으면서 잘 어우러질 때까지 서서히 끓인다.
5 쌀알이 푹 퍼지도록 충분히 끓인 다음 국간장이나 소금으로 간을 맞춘다.

밥

흰밥

◆ 재 료

쌀 ·················· 5컵
물 ·················· 6½컵
(햅쌀은 쌀 부피의 1.2배, 묵은쌀은 쌀 부피의 1.5배)

만 들 기

1 쌀을 깨끗이 씻어 여름에는 30분, 겨울에는 1시간 30분 정도 물에 담가 불린다.
2 쌀을 담가두었던 물로 밥물을 맞추어 처음에는 센 불로 7~10분간 끓인다.
3 밥이 끓었으면 중불로 줄여 8~10분 동안 더 끓여 물이 잦아지게 한다.
4 불을 더 줄여 약한 불로 10~15분간 뜸을 들여 쌀이 증기 속에서 푹 익도록 한다.

적두반 _ 홍반

만 들 기

1 쌀을 깨끗이 씻어 물에 불린 다음 소쿠리에 건져 물기를 뺀다.
2 팥을 씻어 팥이 충분히 잠길 정도의 물을 부어 끓인다. 끓어오르면 물을 따라 버리고, 다시 4컵 정도의 물을 부어 삶는다. 팥은 건지고 팥물은 따로 받아놓는다.
3 쌀과 삶은 팥을 합하여 솥에 안치고, 팥 삶은 물과 물을 합하여 밥물을 잡아 붓고 불에 올린다.
4 한 번 끓어오르면 중불로 줄이고, 쌀알이 퍼지면 불을 약하게 하여 뜸을 들인 다음 위아래를 잘 섞는다.

찹쌀에 팥물만 넣고 지은 것을 홍반(紅飯)이라고 한다.

◆ 재 료

멥쌀 ·················· 2½컵
찹쌀 ·················· ½컵
붉은팥 ················ 1컵
밥물(팥 삶은 물)
   ·················· 2½컵

오곡반 _ 오곡밥

◆ 재료

찹쌀	2컵
멥쌀	1컵
팥	½컵
밤콩 또는 검은콩	½컵
수수	½컵
차조	½컵
소금	½큰술
밥물(팥 삶은 물과 합하여)	4컵

만들기

1 찹쌀과 멥쌀을 밥 짓기 약 30분 전에 씻어 물에 불렸다가 건진다.
2 팥을 씻어서 충분히 잠길 정도의 물을 부어 불에 올린다. 끓어오르면 물은 따라 버리고, 다시 3컵 정도의 물을 부어 팥알이 터지지 않을 정도로 삶아 건진다. 팥물은 따로 받아둔다.
3 콩을 물에 불린다. 수수를 여러 번 대껴서 씻은 다음 붉은 물을 우려낸다. 차조를 씻어 건진다.
4 멥쌀, 찹쌀, 삶은 팥과 불린 콩, 수수를 합해 소금을 넣어 잘 섞은 다음 밥물을 부어 끓인다.
5 밥이 끓어오르면 위에 차조를 얹고 불을 중불로 줄인다.
6 쌀알이 익어 퍼지면 불을 아주 약하게 하여 뜸을 들인 다음 위아래를 잘 섞어 밥그릇에 푼다.

다섯 가지의 곡식을 합하여 밥을 짓는 데서 이름이 연유되었다. 음력 정월 보름날에, 지난가을에 준비했던 마른 나물로 아홉 가지의 나물을 만들고 오곡밥을 지어 이웃과 두루 나누어 먹는 풍습이 지금까지도 지켜져 내려오고 있다. 오곡이란 원래 다섯 가지의 중요한 곡식인 쌀, 보리, 조, 콩, 기장을 이르나 각 가정이나 지방의 형편에 따라 넣는 곡물이 조금씩 다르다. 오곡밥은 차진 곡물이 많이 들어가므로 밥물을 보통 밥보다 적게 잡는다. 솥에다 물을 부어 보통 밥짓기처럼 짓기도 하나 찜통이나 시루에 베보자기를 깔고 곡물을 담아 찌는 방법도 있다. 이때는 찌는 도중에 서너 번 소금물을 고루 뿌려서 섞어준다.

콩나물밥

◆ 재 료
- 쌀 ·················· 3컵
- 쇠고기 ············ 100g
- 콩나물 ············ 300g
- 물 ················· 2¼컵

양념장
간장 4큰술 / 다진 파 2큰술 / 다진 마늘 1큰술 / 깨소금 1큰술 / 참기름 1큰술 / 고춧가루 1큰술

만 들 기

1 쌀을 씻어서 물 3½컵을 넣고 30분 이상 불린다.
2 쇠고기를 곱게 채 썰거나 다진다. 콩나물은 꼬리를 떼고 씻는다.
3 솥에 콩나물과 고기를 안치고 불린 쌀과 불릴 때 사용했던 물을 부어 밥을 짓는다.
4 중간에 뚜껑을 열면 콩나물 비린내가 나기 때문에 열지 않아야 한다. 한 번 끓어오르면 불을 줄여 뜸을 들인다.
5 주걱으로 골고루 섞으면서 그릇에 담는다. 양념장은 따로 낸다.

콩나물밥은 콩나물과 고기의 수분 함량이 높기 때문에 보통 밥을 지을 때보다 물을 적게 잡는다.

별밥

재료

멥쌀 1½컵, 찹쌀 1컵, 대추 7개, 밤 5개, 검은콩(불린 것) ½컵, 소금 1작은술

만 들 기

1 찹쌀과 멥쌀을 깨끗이 씻어 각각 불린 다음 물기를 잘 뺀다.
2 대추를 씻어서 돌려깎기 하여 씨를 뺀 다음 두세 조각으로 찢는다. 밤은 속껍질을 벗겨 두세 조각으로 썬다. 콩을 하룻밤 정도 충분히 불린다.
3 준비된 재료를 섞어 솥에 안친 다음 물을 자작하게 붓고 소금간을 해 끓인다. 끓어오르면 한번 뒤적인 다음 불을 줄여 끓이다가 약불로 뜸을 들인다.

골동반 _ 비빔밥

◈ 재 료

흰밥 ·············· 4공기
쇠고기 ············ 100g
마른 표고버섯 ······· 3장

고기 양념장
간장 1큰술 / 설탕 ½큰술 / 다진 파 2작은술 / 다진 마늘 1작은술 / 참기름 1작은술 / 깨소금 1작은술 / 후춧가루 약간

오이 ·············· 1개
도라지 ············ 100g
고사리 ············ 100g
콩나물 ············ 100g

도라지·고사리나물 양념
국간장 2작은술 / 다진 파 2작은술 / 다진 마늘 1작은술 / 참기름 1작은술 / 깨소금 1작은술

콩나물무침 양념
다진 파 ½작은술 / 다진 마늘 ½작은술 / 참기름 ½작은술 / 깨소금 ½작은술 / 소금 약간

전감
생선 흰살 80g / 소금·흰 후춧가루 약간씩 / 달걀 1개 / 밀가루·식용유 적당량씩

참기름 ············ 적당량
다시마 ············ 10cm
고추장(약고추장) ···· 적당량
식용유 ············ 적당량

만 들 기

1 쇠고기는 곱게 다지고, 표고버섯은 불려서 기둥을 떼고 채 썬다. 고기 양념장을 반으로 나누어 쇠고기와 표고버섯에 각각 넣어 고루 양념한 다음 팬에 식용유를 두르고 각각 볶는다.

2 오이를 길이로 반 갈라서 어슷하게 썰어 소금에 절였다가 물기를 꼭 짠다. 도라지를 가늘게 갈라서 소금에 주물러 씻은 다음 끓는 물에 데친다. 고사리는 억센 줄기는 다듬고 짧게 끊어 양념하여 따로따로 볶는다.

3 콩나물을 씻어 냄비에 물 ½컵과 소금을 약간 넣은 다음 뚜껑을 덮고 익혀 양념하여 무친다.

4 생선 흰살은 얇은 전감으로 떠서 소금, 흰 후춧가루를 뿌리고 밀가루를 묻힌 다음 달걀 푼 것을 씌워 전을 부친다. 1cm 폭으로 썰고, 남은 달걀로는 지단을 부쳐 채 썬다.

5 다시마를 기름에 튀겨서 잘게 부순다.

6 밥을 약간 되직하게 지어 고명으로 얹을 재료를 조금씩만 남기고 모두 넣어 참기름과 소금을 넣어 간을 맞춘 다음 고루 비빈다. 그릇에 나누어 담고, 남긴 재료들을 색스럽게 위에 조금씩 얹는다. 고추장은 따로 담아 내어 각자 식성에 따라 넣어 비비도록 한다.

비빔밥은 여러 가지 재료가 한 그릇에 고루 들어 있어 이것만으로도 충분히 영양적으로 균형 잡힌 한끼 식사가 될 수 있다. 비빔밥에 넣는 나물거리는 그 철에 가장 흔하고 맛있는 채소로 세 가지 이상을 준비하면 된다. 푸른색 나물로는 오이·애호박·시금치·미나리·쑥갓 등이 있고, 흰색 나물로는 도라지·숙주나물·콩나물·무나물 등이 있으며, 갈색 나물로는 고사리·고비·표고버섯 등이 있다. 궁중에서는 비빔밥을 비빔 또는 골동반(骨董飯)이라 하여 섣달 그믐날에 만들었다 한다.

규아상 – 미만두

◆ 재료

밀가루 ·············· 2컵
소금 ················ 1작은술
물 ·················· 6큰술
오이 ················ 2개
쇠고기(우둔살) ···· 50g
마른 표고버섯 ······ 2장
잣 ·················· 1큰술
소금·식용유 적당량씩
담쟁이잎 ············ 20장

고기 양념
간장 1큰술 / 설탕 ½큰술 / 다진 파 2작은술 / 다진 마늘 1작은술 / 깨소금 1작은술 / 참기름 1작은술 / 후춧가루 약간

초간장
간장 1큰술 / 식초 ⅔~1큰술 / 설탕 ½큰술 / 물 1큰술

만들기

1 밀가루에 소금물을 넣어 반죽하여 30분 정도 두었다가 치대어 얇게 민 다음 직경 8cm 크기의 둥근 모양으로 떠서 만두피를 만든다. 녹말가루를 묻혀 서로 붙지 않게 한다.

2 오이를 4cm 길이로 토막 내어 가운데 씨 부분을 남기고 껍질과 살을 계속 돌려깎아 채 썬다. 오이채를 소금에 절였다가 꼭 짜서 식용유를 두르고 재빨리 볶은 다음 식힌다.

3 쇠고기는 살로만 곱게 다지고 표고버섯은 불려서 가늘게 채 썬다. 고기와 버섯을 합해 고기 양념으로 무친 다음 팬에 볶아서 접시에 펴서 식힌다.

4 볶은 고기와 오이를 고루 섞어 소를 만든다. 만두피 가운데에 갸름하게 소와 잣을 올리고 양쪽 자락의 맞닿는 부분을 붙인다. 양끝을 삼각 지게 만든 다음 해삼처럼 등에 주름을 잡아 빚는다.

5 빚은 만두를 담쟁이잎에 싸서 겹치지 않게 올린 다음 약 10분 정도 찐다.

6 새 담쟁이잎을 접시에 깔고 찐만두를 위에 담는다. 작은 그릇에 초간장을 따로 담아 곁들인다.

규아상은 일명 미만두라고 하며 궁중에서 여름에 먹던 찐만두이다. 소의 재료로는 오이, 표고버섯, 쇠고기를 이용하고 해삼 모양처럼 빚는다. 찜통 밑에 담쟁이잎을 깔고 찌는데, 소의 재료는 모두 익힌 것이므로 잠깐만 쪄도 된다.

편수

◆ 재료
- 밀가루 2컵
- 소금 1작은술
- 물 6큰술
- 애호박 1개
- 쇠고기(우둔살) ... 70g
- 마른 표고버섯 1장
- 숙주 100g
- 잣 1큰술

육수
쇠고기(양지머리) 200g / 물 10컵 / 대파 1대 / 마늘 3쪽 / 통후추 약간

고기 양념
간장 1큰술 / 설탕 ½큰술 / 다진 파 2작은술 / 다진 마늘 1작은술 / 참기름 1작은술 / 깨소금 1작은술 / 후춧가루 약간

초간장

만들기

1 밀가루를 소금물로 반죽하여 30분 정도 싸두었다가 얇게 밀어 사방 8㎝ 정도의 정사각형으로 만두피를 만든다.

2 양지머리를 덩어리째 씻어서 끓는 물에 파, 마늘, 통후추를 함께 넣어 끓인다. 고기가 무르게 삶아지면 건져서 젖은 행주에 싸서 눌러 편육으로 한다. 육수는 기름을 걷어내고 차게 식힌다.

3 호박은 가운데 씨를 발라내고 채 썰어 소금을 뿌려서 살짝 절인다. 물기를 짜서 팬에 참기름을 두르고 볶은 다음 바로 큰 그릇에 펴서 식힌다.

4 쇠고기를 곱게 다진다. 표고버섯은 불려서 가늘게 썰어 쇠고기와 합하여 고기 양념으로 고루 무친 다음 팬에 볶아 식힌다.

5 숙주를 씻어서 끓는 물에 소금을 약간 넣고 데친다. 찬물에 헹구어 건진 다음 물기를 짜서 송송 썬다.

6 익힌 채소와 고기를 섞어서 소를 만든다.

7 만두피를 도마 위에 놓고 소 1큰술 정도를 가운데에 올린 다음 잣을 한 알씩 얹는다. 만두피의 네 귀를 한데 모아서 맞닿는 자리를 마주 붙여서 네모지게 빚는다.

8 끓는 물에 편수를 넣어 삶아서 바로 찬물에 헹구어 건지거나 찜통에 넣어 찐다.

9 익힌 편수를 찬 장국에 띄우고 초간장을 따로 곁들인다.

개성편수
개성편수는 사각뿔 모양의 만두가 아니라 둥글게 만든 껍질에 속을 펴서 가득 채워 반으로 접은 다음 끝을 붙여 마치 아기 모자 모양으로 만든 만두다.

병시 _ 만두국

◈ 재 료
밀가루 ·············· 2컵
소금 ·············· 1작은술
물 ·············· 6~7큰술

만두 육수
양지머리 200g / 물 6컵 / 대파 ½대 / 마늘 3쪽 / 통후추 약간
쇠고기(우둔살) ··· 100g

쇠고기 양념
소금 1작은술 / 다진 파 1작은술 / 다진 마늘 ½작은술 / 후춧가루 약간 / 참기름 약간
마른 표고버섯 ······ 2장
두부 ·············· 50g
숙주 ·············· 50g
배추김치 ·········· 200g

만두소 양념
소금 ½작은술 / 다진 파 ½작은술 / 다진 마늘 ½작은술 / 깨소금 ½작은술 / 참기름 ½작은술
대파 ·············· 1대
다진 마늘 ········ ½큰술
달걀 ·············· 1개
실고추 ············ 약간

만 들 기
1 밀가루에 소금과 물을 넣고 반죽하여 젖은 보에 싸둔다.
2 양지머리를 덩어리째 씻은 다음 끓는 물에 파, 마늘, 통후추를 함께 넣어 끓인다. 고기가 무르게 삶아지면 건져서 젖은 행주에 싸서 눌러 편육으로 한다. 육수는 기름을 걷어내고 차게 식힌다.
3 쇠고기를 다져서 고기 양념으로 양념한다. 표고버섯을 불려서 채 썬다.
4 두부를 으깨어 물기를 짠다. 숙주를 삶은 다음 송송 썰어 물기를 꼭 짠다.
5 김치를 송송 썰어 물기를 꼭 짠다.
6 준비한 재료들을 만두소 양념으로 양념하여 고루 섞는다.
7 밀가루 반죽을 얇게 밀어 직경 7㎝의 둥근 틀로 찍은 다음 만두소를 얹고 반달 모양으로 만두를 빚는다.
8 끓는 육수의 간을 맞춘 다음 만두를 넣어 끓인다.
9 만두가 떠오르면 어슷 썬 파와 다진 마늘을 넣고 달걀 지단채와 실고추를 얹는다.

만두를 더운 장국에 넣어 끓이는 겨울 음식으로 특히 북쪽 지방에서 즐겨 먹는다. 만두피가 얇을수록 맛있다. 만두국의 고기는 쇠고기, 돼지고기, 닭고기, 꿩고기 등이 모두 쓰이고 숙주, 두부, 배추김치 등이 들어간다. 만두국에 넣는 만두의 형태는 여러 가지가 있다. 궁중에서는 둥근 것을 반만 접어서 주름을 내지 않고 반달 모양으로 빚어 병시(餠匙)라고 하였다.

어만두

◈ 재 료

흰살 생선 ······ 300g
쇠고기(우둔살)
·················· 100g
마른 표고버섯 ···· 2장
목이버섯 ········· 3장

고기 양념

간장 1큰술 / 설탕 ½큰술 / 다진 파 2작은술 / 다진 마늘 1작은술 / 깨소금 1작은술 / 참기름 1작은술 / 후춧가루 약간

숙주 ··············· 50g
오이 ··············· ½개

곁들이

오이 ½개 / 붉은 고추 ½개 / 석이버섯 3장 / 표고버섯 2장 / 쑥갓 약간
소금 ············· 적당량
녹말가루 ······· 적당량
초간장 ········· 적당량
겨자장 ········· 적당량

만들기

1 생선의 내장을 빼고 껍질을 벗긴다. 생선살을 칼을 눕혀서 폭과 길이가 7cm 정도 되게 얇게 뜬 다음 소금과 흰 후춧가루를 조금씩 뿌린다.
2 쇠고기를 살로 곱게 다지고, 표고버섯과 목이버섯을 불려서 손질한 다음 곱게 채 썬다. 고기와 버섯을 합하여 고기 양념 하여 팬에 볶아 식힌다.
3 숙주를 끓는 물에 소금을 약간 넣고 데쳐 물기를 짠 다음 송송 썬다. 오이는 돌려 깎아 채 썰어 소금을 뿌려 절였다가 살짝 볶은 다음 바로 펴서 식힌다.
4 생선포의 물기를 없앤 다음 녹말을 한 면에 묻혀서 도마 위에 놓는다. 소를 한 큰술씩 올리고 동그랗게 싼 다음 겉에 녹말을 묻혀서 꼭꼭 쥐어 젖은 행주를 깐 찜통에 넣어 생선이 투명해지도록 찐다.
5 오이, 붉은 고추, 표고버섯, 석이버섯을 폭 2cm, 길이 4cm 정도의 골패형으로 썰어 녹말을 묻혀 끓는 물에 데쳐낸 다음 바로 찬물에 헹구어서 물기를 없앤다.
6 접시에 쑥갓을 깔고 어만두와 곁들이 채소를 함께 담아 낸다. 따로 초간장과 겨자장을 곁들여 낸다.

준치만두

재 료

준치 1마리(400g), 쇠고기(우둔살) 50g, 녹말가루 3큰술, 생강즙 1작은술, 잣 1큰술, 쑥갓 50g, 고기 양념(간장 ½큰술, 설탕 1작은술, 다진 파 1작은술, 다진 마늘 ½작은술, 깨소금 ½작은술, 참기름 ½작은술, 후춧가루 약간)

만들기

1 준치는 내장을 꺼내고 찜통에 쪄서 익힌 다음 가시를 발라내고 살만 모아 다진다.
2 준치를 쪄낸 물에 가시와 머리를 넣고 파, 마늘, 생강을 넣은 다음 물을 부어 끓인다. 체에 밭쳐 육수를 만든다.
3 양념한 다진 쇠고기에 준치살을 섞고 소금, 후춧가루를 간을 맞춘 다음 잣을 하나씩 넣으면서 완자를 빚는다.
4 완자에 녹말을 묻혀 찜통에 쪄서 국물 없이 초간장과 함께 내거나 준치 육수에 넣어 끓인다.

석류탕

◆ 재 료

밀가루 ·········· 2컵
육수
쇠고기(양지머리나 사태)
200g / 물 10컵 / 대파 1
대 / 마늘 3쪽 / 통후추
약간
닭살 ············· 50g
쇠고기 ··········· 50g
마른 표고버섯 ···· 1장
두부 ············· 50g
무 ··············· 70g
미나리 ··········· 30g
숙주 ············· 50g
잣·달걀 지단
 ············· 적당량씩
만두소 양념
소금 1작은술 / 다진 파 2
작은술 / 다진 마늘 1작은
술 / 생강즙 ½작은술 / 깨
소금 1작은술 / 참기름 1작
은술 / 후춧가루 약간

만들기

1 밀가루에 소금 1작은술과 물 6~7큰술을 넣어 반죽하여 직경 7cm의 원형으로 얇게 민다.
2 쇠고기를 덩어리째 씻어서 끓는 물에 파, 마늘, 통후추를 함께 넣어 끓인다. 고기가 무르게 삶아지면 건져서 젖은 행주에 싸서 눌러 편육으로 하고, 육수는 기름을 걷어내고 차게 식힌다.
3 쇠고기와 닭살을 곱게 다진다. 표고버섯을 불려서 곱게 채 썬다.
4 두부를 으깨어 물기를 짜고, 무를 2~3cm 길이로 곱게 채 썰어 데친 다음 물기를 꼭 짠다.
5 미나리와 숙주를 데쳐서 송송 썬 다음 물기를 꼭 짠다.
6 준비한 재료를 합해 만두소 양념을 넣고 잘 섞는다.
7 준비한 만두피에 소를 조금씩 올리고 잣을 하나씩 올린 다음 양손으로 가운데를 모아 주머니 모양으로 빚는다.
8 달걀 지단을 완자형으로 썬다.
9 끓는 장국에 만두를 넣어 끓여 간을 맞춘 다음 대접에 담고 지단을 띄운다.

메밀만두
메밀가루로 만두 껍질을 만든다. 메밀가루는 점성이 약해 밀어서 만두를 빚지 못하고 송편처럼 구멍을 파서 소를 넣어 빚어서 만든다.

동아만두
껍질 벗긴 동아를 대강 둥근 모양으로 소금에 절여 만두 피로 쓰고, 소는 꿩고기나 닭고기를 양념하여 넣는다. 반달 모양으로 접어 녹말을 묻혀서 쪄낸다.

떡국

◆ 재 료

- 흰떡 ····· 5가래(750g)
- 사골 ············· ½개분
- 쇠고기 ··········· 100g
- 달걀 ················ 1개
- 국간장 ········· 적당량
- 대파 ················ 1대
- 마늘 ················ 2쪽
- 김 ··················· 2장

쇠고기 양념

간장 1큰술 / 다진 파 2작은술 / 다진 마늘 1작은술 / 참기름 1작은술 / 후춧가루 약간

만들기

1 흰떡을 얄팍하게 썬다.
2 사골을 토막 내어 뽀얀 물이 나오도록 곤다.
3 쇠고기를 다져서 양념하여 볶는다.
4 뼈를 고은 국물에 다진 마늘을 넣고 국간장으로 간을 맞추어 끓인다.
5 끓는 육수에 떡을 넣는다. 떡이 끓어 올라 부드러워지면 채 썬 파를 넣는다.
6 달걀을 풀어서 지단을 얇게 부쳐 채썬다.
7 대접에 떡국을 담고 쇠고기 볶은 것과 지단을 얹는다. 달걀을 풀어 줄알을 치거나 김을 구워 부수어 얹기도 한다.

조랭이떡국

만들기

1 흰떡을 가늘게 만들어 굳기 전에 도마 위에 놓고 나무칼로 비벼서 끊어 누에고치 모양으로 만든다.
2 사골을 찬물에 담가 핏물을 뺀 다음 끓는 물에 넣어 한번 끓어오르면 그 물은 버리고 다시 물을 부어 뽀얗게 우러날 때까지 끓인 후 양지머리를 같이 넣고 푹 무르게 삶는다.
3 육수가 뜨거울 때 양지머리는 건지고 육수는 식혀 면보에 밭쳐 기름을 걷어낸다. 국간장과 소금으로 간을 맞춘다.
4 삶은 고기를 찢어서 고기 양념으로 고루 무치거나 산적을 만든다.
5 황백 지단을 부쳐 완자형으로 썬다.
6 간 맞춘 육수가 끓으면 다진 마늘을 넣고 조랭이떡을 물에 씻어 넣어 떠오르면 어슷 썬 대파를 넣는다.
7 그릇에 담고 양념으로 무친 고기나 산적, 지단을 얹는다.

◆ 재 료

- 조랭이떡 ········· 500g
- 사골 ················ 500g
- 양지머리 ········· 200g
- 물 ··················· 20컵
- 국간장·소금·후춧가루 ············· 적당량씩
- 다진 마늘 ····· 1작은술
- 달걀 ················ 1개
- 대파 ················ ½대

고기 양념

국간장 2작은술 / 다진 파 2작은술 / 다진 마늘 1작은술 / 참기름 1작은술 / 후춧가루 약간

온면

◈ 재료

가는 국수 ········ 300g
쇠고기육수
쇠고기(양지머리) 200g /
물 10컵 / 파 1대 / 마늘 3
쪽 / 통후추 약간
소금 · 국간장
············· 적당량씩
달걀 ················ 1개
호박 ················ ½개
석이버섯 ········ 2장
실고추 ············ 약간

만들기

1 냄비에 넉넉히 물을 담아 펄펄 끓을 때 국수를 헤쳐 넣어 심까지 무르게 삶는다. 찬물에 건져 1인분씩 사리를 만들어 채반에 건져놓는다.
2 양지머리를 덩어리째 파, 마늘, 통후추와 함께 넣어 무르게 삶는다. 고기는 편육으로 쓰고 육수는 걸러서 소금과 국간장으로 간을 맞춘다.
3 달걀을 황백으로 나누어 얇게 지단을 부쳐 가늘게 채 썬다. 호박은 돌려깎기 하여 씨를 빼고 채 썬 다음 소금에 절였다가 꼭 짜서 살짝 볶는다.
4 석이버섯은 더운물에 담가서 잘 비빈 다음 뒷면의 이끼를 없애고 깨끗이 씻는다. 가늘게 채 썰어 살짝 볶거나 끓는 물에 데친다.
5 국수 사리를 뜨거운 육수에 한번 담갔다가 대접에 담고 위에 오색 고명을 고루 얹는다.

난면

재료

밀가루 2컵, 달걀(반죽용) 1½개, 쇠고기(양지머리) 200g, 물 10컵, 대파 ½대, 통마늘 3쪽, 통후추 1작은술, 호박 ½개, 석이버섯 2장, 달걀(지단용) 1개, 실고추 · 소금 · 국간장 · 식용유 적당량씩

만들기

1 밀가루에 소금을 넣어 체에 내려 달걀을 풀어 넣고 치대어 반죽한 다음 젖은 보에 싸놓는다.
2 양지머리로 육수를 낸다.
3 호박을 돌려 깎아 채 썰어 소금에 절였다가 꼭 짠 다음 기름에 파랗게 볶는다.
4 석이버섯을 뜨거운 물에 불렸다가 채 썬다.
5 달걀을 황백으로 나누어 얇게 지단을 부쳐 채 썬다.
6 ①의 밀가루 반죽에 덧가루를 뿌리면서 얇게 밀어 가늘게 채 썬다.
7 국수를 삶아 찬물에 헹궈 건진다.
8 대접에 국수를 담고 위에 편육, 볶은 호박, 석이채, 지단채, 실고추를 얹은 다음 뜨거운 육수를 붓는다.

냉면

◆ 재료

쇠고기육수
쇠고기(양지머리) 200g / 물 10컵 / 파 1대 / 마늘 3쪽 / 통후추 1작은술
동치미 무 ……… 200g
오이 ……………… ½개
배 ………………… ¼개
삶은 달걀 ……… 2개
붉은 고추 ……… ½개
메밀국수(냉면용)
………………… 300g

냉면 장국
동치미국물 5컵 / 육수 5컵 / 소금 2큰술 / 식초 2큰술 / 설탕 2큰술
겨자집 · 설탕 · 식초
………………… 적당량씩

만들기

1 쇠고기를 덩어리째 씻어서 끓는 물에 파, 마늘, 통후추를 함께 넣어 끓인다. 고기가 무르게 삶아지면 건져서 젖은 행주에 싸서 눌러 편육으로 하고, 육수는 기름을 걷어내고 차게 식힌다.

2 동치미 무를 반달형 또는 길쭉하고 얇게 썬다. 오이를 반으로 갈라 어슷하고 얇게 썰어 소금에 절였다가 기름에 살짝 볶는다.

3 배는 껍질을 벗겨서 납작하게 썬다. 달걀을 노른자가 중심에 가도록 삶아서 반으로 가른다. 눌러놓은 편육을 얇게 썬다.

4 차가운 육수와 동치미국물을 합한 다음 식초, 소금, 설탕으로 간을 맞춘다.

5 꾸미와 장국 준비가 다 되면 물을 넉넉히 끓여서 냉면 국수를 헤쳐서 넣어 심이 약간 남을 정도로 잠깐 삶아 찬물에 여러 번 헹군다. 1인분씩 사리를 지어 채반에 건져놓는다.

6 대접에 냉면 사리를 담고 위에 편육 등 꾸미를 고루 얹은 다음 장국을 옆에서 살며시 부어 상에 낸다. 따로 매운 맛을 낸 겨자집, 설탕, 식초 등을 곁들여 낸다.

콩국수
콩국수는 밀국수에 콩국을 부어 시원하게 먹는 여름철 별미 음식이다. 콩국은 불린 흰콩을 껍질 벗겨 10분 정도 삶아 곱게 갈아서 만든다. 깻국을 섞어서 맛과 영양을 보충하기도 한다.

골동면 _ 비빔면

◆ **재료**

가는 밀국수 ···· 300g
쇠고기(우둔살) · 100g
마른 표고버섯 ···· 2장
오이 ················· 1개
달걀 ················· 2개
홍고추 ············· ½개
소금 · 식용유
················ 적당량씩

고기 양념

간장 1큰술 / 설탕 ½큰술 / 다진 파 2작은술 / 다진 마늘 1작은술 / 깨소금 1작은술 / 참기름 1작은술 / 후춧가루 약간

국수비빔장

간장 3큰술 / 설탕 2큰술 / 깨소금 2큰술 / 참기름 1큰술

만 들 기

1 쇠고기를 살로 곱게 다진다. 표고버섯을 불려서 가늘게 채 썰어 합하여 고기 양념으로 고루 무친 다음 팬에 식용유를 두르고 볶는다.
2 오이를 반으로 갈라서 어슷하고 얇게 썰어 소금을 뿌려서 절여지면 물기를 짠 다음 살짝 볶는다.
3 달걀을 황백으로 나누어 풀어서 얇게 지단을 부쳐 가늘게 채 썬다.
4 간장에 참기름, 깨소금, 설탕 등의 양념을 합하여 비빔장을 만든다.
5 냄비에 물을 넉넉히 끓여서 마른 국수를 헤쳐 넣어 심이 없도록 삶은 다음 찬물에 여러 번 헹궈 건져 물기를 잘 뺀다.
6 큰 그릇에 국수를 담고 비빔장을 넣고 비빈다.
7 준비한 고기, 표고버섯, 오이를 고명으로 얹을 것만 조금씩 남기고 모든 한데 넣어 고루 비빈다.
8 비빈 국수를 대접에 담고, 위에 남긴 재료와 지단채를 고루 얹는다.

비빔면은 삶은 국수를 장국에 마는 것이 아니라 양념장으로 고루 비벼서 먹는 국수이다. 예전에는 간장으로 양념장을 만들어 비볐으나 요즘은 고추장 양념장으로 맵게 하는 것이 더 일반적이다. 비빔국수는 비벼서 오래 두면 불어서 맛이 없어지므로 먹을 시간에 맞추어 국수를 바로 삶아서 만들어야 한다. 국수에 넣는 채소는 철마다 흔한 채소를 익혀서 넣으면 된다. 푸른 채소로는 호박 · 오이 · 미나리 등이 좋고, 버섯은 표고 · 느타리 · 목이버섯 등이 좋다.

면신선로 – 해물신선로

◈ 재료

쇠고기육수
쇠고기(사태) 200g / 물 10컵 / 파 1대 / 마늘 3쪽 / 통후추 약간 / 소금·국간장 적당량씩
쇠고기(우둔살) …… 70g

고기 양념
국간장 2작은술 / 다진 마늘 1작은술 / 참기름 1작은술 / 후춧가루 약간

패주(중) ……………… 2개
분홍새우 …………… 100g
불린 해삼 …………… 100g
삶은 죽순 …………… 100g
실파 …………………… 50g
쑥갓 …………………… 50g
붉은 고추 ……………… 1개
미나리 ………………… 50g
석이가루 …………… 1작은술
달걀 …………………… 3개
가는 밀국수 ………… 150g
(또는 메밀국수)

만들기

1 사태를 덩어리째 씻어서 끓는 물에 파, 마늘, 통후추를 함께 넣어 끓인다. 고기가 무르면 건져서 얇게 저며 썬 뒤 분량의 고기 양념 ⅔ 양으로 무친다. 육수는 식혀 기름을 걷고 국간장과 소금으로 간을 맞춘다.

2 쇠고기를 얇고 잘게 썰어 나머지 고기 양념 ⅓ 양으로 무친다.

3 패주는 가장자리의 막을 떼고 씻어서 결의 반대로 얇게 저며 썬다.

4 새우를 껍질째 씻어서 내장을 뺀 다음 껍질을 벗긴다. 미리 불려놓은 해삼을 납작하게 저며 썬다.

5 삶은 죽순을 반으로 갈라서 빗살 모양으로 얇게 썬다. 실파를 깨끗이 씻어 신선로 틀의 폭을 길이로 하여 썬다. 붉은 고추를 갈라서 씨를 빼고 쑥갓은 씻어 짧게 끊는다.

6 석이버섯을 뜨거운 물에 불려 이끼를 씻어내고 돌이 붙은 부분은 떼고 말린 다음 분쇄기에 갈아 가루를 만든다. 석이버섯 가루를 더운물 1큰술에 불려놓는다. 달걀 3개를 황백으로 나누어 소금을 조금 넣어 잘 푼다. 흰자는 반으로 나누어 흰색 지단과 석이버섯가루 불린 것을 넣은 검은 지단을 부치고, 황색 지단도 부친다.

7 미나리는 잎을 떼고 다듬어서 길이를 맞추어 가는 대꼬치로 꿰어 네모지게 한 장으로 만들어, 밀가루를 묻힌 뒤 푼 달걀에 담근 다음 팬에 양면을 지져 미나리 초대를 만든다. 뜨거울 때 꼬치를 뺀다.

8 지단을 신선로 틀의 폭을 길이로 하여 너비 3cm의 골패형으로 썬다. 미나리 초대와 고추도 같은 크기로 썬다.

9 신선로 틀에 삶은 고기와 날고기를 아래에 깔고 준비한 재료를 가장자리에 고루 돌려 담고 더운 육수를 붓고 끓인다.

10 밀국수를 삶아서 미리 더운 장국에 한번 담갔다가 대접에 담아서 상에 낸다. 신선로가 끓어서 익으면 국물과 건지를 떠서 국수에 부어서 말아 먹는다.

신선로는 화통이 붙어 있는 냄비 이름이 음식명이 된 것으로 상 위에 놓고 끓이면서 먹을 수 있는 음식이다. 면신선로는 보통 신선로와는 달리 어물과 날채소를 준비하여 신선로에 담아 끓어오르면 따로 삶은 국수를 대접에 담아 끓인 신선로를 얹어서 먹는 일종의 온면이다. 궁중의 음식발기에는 신선이 쓰는 냄비라는 뜻의 신선로(神仙爐), 또는 새로 생긴 냄비라는 뜻에서 신설로(新設爐)라고 씌어 있다.

탕·국

설렁탕

◈ 재료

쇠머리 ½개
쇠족 1개
사골 1개
도가니 2개
우설 1개
양지머리 600g
사태 600g
지라 1개
유통 ½개
대파 ½단
통마늘·생강 적당량씩
물 적당량

만들기

1 쇠머리, 쇠족, 사골, 도가니를 깨끗이 손질한 다음 찬물에 1시간 정도 담가 핏물을 뺀다.
2 우설을 끓는 물에 한번 넣었다 건져 표면의 막을 제거한다.
3 큰솥에 물을 넣고 끓이다가 ①의 재료를 넣고 후르르 끓어오르면 소쿠리에 건진다. 물은 버린다.
4 다시 찬물에 ③의 재료를 넣고 푹 고면서 우설과 깨끗이 씻어놓은 양지머리, 사태, 유통, 지라 등을 넣고 끓이다가 거품을 걷어내고 대파, 통마늘, 생강을 함께 넣어 끓인다.
5 고기가 적당히 무르면 건져 수육으로 썰어놓는다.
6 간을 미리 맞추지 않으며 소금, 굵은 고춧가루, 후춧가루, 썬 파를 따로 곁들여 낸다.

곰탕

만들기

1 양지머리는 핏물을 빼고, 곤자소니는 칼끝으로 쪼갠 다음 소금으로 비벼 씻는다.
2 곱창에 소금을 뿌려 빨아 헹군 다음 기름부분을 잘라낸다. 곱창 속을 수도꼭지에 대고 물을 틀어 깨끗이 씻는다.
3 깃머리를 소금으로 비벼 씻어 뜨거운 물에 넣었다 건진 다음 검은 표피를 칼로 벗긴다. 안쪽의 기름과 막을 제거한다.
4 업진육과 부아를 소금물에 살짝 씻는다.
5 도가니뼈를 깨끗이 씻는다.
6 큰솥에 물을 붓고 도가니뼈를 푹 곤 다음, 그 국물에 모든 재료와 무를 반으로 쪼개어 함께 넣고 푹 곤다. 모두 무르면 큰 그릇에 꺼내어 식힌 다음, 무는 두께 1cm 너비 3cm 길이 4cm로 썰고 고기는 먹기 좋은 크기로 썰어 양념해서 주물러놓는다.
7 국물의 기름을 제거하고 다시 끓인다. 끓으면 양념해둔 고기와 무를 넣고 파를 굵직하게 썰어 넣고 간을 맞춘다.

◈ 재료

양지머리 120g
곤자소니 60g
곱창 120g
깃머리 60g
업진육 120g
부아(허파) 60g
도가니뼈 ½개
무 450g
대파 2대
통마늘 6개
저민 생강 1톨
통후추 20알

양념
국간장 2큰술 / 다진 파 2큰술 / 다진 마늘 1큰술 / 생강즙 1작은술 / 참기름 1큰술 / 후춧가루 ½작은술

육개장

◆ 재 료

쇠고기(양지머리 또는 사태) ……… 500g
양 ……………… 300g
곱창 …………… 300g
물 ……………… 30컵
대파 ……………… 3대
마늘 ……………… 5쪽
파 ……………… 200g
국간장 ………… 적당량

국거리 양념

고춧가루 2큰술 / 식용유 2큰술 / 국간장 1큰술 / 소금 2작은술 / 다진 마늘 1큰술 / 참기름 1큰술

만들기

1 양과 곱창을 소금으로 주물러 씻는다. 양을 끓는 물에 튀하여 검은 막을 벗기고 기름을 떼어낸 다음 곱창과 함께 끓는 물에 넣어 삶는다.
2 양지머리를 찬물에 담가 핏물을 빼고 끓는 물에 덩어리째 넣어 1시간 정도 삶아 무르게 익힌다. 이때 대파, 마늘 등을 넣어 누린내를 없앤다.
3 고기를 건져내고 국물을 식혀서 기름을 없앤다. 양지머리를 결대로 굵게 찢거나 결 반대로 납작하게 썰고 양은 저며 썬다. 곱창을 작게 썬다.
4 파를 7cm 크기로 토막 내 길이대로 굵게 갈라 끓는 물에 소금을 약간 넣어 살짝 데친다.
5 국거리 양념 중 먼저 고춧가루를 그릇에 담아 식용유를 조금씩 넣고 으깨어 고추기름을 만든다. 나머지 양념을 넣고 고루 섞은 다음 고기와 파를 각각 넣어 양념한다.
6 육수에 양념한 고기와 파를 넣어 맛이 어우러지게 끓인다. 간이 부족하면 국간장으로 맞춘다. 고추장을 넣기도 한다.

토란곰탕

재 료

쇠고기(양지머리) 400g, 대파 1대, 마늘 2쪽, 토란 200g, 무 150g, 다시마 10cm, 양념(국간장 1큰술, 다진 마늘 1작은술, 참기름 약간)

만들기

1 양지머리를 찬물에 담가 핏물을 뺀 뒤 끓는 물에 넣어 푹 무르게 삶는다. 도중에 마늘과 파를 넣고 삶는다.
2 무를 큼직하게 썰어 고기를 삶는 도중에 넣고 끓인다.
3 토란은 껍질을 벗긴 다음 소금물에 삶아 건진다.
4 다시마를 물에 담가 불린다.
5 고기가 익으면 건져 적당한 크기로 도톰하게 썬다. 무를 나박썰기 한다. 다시마를 3~4cm 크기로 썬다.
6 썰어놓은 고기, 무, 다시마에 국간장, 다진 마늘, 후춧가루, 참기름을 넣어 양념한다.
7 고기 삶은 육수에 국간장으로 간을 맞추고 토란과 그 외의 재료를 넣고 한소끔 끓인 다음 송송 썬 대파를 넣는다.

탕·국

신선로 _ 열구자탕

◆ 재 료

쇠고기(사태나 양지머리) 150g	달걀 4개	참기름 1작은술 / 후춧가루 약간	잣 1작은술
양 150g	미나리 50g	**완자 양념**	소금·후춧가루·국간장·식용유·밀가루 적당량씩
무 100g	흰살 생선(전감) 50g	소금 ½작은술 / 다진 파 1작은술 / 다진 마늘 ½작은술 / 참기름 ½작은술 / 후춧가루 약간	
당근 50g	천엽 50g		
쇠고기(우둔살) 150g	마른 표고버섯 2장		
두부 30g	붉은 고추 1개	호두 3개	
석이버섯 5장	**고기·탕거리 양념**	은행 12개	
	국간장 1큰술 / 다진 파 2작은술 / 다진 마늘 1작은술		

만 들 기

1 사태를 덩어리째 찬물에 씻어 건진다. 양은 두꺼운 부위로 골라서 끓는 물에 잠깐 넣었다가 건져낸 다음 검은 막을 칼로 긁어내어 깨끗이 손질한다. 냄비 두 곳에 물을 넉넉히 끓여 사태와 양을 각각 삶다가 도중에 사태에 무와 당근을 통째로 넣어 함께 익힌다.

2 우둔살 100g을 얇게 썰어 고기 양념으로 고루 무치고, 나머지는 곱게 다져 으깬 두부에 합하여 완자 양념으로 고루 주물러서 지름 1.2cm의 완자로 빚는다.

3 석이버섯을 더운물에 불려 손으로 비벼 안쪽의 이끼를 깨끗이 손질한 다음 곱게 다진다. 달걀 3개를 황백으로 나누어 소금을 조금 넣어 잘 푼다. 흰자는 반으로 나누어 한쪽에 다진 석이를 섞어서 백색, 흑색(석이 지단) 두 가지와 황색 지단을 각각 부친다.

4 미나리는 잎을 뗀 줄기를 가는 대꼬치에 위아래를 번갈아 꿰어 네모지게 한 장으로 만든다. 밀가루를 양면에 고루 묻히고 풀어놓은 달걀에 담갔다가 팬에 누르면서 지진다.

5 흰살 생선을 전감으로 얇게 떠서 소금과 흰 후춧가루를 뿌려놓는다. 천엽을 한 장씩 떼어 소금을 뿌려 주물러 씻은 다음 잔칼집을 고루 넣고 후춧가루를 뿌린다. 밀가루를 얇게 묻힌 다음 풀어놓은 달걀에 담갔다가 뜨겁게 달군 팬에 식용유를 두르고 양면을 노릇하게 지진다. 빚은 완자도 밀가루와 달걀을 입혀서 팬에 굴리면서 지진다.

6 표고버섯은 되도록 큰 것으로 골라 물에 불려 꼭 짠 다음 물기를 제거한다.

7 호두를 뜨거운 물에 불려서 꼬치로 껍질을 벗긴다. 은행을 뜨겁게 달군 팬에 식용유를 약간 두르고 볶은 다음 바로 마른 행주나 종이로 비벼서 속껍질을 벗긴다. 잣은 고깔을 떼어놓는다.

8 준비한 지단, 미나리초대, 전, 표고버섯, 무, 당근 등을 신선로 틀의 폭을 길이로 하고 너비 3cm 정도로 하여 골패 모양으로 썬다. 붉은 고추는 씨를 빼고 같은 길이로 썬다.

9 ①의 고기를 건져서 납작하게 썰어 탕거리 양념으로 양념한 다음 신선로 틀 바닥에 깐다. 그 위에 ②의 양념한 고기를 고르게 놓고, 그 위에 골패 모양으로 썬 재료들을 색 맞추어 고르게 돌려 담는다. 맨 위에 완자와 호두, 은행을 고명으로 얹는다.

10 ①의 육수를 국간장과 소금으로 간을 맞춘 다음 데워서 붓는다. 가운데 화통에 숯을 피워 끓는 상태로 상에 낸다.

① 사태와 양을 삶다가 무와 당근을 통째로 넣는다.
② 지단, 미나리초대, 전 등을 신선로 크기에 맞게 썬다.
③ 삶은 고기와 무를 탕거리 양념으로 양념한다.
④ 양념한 탕거리를 신선로 바닥에 깐다.
⑤ 재료를 색 맞추어 올리고 육수를 붓는다.

탕·국

삼계탕

◆ 재료

영계(600g 정도)
.... 4마리
찹쌀 2컵
마늘 8쪽
대추 8개
황률 8개
수삼 4뿌리
물 .... 적당량
소금·후춧가루
.... 적당량씩
파 .... 약간

닭국물 양념
소금 1큰술 / 생강즙 1큰술 / 후춧가루 약간

만 들 기

1 영계는 꽁지 쪽을 조금 갈라서 내장을 꺼내고 뼈에 붙어 있는 혈관도 말끔히 긁어낸 다음 씻어서 물기가 잘 빠지도록 세워둔다.
2 찹쌀을 깨끗이 씻어서 물에 2시간 정도 불려서 소쿠리나 망에 건져 물기를 뺀다.
3 마늘은 껍질을 벗기고 대추는 씨를 발라놓는다. 수삼을 씻어놓는다.
4 닭의 뱃속에 불린 찹쌀과 마늘 2쪽, 대추 2개, 황률 2개, 수삼을 넣어 갈라진 자리를 실로 묶어 대꼬치로 꿰어 고정시킨다.
5 냄비에 닭을 가지런히 안치고 물을 부어서 끓인다. 팔팔 끓어오르면 불을 약하게 줄여서 서서히 1시간 이상 끓인다.
6 닭이 충분히 무르게 익으면 건져서 묶어놓았던 실을 풀고 대꼬치를 뽑는다. 국물에 소금, 생강즙, 후춧가루를 넣고 간을 맞춘다.
7 큰 대접이나 뚝배기에 닭을 한 마리씩 담고 국물을 끓여서 붓는다. 따로 소금, 후춧가루, 잘게 썬 파를 곁들인다.

삼계탕은 어린 닭의 뱃속에 찹쌀, 마늘, 대추, 인삼을 넣고 물을 부어 오래 끓인 음식으로 계삼탕(鷄蔘湯)이라고 한다. 여름철 보신 음식으로 으뜸이고 원래는 연계(軟鷄)를 백숙으로 푹 고아 연계백숙이라 하였는데, 인삼을 넣어 계삼탕이라고 하다가 지금은 삼계탕으로 바뀌었다.

초교탕

◈ 재료
- 닭(중) ··· ½마리(500g)
- 생강 ············ 1톨
- 물 ············· 6컵
- 생도라지 ········ 50g
- 미나리 ·········· 30g
- 쇠고기 ·········· 50g
- 마른 표고버섯 ···· 1장
- 밀가루 ········· 2큰술
- 달걀 ············ 1개

닭살 양념
소금 ½작은술 / 다진 파 1작은술 / 다진 마늘 ½작은술 / 참기름 1작은술 / 생강즙 약간 / 흰 후춧가루 약간

고기 양념
국간장 1작은술 / 다진 파 1작은술 / 다진 마늘 ½작은술 / 참기름 · 후춧가루 약간씩

만들기
1 닭을 손질해서 얇게 썬 생강과 함께 넣고 무르게 삶는다. 살은 건져 찢고 국물은 기름 없이 깨끗이 밭친다.
2 생도라지를 가늘게 찢어 소금으로 주물러 씻어 쓴맛을 뺀다. 미나리를 다듬어 3cm 길이로 잘라서 끓는 물에 데친다.
3 닭살과 도라지, 미나리를 합해 닭살 양념으로 무친다.
4 쇠고기를 다지고 표고버섯은 불려서 기둥을 떼고 채 썬다. 고기와 버섯을 합해 고기 양념으로 무친다.
5 양념한 것을 모두 합해 밀가루와 달걀을 넣고 잘 섞은 다음 고루 주무른다.
6 닭국물에 간을 맞추어 끓이다가 반죽한 건지를 한 수저씩 떠 넣어 떠오르면 불을 끈다. 참기름과 후춧가루를 넣는다.

임자수탕

만들기
1 닭에 파, 마늘, 생강을 넣고 무르게 삶는다. 살을 찢어 소금과 흰 후춧가루로 양념하고 국물은 차게 식혀 기름을 걷는다.
2 흰깨를 물에 불려 거피하여 볶아 닭육수를 조금씩 부으면서 곱게 갈아 체에 밭쳐 소금, 흰 후춧가루로 간을 맞춘다.
3 다진 쇠고기에 두부를 섞어 완자 양념으로 무쳐 직경 1cm의 완자로 빚는다. 밀가루와 달걀물을 입혀 지지고 미나리로는 초대를 부친다.
4 달걀 1개는 황백으로 분리하여 소금을 약간 넣고 얇게 지단을 부친다.
5 황백 지단, 미나리초대를 2×4cm의 골패형으로 썬다.
6 오이, 불린 표고버섯, 붉은 고추를 지단과 같은 크기로 썰어 녹말가루를 씌워 끓는 물에 데쳐 찬물에 헹군다.
7 대접에 준비된 재료를 담고 닭국물과 깻국을 섞은 국물을 차게 해서 붓는다.

◈ 재료
- 닭(중) ·· ½마리(500g)
- 파 ············· 1대
- 마늘 ············ 2쪽
- 생강 ············ 1톨
- 흰깨 ············ 1컵
- 쇠고기 ·········· 50g
- 두부 ············ 30g
- 미나리 ·········· 50g
- 밀가루 · 식용유 ···· 적당량씩
- 달걀 ············ 2개
- 오이 ············ ½개
- 마른 표고버섯 ···· 2개
- 붉은 고추 ········ ½개
- 녹말가루 ······· 1큰술
- 소금 · 후춧가루 적당량씩

완자 양념
소금 ½작은술 / 다진 파 1작은술 / 다진 마늘 ½작은술 / 참기름 ½작은술 / 후춧가루 약간

탕·국

애탕
어알탕
완자탕

애탕

◈ 재료

쇠고기(등심) …… 100g
장국 고기 양념
국간장 2작은술 / 다진 마늘 1작은술 / 참기름 1작은술 / 후춧가루 약간
물 …………………… 8컵
국간장 ………… 적당량
데친 쑥 …………… 40g
쇠고기(우둔살)
………………… 100g
완자 양념
소금 ½작은술 / 다진 파 2작은술 / 다진 마늘 1작은술 / 참기름 1작은술 / 후춧가루 약간
밀가루 …………… 1큰술
달걀 ………………… 1개

만 들 기

1 쇠고기를 납작납작하게 썰어서 양념한 다음 물을 부어 장국을 끓인다. 국간장으로 간을 맞춘다.
2 쑥을 끓는 물에 살짝 데쳐 찬물에 헹구어 물기를 꼭 짠 다음 곱게 다진다.
3 쇠고기 우둔은 곱게 다져서 다진 쑥과 합하여 완자 양념을 한다. 끈기가 나게 잘 섞어서 지름 1.5cm의 완자로 빚는다.
4 빚은 완자에 밀가루를 고루 묻힌 다음 풀어놓은 달걀에 담갔다가 끓는 장국에 넣는다. 익어서 떠오를 때까지 끓여서 바로 대접에 담아 낸다. 쑥잎을 조금 띄워도 좋다.

완자탕
다진 쇠고기에 두부를 섞어 양념하여 동그랗게 완자를 빚어서 밀가루, 달걀을 무친 다음 기름 두른 팬에 굴리면서 익혀 팔팔 끓는 장국에 얹어 한소끔 끓이는 맑은 국이다.

어알탕

만 들 기

1 쇠고기를 납작납작하게 썰어서 고기 양념으로 무친 다음 물을 부어 맑은 장국을 끓인다. 국간장으로 간을 맞춘다.
2 흰살 생선은 살만 떠서 잘게 썰어 다진다. 분마기에 담고 생선 완자 양념을 넣고 끈기가 날 때까지 으깬다. 고루 어우러지면 녹말가루 1큰술을 넣어 섞은 다음 잣을 하나씩 넣어 직경 1.5cm로 완자를 빚는다.
3 빚은 어알에 녹말가루를 고루 묻혀 삶아 찬물에 담갔다가 건진 다음 다시 녹말가루를 고루 묻힌다. 세 번 정도 반복하여 옷을 고루 입힌 다음 찜통에 담쟁이잎이나 젖은 행주를 깔고 찐다.
4 달걀을 황백으로 갈라서 소금을 약간 넣어 풀어 지단을 얇게 부친다. 완자형으로 썬다. 실파를 다듬어 3cm 길이로 썬다.
5 장국이 팔팔 끓으면 쪄낸 어알과 실파를 넣어 잠시 더 끓여서 그릇에 담는다. 달걀 지단을 띄운다.

◈ 재료

쇠고기(등심) …… 100g
장국 고기 양념
국간장 2작은술 / 다진 마늘 1작은술 / 참기름 1작은술 / 후춧가루 약간
물 …………………… 8컵
국간장 ………… 적당량
흰살 생선 ……… 200g
생선 완자 양념
소금 ½작은술 / 다진 파 2작은술 / 다진 마늘 1작은술 / 참기름 1작은술 / 생강즙 ½작은술 / 흰 후춧가루 약간
녹말가루 ……… 5큰술
달걀 ………………… 1개
실파 ……………… 2뿌리
잣 ………………… 적당개
소금·식용유 … 약간씩

냉이토장국

쑥토장국

원추리토장국

냉이토장국

◈ 재료

냉이 ············ 200g
모시조개 ······ 200g
조개국물 ········· 6컵
된장 ············ 3큰술
고추장 ······ 2작은술
대파 ················ 1대
다진 마늘 ·· 2작은술
소금 ·············· 약간

만들기

1 냉이를 깨끗이 다듬어 씻어 끓는 물에 소금을 약간 넣고 살짝 데친 다음 찬물에 헹군다. 4cm 길이로 썬다.
2 모시조개를 소금물에 담가 해감을 뺀 다음 물을 부어 끓인다. 조개 입이 벌어지면 조개를 냄비 안에서 흔들어 건지고 국물은 면보에 거른다.
3 조개국물에 된장과 고추장을 망에 걸러서 풀어 넣고 끓인다.
4 국물이 충분히 맛이 들면 데친 냉이를 넣고 다진 마늘과 어슷하게 채 썬 파를 넣어 끓인다. 소금으로 간을 맞춘다.
5 국이 끓으면 조개를 넣어 한소끔 더 끓인다.

쑥토장국

만들기

1 쑥은 누런 잎을 떼내고 밑동을 잘라 씻어 물기를 턴 다음 날콩가루에 버무린다.
2 쇠고기를 납작하게 썰어 다진 파, 마늘, 소금, 참기름에 양념하여 분량의 끓는 물에 넣는다.
3 쇠고기장국에 된장과 고추장을 푼 다음 날콩가루를 묻힌 쑥을 넣는다.
4 한소끔 끓으면 다진 마늘을 넣고 불에서 내린다. 연한 쑥일 때는 콩가루를 묻히지 않고 그대로 끓이기도 한다.

원추리토장국
냉이토장국과 같은 방법으로 끓인다. 원추리는 우리나라 전국의 산과 들에 자생하고 있으며 훤초(萱草) 또는 망우초(忘憂草)라고도 한다. 어린잎으로는 나물을 하여 넘나물이라고도 부른다.

◈ 재료

쑥 ················ 50g
날콩가루 ········· ½컵
쇠고기(등심) ······ 50g
쇠고기 양념
소금 약간 / 다진 파 1작은술 / 다진 마늘 ½작은술 / 참기름 1작은술
물 ················ 5컵
된장 ············ 2큰술
고추장 ·········· ½큰술
다진 마늘 ···· 1작은술

■ ■ ■ ■ 탕·국

배추속대국

◆ 재료

배추속대 ········ 300g
무 ················ 100g
쇠고기 ············ 100g
고기 양념
국간장 1작은술 / 다진 마늘 1작은술 / 참기름 1작은술 / 후춧가루 약간
쌀뜨물(또는 물)
·················· 8컵
된장 ············ 3큰술
고추장 ·········· 1큰술
다진 마늘 ···· 2작은술
대파 ············ ½대
소금·국간장
·············· 약간씩

만 들 기

1 배추는 연한 속대로만 골라 물에 씻은 다음 칼로 길쭉 길쭉하게 가른다. 무를 얇게 비져썰기 한다.
2 쇠고기를 얇게 저며 썰어서 분량의 고기 양념으로 무쳐 냄비에 넣어 볶는다. 익으면 쌀뜨물을 붓고 된장과 고추장을 망에 걸러서 풀어 넣는다.
3 ②의 국물이 충분히 맛이 들면 비져 썬 무와 배추를 넣고 끓이다가 다진 마늘과 어슷 썬 파를 넣어 끓인다.
4 간을 보아 부족하면 국간장이나 소금으로 맞춘다.

시금치토장국
시금치토장국은 다른 토장국과 같은 방법으로 끓이는데 멸치장국이나 조개국물로 맛을 낸다. 시금치를 데쳐서 찬물에 헹궈 건지로 쓴다.

아욱국
아욱은 연한 줄기와 잎을 먹는데 주로 토장국을 끓여 먹는다. 쌀뜨물에 된장과 고추장을 풀어서 마른 새우를 넣고 끓이면 더욱 맛있다.

오이냉국

◆ 재 료

오이	1개
국간장	2큰술
대파	½대
붉은 고추	1개
물	4컵
식초	1큰술
국간장	약간
소금	약간

만 들 기

1 오이를 소금으로 문질러 씻어서 어슷하게 얇게 썬 다음 채 썰어 국간장에 절인다.
2 대파는 흰 부분으로 곱게 채 썬다. 붉은 고추를 다진다.
3 절인 오이를 국그릇에 담고 준비된 양념을 얹는다.
4 생수에 식초, 국간장, 소금으로 맛을 내어 국물을 만들어 붓는다.

기름기 없는 쇠고기를 곱게 다져 국거리 양념하여 부드럽게 볶은 다음 냉국 위에 얹기도 한다.

미역냉국

만 들 기

1 마른미역에 물을 부어 불려 씻어 줄기를 떼어내고 4㎝ 길이로 썬다.
2 쇠고기는 기름기 없는 살로만 다진다.
3 쇠고기를 고기 양념으로 고루 무친 다음 냄비에 기름을 두르지 않고 볶아서 식힌다.
4 미역을 국간장으로 고루 무치고, 오이를 어슷하게 썬 다음 곱게 채 썬다.
5 볶은 고기와 미역, 오이를 한데 합한 다음 물에 식초를 타서 부어 고루 젓는다.
6 간이 부족하면 소금으로 맞춘다.

◆ 재 료

| 마른미역 | 30g |
| 쇠고기 | 100g |

고기 양념
국간장 2작은술 / 다진 파 2작은술 / 다진 마늘 1작은술 / 참기름 1작은술 / 깨소금 1작은술 / 후춧가루 약간

국간장	1큰술
오이	½개
물	6컵
식초	2큰술
소금	적당량

굴두부조치

◆ 재 료
- 물 ········· 2½컵
- 소금 ········· ⅓작은술
- 새우젓국 ········· 1작은술
- 굴 ········· 200g
- 두부 ········· 200g
- 실파 ········· 3뿌리
- 붉은 고추 ········· ½개
- 참기름 ········· 1작은술

만 들 기
1 냄비에 물을 넣고 끓이다가 소금이나 새우젓을 넣어 간을 맞춘다.
2 굴을 옅은 소금물에 흔들어 깍지 없이 씻어 건져 놓는다.
3 두부를 사방 1.5cm 크기로 네모지게 썬다. 붉은 고추는 씨를 발라낸 다음 채 썬다. 실파를 3cm 길이로 썬다.
4 ①의 장국이 팔팔 끓을 때 먼저 두부를 넣어 익으면 바로 굴과 고추를 넣는다. 굴이 익어 떠오르면 실파를 넣어 잠시 끓인 다음 불을 끄고 참기름을 넣는다.

굴과 두부를 넣은 맑은 조치로 아침상이나 죽상에 잘 어울린다. 굴이나 두부가 들어가 지나치게 오래 끓이거나 다시 데우면 맛이 떨어진다. 국물이 시원하여 과음한 후에 먹는 해장국으로 좋고, 빵을 먹는 서양식 아침식사에도 맛이 어울린다.

맑은찌개는 소금이나 새우젓으로 간을 맞추며 두부·호박·무·명란 등을 넣어 담백하게 맛을 낸 것이다. 궁중에서는 토장이나 고추장보다 젓국조치를 많이 올렸다고 한다.

명란젓국조치

재 료
명란젓 100g, 쇠고기(우둔) 50g, 두부 80g, 애호박 1/4토막(80g), 실파 2줄기, 홍고추 ½개, 물 2½컵, 새우젓국 1작은술, 참기름 약간
고기양념
청장 1/2작은술, 마늘 약간, 참기름 약간, 후춧가루 약간

만 들 기
1 명란을 1.5cm 폭으로 토막을 낸다.
2 쇠고기를 잘게 썰어 고기 양념한다.
3 두부는 사방 2cm 크기로 두껍지 않게 썰고 애호박은 은행잎모양으로 썬다. 실파는 2cm 길이로 썰고 홍고추는 어슷 썬다.
4 냄비에 물을 끓이다가 양념한 고기를 넣고 육수를 끓인 뒤 애호박, 두부, 명란을 차례로 넣고 다 끓으면 새우젓국으로 간을 맞추고 실파, 홍고추를 넣는다.
5 불을 끄고 참기름을 한 두 방울 넣는다.

명란젓국조치

무젓국조치

절미된장조치

◆ 재료

쇠고기(등심) ······ 80g
장국 고기 양념
국간장 1작은술 / 다진 마늘 1작은술 / 참기름·후춧가루 약간씩
두부 ················ 80g
마른 표고버섯 ··· 2장
풋고추 ·············· 2개
붉은 고추 ········· 1개
대파 ················ ½대
된장 ················ 2큰술
물 ·················· 2컵

만들기

1 쇠고기를 납작납작 썰어 장국 고기 양념으로 무친다. 두부를 네모지게 썬다.
2 표고버섯을 씻어 물 1컵에 불린 다음 채 썬다. 버섯 불린 물은 버리지 말고 장국에 쓴다.
3 뚝배기에 양념한 고기와 채 썬 표고버섯을 넣고 볶다가 버섯 불린 물을 붓는다.
4 된장을 덩어리 없이 풀어 넣고 물 1컵을 더 부어 끓인다.
5 끓기 시작하면 두부를 넣고 불을 줄여 오랫동안 서서히 끓인다.
6 맛이 잘 어우러지면 고추와 파를 송송 썰어 넣는다.

된장 이외의 부재료를 많이 넣지 않고 된장을 주로 하여 되직하게 끓이는 진한 맛의 된장찌개이다. 이 조치에 쓰이는 된장은 간이 너무 세지 않은 것이 알맞다. 재료를 작은 뚝배기에 담아서 밥솥에 찌거나, 중탕한 다음 살짝 끓이거나, 약한 불에 올려서 서서히 끓여야 제 맛이 난다.

두부된장찌개

만들기

1 두부를 길이 4cm, 폭 3cm, 두께 0.8cm로 썬다.
2 감자는 껍질을 벗겨 반으로 갈라 0.8cm 두께로 썬다. 애호박을 반으로 갈라 0.8cm 두께로 반달썰기 한다.
3 붉은 고추와 풋고추를 어슷 썬 다음 찬물에 헹궈 씨를 뺀다. 대파를 어슷 썬다.
4 장국용 멸치는 머리와 내장을 떼어낸 다음 분량의 끓는 물에 넣고 10분 정도 끓여 건진다.
5 ④의 멸치장국에 된장과 고추장을 푼 다음 끓어오르면 감자, 두부, 애호박, 붉은 고추를 넣는다.
6 감자와 호박이 익으면 다진 마늘, 풋고추, 대파를 넣고 끓인다. 모자란 간은 소금으로 맞춘다.

◆ 재료

두부 ················ ½모
감자 ················ 1개
애호박 ············· ½개
붉은 고추 ········· 1개
풋고추 ·············· 2개
대파 ················ ½대
멸치 ················ 20g
물 ·················· 4컵
된장 ················ 2큰술
고추장 ············· 1작은술
다진 마늘 ········· 1작은술
소금 ················ 약간

찌개

오이감정

게감정

게감정

◈ 재료
꽃게 ······ 2마리(500g)
물 ··············· 6컵
생강 ··············· 1톨
청주 ············ 1큰술
고추장 ·········· 4큰술
된장 ············ 1큰술
쇠고기(등심) ····· 50g
쇠고기(다진것) ··· 50g

장국양념
국간장 ⅓작은술 / 다진 마늘 ⅓작은술 / 참기름 / 후추가루 약간

두부 ············· 50g
숙주 ············· 70g
무 ·············· 150g
풋고추 ············ 2개
붉은 고추 ········· 1개
대파 ············· ½개

소 양념
소금 ⅓작은술 / 다진 파 2작은술 / 다진 마늘 1작은술 / 깨소금 1작은술
참기름 · 후추가루 · 밀가루 · 식용유 · 달걀 ········· 적당량씩
다진 마늘 ····· 1작은술

만들기

1 게를 깨끗이 씻어 딱지를 떼고 안의 것을 긁어 모은다. 게 몸통을 잘라서 살을 발라내고 다리는 뚝뚝 끊는다.

2 살을 발라낸 자투리에 생강, 후춧가루, 청주, 물을 부어 끓여 체에 거른 다음 고추장과 된장을 푼다.

3 쇠고기는 납잡납잡하게 썰어 장국 양념으로 무친다.

4 다진 쇠고기, 으깬 두부, 데쳐서 송송 썬 숙주와 게살을 합해 소 양념 한다.

5 게딱지 안쪽의 물기를 닦고 참기름을 살짝 바른다. 밀가루를 한번 바른 다음 양념한 소를 채워 넣는다.

6 게딱지 위에 밀가루, 달걀을 묻혀서 팬에 식용유를 두르고 전을 지지듯이 한 면만 지져낸다.

7 무를 3㎝×3.5㎝ 크기로 납작하게 썬다. 파를 어슷어슷 썬다.

8 ②의 게국물에 소고기를 넣어 끓이다가 무를 넣고 말갛게 익으면 지져낸 게와 다진 마늘을 넣어 잠깐 더 끓이다가 어슷 썬 파를 넣는다.

오이감정

만들기

1 오이를 소금으로 문질러 씻는다. 고기를 납작납작 썰어 장국 양념으로 무친다.

2 오이를 삼각 지게 저며 썬다. 파를 어슷 썬다. 고추를 어슷 썬 다음 고추씨를 털어낸다.

3 물에 고기를 넣고 끓이다 장국이 맛이 들면 고추장과 된장을 푼다. 오이를 넣고 끓이다가 고추와 파, 다진 마늘을 넣고 잠깐 더 끓인다.

◈ 재료
오이 ········ 2개(200g)
쇠고기(등심) ····· 80g

장국 양념
국간장 1작은술 / 다진 마늘 1작은술 / 참기름 · 후춧가루 적당량씩

풋고추 ············ 2개
붉은 고추 ········· 1개
대파 ············· ½대
물 ················ 3컵
고추장 ·········· 3큰술
된장 ·········· 1작은술

민어지지미

◆ 재료

민어(대) ········· ½마리(800g)
쇠고기 ············ 100g

쇠고기 양념
국간장 2작은술 / 다진 마늘 1작은술 / 참기름 1작은술 / 후춧가루 약간

물 ················ 6컵
모시조개 ········ 200g
고추장 ············ 2큰술
된장 ·············· ½큰술
애호박 ············ ½개
두부 ·············· ½모
붉은 고추 ········ ½개
풋고추 ············ 1개
대파 ·············· 1대
다진 마늘 ········ ½큰술
다진 생강 ········ 약간
쑥갓 ·············· 30g

만들기

1 민어는 비늘을 잘 긁어서 내장을 빼고 5cm 정도로 토막 낸 다음 깨끗이 씻는다.
2 쇠고기를 기름기가 있는 부위로 잘게 썰어서 양념한다. 냄비에 볶다가 물을 넣어 끓여서 장국을 만든다.
3 모시조개는 해감을 뺀 다음 물에 넣어 끓여 조개는 건지고 조개국물은 면보에 밭쳐 장국에 섞는다.
4 장국에 고추장, 된장을 푼다.
5 애호박을 반달 모양으로 1cm 두께로 썬다. 고추를 어슷하게 썰어 씨를 털어낸다. 대파를 어슷 썬다. 두부도 먹기 좋은 크기로 썬다.
6 장국이 맛이 들면 먼저 민어 토막과 애호박을 넣어 끓인다.
7 민어가 반 이상 익었을 때 파와 고추, 두부, 마늘, 생강을 넣고 끓이다가 간을 보아 부족하면 국간장으로 맞춘다. 맛이 잘 어우러질 때까지 끓인다. 마지막에 쑥갓을 넣는다.

김치조치

재료

김치 200g, 쇠고기 또는 제육편육 50g, 고기 양념(깨소금 1작은술, 참기름 1작은술, 후춧가루 약간), 장조림간장 또는 국간장 1큰술, 대파 약간

만들기

1 김치를 3~4cm 폭으로 썰어서 꼭 짠다. 너무 신김치는 물에 한번 헹구어서 쓴다.
2 쇠고기나 편육을 채 썰어서 양념하여 뚝배기에 담고 물을 붓는다. 장조림간장이나 국간장으로 간을 맞춘다.
3 파를 어슷 썰어 넣어 한소끔 더 끓인다.

전골 · 볶기

두부전골

◆ 재 료

두부 ·············· 300g
녹말가루 ········ 3큰술
쇠고기(우둔) ···· 100g
쇠고기(다진것) ··· 50g
식용유 ········· 적당량
마른 표고버섯 ··· 2장

고기 · 표고 양념
국간장 1큰술 / 설탕 늦큰술 / 다진 파 2작은술 / 다진 마늘 1작은술 / 깨소금 1작은술 / 참기름 1작은술 / 후춧가루 약간

무 ················· 100g
숙주 ················ 70g
당근 ················ 50g
양파 ················ 50g
실파 ················ 30g
미나리 ············· 30g
소금 · 참기름 ··· 약간씩
달걀 ················· 2개
호두 ················· 3개
잣 ················· 1큰술
홍고추 ·············· 1개

만 들 기

1 두부를 길이 3cm, 폭 2.5cm, 두께 0.7cm 크기로 썰어 소금을 약간 뿌렸다가 물기를 뺀다. 겉면에 녹말가루를 고루 묻혀서 팬에 노릇하게 지진다.
2 쇠고기 100g을 채 썰고 50g은 곱게 다진다.
3 표고버섯을 불려서 채 썬다. 고기 양념을 채 썬 고기, 표고버섯, 다진 고기에 나누어 넣어 양념한다.
4 무와 당근을 5cm 길이로 납작하게 채 썬 다음 끓는 물에 소금을 넣어 데친다. 숙주는 머리와 꼬리를 따고 데친 다음 참기름, 소금을 넣어 무친다.
5 양파를 길이로 채 썰고, 실파를 5cm 길이로 썬다. 미나리는 잎을 떼고 다듬어 끓는 물에 넣어 데친다.
6 지진 두부 두 장 사이에 양념한 다진 고기를 넣은 다음 데친 미나리로 가운데를 한 번씩 묶는다.
7 호두는 따뜻한 물에 불려 껍질을 벗긴다.
8 준비한 채소와 고기, 두부를 전골냄비에 돌려 담고 잣을 고루 뿌린다.
9 더운물 5컵에 국간장과 소금으로 간을 맞춘 다음 ⑧에 붓고 끓인다. 두부 등 재료가 익으면 달걀을 깨 넣어 반숙으로 익힌다.

1 두부에 녹말가루를 묻혀 팬에 지진다.
2 지진 두부 2장 사이에 양념한 다진 고기를 넣어 데친 미나리로 묶는다.

도미면

◈ 재료
도미 ······ 1마리(800g)
쇠고기(사태 또는 양지머리) ······ 200g
쇠고기(우둔) ······ 80g

고기 양념
국간장 2작은술 / 다진 마늘 1작은술 / 참기름 1작은술 / 후춧가루 약간

달걀 ······ 5개
석이버섯 ······ 5장
마른 표고버섯 ······ 2장
불린 목이버섯 ······ 20g
붉은 고추 ······ 1개
미나리 ······ 50g
당면 ······ 50g
호두 ······ 3개
은행 ······ 5알
완자 ······ 5개
잣 ······ 1작은술
밀가루 · 식용유 · 소금 · 국간장 · 후춧가루 · 청주 · 생강즙
······ 적당량

만들기

1 도미는 비늘을 긁고 내장을 빼서 머리와 꼬리는 남긴 채로 살을 크게 포 뜬다. 4cm 정도 크기로 어슷하게 썰어 소금, 후춧가루를 뿌린다.

2 사태나 양지머리를 덩어리째 물에 씻어서 물 8컵을 넣고 연해질 때까지 삶은 다음 납작납작하게 썰어 양념한다. 육수는 소금과 국간장으로 간을 맞춘다.

3 쇠고기를 납작납작 썰어 사태와 같이 고기 양념 한다.

4 석이버섯을 더운물에 불려 손으로 비벼 안쪽의 이끼를 깨끗이 손질한 다음 곱게 다진다. 표고버섯을 물에 불려 기둥을 뗀다. 목이버섯을 불려서 한 잎씩 떼어낸다. 붉은 고추를 갈라서 씨를 뺀다.

5 달걀 2개를 황백으로 나누어 소금을 조금 넣어 잘 푼다. 흰자는 반으로 나누어 흰색 지단과 다진 석이를 넣은 석이 지단을 부치고, 황색 지단도 부친다.

6 미나리는 잎을 떼고 다듬어서 길이를 맞추어 가는 대꼬치를 꿰어 네모지게 한 장으로 만들어 밀가루를 묻힌 다음 달걀 푼 것에 담가 지진다. 생선살도 전유어로 지지고 고기 완자도 옷을 입혀서 팬에 굴리면서 지진다.

7 호두는 더운물에 불려서 속껍질을 벗기고, 잣은 고깔을 뗀다. 지단, 미나리초대, 표고버섯, 붉은 고추를 2.5cm×4cm 정도의 골패형으로 썬다.

8 전골냄비에 삶은 고기, 쇠고기, 표고버섯, 목이버섯을 담고 위에 도미를 원래의 모양대로 모아 담는다. 주위에 지단과 완자를 돌려 담고 육수를 부어 끓인다.

9 당면을 더운물에 불려서 짧게 끊어 전골이 끓으면 한 옆에 넣어 익힌다.

전골 · 볶기

낙지전골

◆ 재 료

낙지 ······ 2마리(500g)
쇠고기 ············ 80g

고기 양념

간장 ⅔큰술 / 설탕 1작은술 / 다진 파 1작은술 / 다진 마늘 ½작은술 / 참기름 1작은술 / 깨소금 1작은술 / 후춧가루 약간

양파 ················ ½개
붉은 고추 ········ 1개
실파 ··············· 50g
쑥갓 ··············· 50g
통마늘 ············· 2쪽

전골 양념

참기름 1큰술 / 굵은고춧가루 2큰술 / 고추장 1큰술 / 간장 1큰술 / 설탕 1큰술 / 다진 파 1큰술 / 다진 마늘 ½큰술 / 깨소금 1큰술 / 다진 생강 ½작은술

만 들 기

1 낙지에 굵은 소금을 뿌려 주물러 씻은 다음 4~5㎝ 길이로 썬다.
2 쇠고기를 납작납작하게 썬 다음 고기 양념으로 고루 무친다.
3 양파를 길이대로 채 썬다. 붉은 고추를 갈라서 씨를 뺀 다음 다진다. 실파를 다듬어서 5㎝ 길이로 썬다. 통마늘을 굵게 다진다.
4 전골 양념 중에서 먼저 참기름에 고춧가루를 넣어 고루 으깬 다음 나머지 양념을 모두 섞어서 낙지를 고루 무친다.
5 쑥갓을 씻어서 5㎝ 정도로 끊어놓는다.
6 전골냄비를 잘 달구어서 기름을 두르고 먼저 다진 마늘과 양파를 넣어 잠시 볶다가 쇠고기와 낙지를 넣어 고루 볶는다. 낙지가 거의 익으면 쑥갓을 넣어 살짝 익힌다.

낙지에 쇠고기와 채소를 넣어 매운맛으로 양념하여 상에서 바로 볶아서 먹는 국물이 없는 전골이다. 낙지는 지나치게 익으면 질기고 딱딱하여 맛이 없어지므로 익으면 바로 먹도록 한다.

문어, 낙지, 오징어 등의 빨판에는 이물질이 많으므로 소금으로 바락바락 문질러 씻는다.

궁중떡볶이

◆ 재료

흰떡 ·············· 250g
기름장
간장 1작은술 / 참기름 1작은술
숙주 ············· 80g
당근 ············· 20g
양파 ············ 100g
호박오가리 ······ 10장
마른 표고버섯 ···· 2장
쇠고기 ············ 30g
고기·버섯 양념
간장 ⅔큰술 / 설탕 1작은술 / 다진 파 1작은술 / 다진 마늘 ½작은술 / 참기름 1작은술 / 깨소금 1작은술 / 후춧가루 약간
달걀 지단 ······ 1개분

만 들 기

1 흰떡은 굳은 것으로 준비하여 길이 4~5cm 정도로 잘라 6등분한다. 끓는 물에 넣어 말랑하게 삶아 건진 다음 기름장에 버무려 둔다.
2 숙주는 머리와 꼬리를 뗀다. 당근을 4cm 길이로 납작채로 썰어 끓는 물에 소금을 약간 넣고 살짝 데친다.
3 양파를 길이로 채 썬다. 호박오가리도 불려서 채 썬 다음 소금·다진 파·다진 마늘·참기름·깨소금 약간을 넣고 무친다.
4 불린 표고버섯은 기둥을 떼내고 곱게 채 썬다. 쇠고기를 다져서 표고버섯과 함께 양념하여 볶다가 떡을 넣어 함께 볶는다.
5 달구어진 팬에 식용유를 두르고 양파, 호박오가리 순으로 넣어 볶은 다음 ④에 섞는다.
6 부족한 간은 간장으로 맞춘다. 그릇에 담은 다음 지단채를 얹는다.

묵볶이

만 들 기

1 쇠고기를 다져서 양념하여 볶는다.
2 묵을 네모지고 도톰하게 썰어 소금과 참기름으로 무친다.
3 김을 구워서 부순다.
4 볶은 쇠고기에 묵을 넣어 같이 볶아낸 후 깨소금과 김을 얹는다.

◆ 재료

쇠고기 ············ 50g
고기 양념
간장 ½큰술 / 설탕 1작은술 / 다진 파 1작은술 / 다진 마늘 ½작은술 / 깨소금 ½작은술 / 참기름 ½작은술 / 후춧가루 약간
청포묵 ·········· 200g
김 ················· 1장
깨소금 ········ 적당량

사태찜

◆ 재 료

쇠고기(사태) ······ 400g
양·곱창 ········ 400g
무 ················ 200g
당근 ·············· 100g
마른 표고버섯(소)
 ················· 4장
밤 ················· 5개
대추 ·············· 5개

찜 양념장

간장 4큰술 / 배 간 것 4큰술 / 설탕 1½큰술 / 다진 파 2큰술 / 다진 마늘 1큰술 / 참기름 1큰술 / 깨소금 1큰술 / 후춧가루 약간

미나리 ············ 20g
잣 ············· 1작은술
은행 ·············· 5개
붉은 고추 ········· 1개
달걀 ············· 1개

만 들 기

1 사태를 덩어리째 찬물에 담가 핏물을 빼서 건져 끓는 물 10컵에 붓고 삶는다. 무와 당근은 고기가 반 이상 무르면 통째로 넣어 덜 무를 정도로만 삶는다. 육수는 면보에 거른다.

2 양을 굵은소금으로 문질러 씻어 끓는 물에 넣었다 건진 다음 칼로 검은 막을 벗겨 삶는다. 곱창은 흰 기름을 떼어낸 다음 끓는 물에 넣어 삶는다.

3 표고버섯을 물에 불려서 꼭지를 뗀다. 밤은 속껍질까지 깨끗이 벗긴다. 대추는 씨를 발라내고 잣은 고깔을 뗀다. 은행을 마른 팬에 볶아 껍질을 벗긴다.

4 삶은 고기와 무를 약 3cm 정도 크기로 토막 낸다. 고기와 무, 밤, 대추, 표고버섯을 한데 합하여 찜 양념장으로 고루 버무려서 냄비에 안친다. 재료가 덮일 정도로 육수를 부어 중불에서 서서히 끓인다.

5 붉은 고추는 씨를 빼고 어슷하게 썬다. 달걀을 황백으로 나누어 지단을 부쳐서 완자 모양으로 썬다. 미나리를 짧게 자른다.

6 국물이 거의 졸아들면 은행과 고추를 넣어 잠시 더 끓인다. 그릇에 담고 미나리, 지단과 잣을 얹어 낸다.

떡찜

재 료

흰떡 400g, 사태 200g, 양 200g, 물 10컵, 무 100g, 당근 50g, 쇠고기(우둔살) 50g, 마른 표고버섯 3개, 붉은 고추 ½개, 은행 5개, 잣 1작은술, 달걀 1개, **고기 양념**(간장 ½큰술, 설탕 1작은술, 다진 파 1작은술, 다진 마늘 ½작은술, 참기름·깨소금 ½작은술씩, 후춧가루 약간), **찜 양념장**(간장 4큰술, 설탕 2큰술, 다진 파 2큰술, 다진 마늘 1큰술, 참기름·깨소금 1큰술씩, 후춧가루 약간)

만 들 기

1 흰떡을 5cm 길이로 토막 내 칼집을 길이로 넣어 끓는 물에 살짝 데친 다음 한김 식혀서 양념한 고기와 버섯을 채워 넣는다. 또는 길이로 4등분하여 끓는 물에 살짝 데쳐 유장에 버무린다.

2 다른 재료는 사태찜과 같이 손질하여 찜하다가 ①의 떡을 넣어 찜한다.

갈비찜

◆ 재 료

쇠갈비	800g
물	5컵
육수	2컵
무	200g
당근	100g
마른 표고버섯	5장
밤	5개
대추	3개
달걀	1개

찜 양념장

간장 4큰술 / 배즙 4큰술 / 설탕 2큰술 / 다진 파 2큰술 / 다진 마늘 1큰술 / 참기름 1큰술 / 깨소금 1큰술 / 후춧가루 약간

만 들 기

1 쇠갈비를 5cm 길이로 토막 내어 찬물에 담가 핏물을 뺀다. 냄비에 물 5컵을 붓고 끓으면 갈비를 넣어 30분 정도 삶는다. 갈비에 붙은 질긴 힘줄이나 기름 덩어리를 떼어내고 2cm 간격으로 칼집을 넣는다. 육수는 차게 식혀 기름을 걷는다.

2 냄비에 삶은 갈비를 담고 찜 양념장의 ⅔ 분량을 넣어 고루 버무린 다음 갈비육수 2컵을 부어서 중불에서 서서히 끓인다.

3 무와 당근을 사방 3cm의 크기로 썰어 모서리를 다듬어서 끓는 물에 넣어 삶는다. 표고버섯을 물에 불려서 기둥을 뗀다. 밤은 껍질을 벗기고 대추는 씨를 뺀다.

4 갈비가 무르게 익으면 삶은 무, 당근, 표고버섯, 밤, 대추를 넣고 남은 양념장과 육수를 넣어 약한 불에서 서서히 찜한다.

5 달걀을 황백으로 나누어 소금을 약간 넣은 다음 얇게 지단을 부친다. 완자형이나 골패형으로 썬다.

6 갈비와 채소에 맛이 고르게 들면 찜기에 담고 위에 지단을 얹는다.

우설찜

우설은 소혀를 이르는 말이며 우설찜을 할 때는 우설의 껍질을 벗기는데, 혀의 위쪽과 끝부분을 끓는 물에 튀하여 칼로 긁어주든지 끓는 물에 흠씬 삶아 건져 식힌 다음 벗긴다. 찜은 갈비찜과 같은 방법으로 한다.

닭북어찜

◆ 재 료

닭 800g
소금 ½작은술
후춧가루 약간
마른 고추 1개
생강 1톨
식용유 3큰술
북어포 1마리
다시마 10cm
달걀 1개

찜 양념장

조청 2큰술 / 물 2컵 / 간장 3½큰술 / 설탕 1큰술 / 다진 파 2큰술 / 다진 마늘 1큰술 / 깨소금 1큰술 / 참기름 1큰술 / 후춧가루 약간

만 들 기

1 닭을 알맞은 크기로 토막 내어 소금, 후춧가루로 밑간한다.
2 마른 고추를 1cm 폭으로 자르고 생강을 편으로 썰어 팬에 기름을 두르고 넣어 향신 기름을 만든다.
3 준비한 닭을 ②에 넣어 노릇하게 지진다.
4 북어를 물에 잠깐 담가 불려 물기를 눌러 짠 다음 4cm 길이로 자른다. 다시마도 불려 네모지게 썬다.
5 냄비에 조청을 넣고 물을 부어 녹이다가 다시마와 지진 닭을 넣고 양념장 분량의 ⅔를 넣고 끓인다.
6 가끔 위아래를 뒤적이다가 북어를 넣고 남은 양념장을 넣어 찜한다.

궁중닭찜

만 들 기

1 닭을 깨끗이 손질하여 끓는 물에 삶는다. 도중에 파, 마늘, 생강을 크게 저며 넣는다.
2 삶은 닭의 살을 발라 굵직하게 찢고 국물을 식혀서 기름을 걷는다.
3 손질한 버섯들을 굵게 채 썬다.
4 냄비에 닭육수 4컵을 담아 끓여서 소금과 흰 후춧가루로 간을 맞춘다. 표고버섯과 목이버섯을 넣어 끓이다가 밀가루물을 주걱으로 저으면서 조금씩 넣어 걸쭉하게 끓인다.
5 닭살은 닭살 양념으로 고루 버무린 다음 ④에 넣어 끓어오르면 달걀을 풀어서 줄알을 친다. 석이버섯을 고루 얹어서 그릇에 퍼서 담는다.

◆ 재 료

닭 400g(삶아서 100g)
물 6컵
대파 1대
마늘 3쪽
생강 1톨
마른 표고버섯 2장
목이버섯(불린 것) 10g
석이버섯 2장
소금·후춧가루 적당량씩

밀가루물

밀가루 2큰술 / 물 3큰술 / 달걀 1개

닭살 양념

소금 1작은술 / 다진 파 1작은술 / 다진 마늘 ½작은술 / 참기름 1작은술 / 흰 후춧가루 약간

전복찜

◈ 재 료
전복(중) ········ 8개
쇠고기 ········· 100g
마른 표고버섯 ···· 3장
고기 양념
간장 1큰술 / 설탕 ½작은술 / 다진 마늘 1작은술 / 참기름 1작은술 / 후춧가루 약간
육수 ·········· 1½컵
은행 ··········· 10개
국간장 ········· 약간

만 들 기
1 전복을 껍질째 솔로 씻어서 수저를 깊이 넣어 살을 떼어낸다.
2 전복살에서 내장을 떼고 윗면에 0.5cm 간격의 사선으로 칼집을 넣는다. 뒷면에도 대강 어슷하게 칼집을 넣는다.
3 쇠고기를 납작하게 저며 썬다. 표고버섯도 불려서 기둥을 떼고 두 조각으로 썬다.
4 고기 양념으로 ③을 무쳐서 냄비 바닥에 깔고 위에 전복을 나란히 얹는다.
5 육수나 더운물을 국간장으로 간을 맞추어 냄비에 붓고 센 불에 올린다. 끓어오르기 시작하면 불을 약하게 줄여 끓인다.
6 팬에 식용유를 두르고 은행을 볶아서 마른 행주나 종이로 비벼서 껍질을 벗긴다.
7 전복이 무르게 익으면 은행을 넣어 잠시 더 익힌다.
8 전복 껍질에 전복을 하나씩 올리고 표고버섯과 쇠고기도 옆에 나누어 담는다. 은행을 얹는다.

대하찜

만 들 기
1 대하를 껍질째 깨끗이 씻어 등 쪽의 내장을 꼬치로 빼고 소금, 청주, 흰 후춧가루를 약간씩 뿌린 다음 생강과 대파를 편으로 썰어 넣는다. 찜통에 7~8분 정도 쪄서 국물을 받아둔다.
2 익힌 새우의 머리를 떼고 껍질을 벗겨 어슷하게 3cm의 폭으로 저며 썬다.
3 사태를 미리 삶아서 편육으로 만들어 납작납작하게 썰어놓는다.
4 오이를 길이로 반 갈라 어슷하게 썰어 소금에 절였다가 물기를 꼭 짠 다음 볶는다. 삶은 죽순을 얇게 썰어 볶는다. 오이와 죽순을 넓은 그릇에 펴서 식힌다.
5 도마에 넓은 종이를 펴고 잣을 곱게 다져서 잣가루를 만든다. 잣가루에 나머지를 섞어 잣집을 만든다.
6 준비한 재료를 한데 담아 잣집으로 버무린다.

◈ 재 료
대하 ············ 4마리
밑간
생강 ············ 1톨
대파 ········ 3cm 1토막
청주·흰후춧가루
··············· 적당량
쇠고기(사태) ···· 50g
오이 ············· ½개
삶은 죽순 ······· 50g
식용유 ·········· 적당량
잣집
잣가루 4큰술 / 새우국물 (또는 양지육수) 2큰술 / 소금 ½작은술 / 참기름 2작은술 / 흰 후춧가루 약간

■ ■ ■ 찜

통오이선

◆ 재료

가는 오이 ·········· 3개
쇠고기 ············ 100g
마른 표고버섯 ··· 2장
국간장 ············ 적당량
달걀 지단 ········· 1개분
잣가루 ············ 약간

고기 · 버섯 양념

간장 1큰술 / 설탕 ½큰술 / 다진 파 2작은술 / 다진 마늘 1작은술 / 깨소금 1작은술 / 참기름 1작은술 / 후춧가루 약간

만들기

1 오이를 5cm 길이로 토막 내어 소박이처럼 양끝을 남기고 세 갈래로 칼집을 넣어 소금물(물 1컵+소금 2작은술)에 절여 꼭 짠다.
2 쇠고기 50g은 납작납작 썰어 양념하고, 50g은 다져서 표고와 석이버섯 채 썬 것과 섞어서 양념한다.
3 오이의 칼집 사이에 다진 고기와 버섯 양념한 것을 소박이처럼 박는다.
4 냄비에 쇠고기 잰 것을 담고 오이를 차곡차곡 올린다. 국간장으로 싱겁게 간을 맞춘 국물을 잘팍하게 붓고 끓인다.
5 그릇에 담고 국물을 조금 끼얹은 다음 황백 지단채와 잣가루를 얹는다.

오이선

만들기

1 오이를 길이로 반 갈라서 껍질 쪽에 1cm 간격으로 어슷하게 칼집을 세 번 넣고 네 번째에서 끊어 4cm 정도의 길이로 토막 낸다. 소금물에 담가 절인다.
2 오이가 절여지면 물에 헹구어 건진 다음 행주에 싸서 눌러 물기를 짜 팬에 식용유를 두르고 볶아 식힌다.
3 곱게 채 썬 쇠고기와 표고버섯을 고기 양념하여 볶아 식힌다.
4 달걀을 황백으로 나누어 지단을 부쳐 2cm 길이로 곱게 채 썬다. 붉은 고추도 반 갈라 씨를 빼고 곱게 채 썬다.
5 오이의 칼집 사이에 황색 지단, 백색 지단, 볶은 쇠고기와 표고버섯을 한 칸씩 채워 넣고 붉은 고추를 백색 지단에 한 가닥씩 끼운다.
6 그릇에 가지런히 담고 단촛물을 만들어서 상에 내기 직전에 고루 끼얹어 낸다.

◆ 재료

오이 ················ 1개
쇠고기(우둔살) ··· 50g
마른 표고버섯(소)
·················· 1장

고기 양념

간장 ½큰술 / 설탕 1작은술 / 다진 파 1작은술 / 다진 마늘 ½작은술 / 참기름 ½작은술 / 깨소금 ½작은술 / 후춧가루 약간

달걀 ················ 1개
붉은 고추 ········· ½개

단촛물

식초 2큰술 / 물 1큰술 / 설탕 1큰술 / 소금 ½작은술

두부선

◈ 재료

두부 ½모(300g)
닭고기 50g
마른 표고버섯(소) 1장
석이버섯 1장
달걀 1개
잣 1작은술
실고추 약간

양념장

소금 ⅔작은술 / 설탕 1작은술 / 다진 파 2작은술 / 다진 마늘 1작은술 / 생강즙 ½작은술 / 참기름 1작은술 / 깨소금 1작은술 / 후춧가루 약간

겨자장

겨자갠것 1큰술 / 설탕 ½큰술 / 식초 1큰술 / 간장 1작은술 / 물 1큰술 / 소금 약간

만들기

1 닭고기는 살만을 발라서 곱게 다진다.
2 두부를 행주에 싸서 무거운 것으로 눌러서 물기를 뺀 다음 도마에 놓고 한쪽 끝에서부터 칼을 눕혀서 곱게 으깬다.
3 표고버섯을 불려서 기둥을 떼고 곱게 썬다. 석이버섯을 불려서 비벼 손질하여 채 썬다.
4 실고추를 3㎝ 길이로 끊어놓는다. 잣은 고깔을 떼고 길이로 반 가른다.
5 달걀을 황백으로 나누어 지단을 부쳐서 채 썬다.
6 두부와 고기를 섞어 양념장을 넣어 고루 섞는다. 젖은 행주를 펴고 양념한 두부와 고기를 1㎝ 두께로 고르게 펴서 네모지게 만든 다음 위에 표고버섯, 석이버섯, 지단채, 실고추, 비늘잣을 고루 얹고 젖은 행주를 덮어 살짝 누른다.
7 찜통에 넣어 10분 정도 쪄내어 한김 식힌 다음 네모지게 썬다. 겨자초장을 곁들인다.

어선

만들기

1 생선살을 넓게 포를 떠서 칼을 눕혀서 두들긴 다음 소금과 흰 후춧가루를 뿌린다.
2 다진 쇠고기와 곱게 채 썬 표고버섯을 고기 양념으로 무쳐서 볶는다.
3 달걀로는 지단을 부친다.
4 석이버섯을 다듬어 채 썬 다음 소금과 참기름으로 무친다.
5 오이를 4㎝ 길이로 토막 내어 돌려 깎아서 채 썬 다음 소금에 잠깐 절인다. 당근도 같은 길이로 곱게 채 썰어 끓는 물에 데쳐서 볶아 식힌다.
6 김발 위에 지단을 펴고 녹말가루를 얇게 바른 다음 생선포를 네모반듯하게 맞추어 놓고 준비한 채고명을 길이로 놓는다. 김밥말듯이 말아 젖은 면보로 싸서 김이 오른 찜통에 넣어 10분 정도 찐다.
7 생선이 익으면 꺼내어 식힌 다음 3㎝ 폭으로 썰어 접시에 담는다. 겨자초장을 곁들여 낸다.

◈ 재료

생선 흰살 200g
소금 1작은술
흰 후춧가루 약간
쇠고기(우둔살) 50g
마른 표고버섯(중) 1장

고기 양념

간장 ½큰술 / 설탕 1작은술 / 다진 파 1작은술 / 다진 마늘 ½작은술 / 참기름 ½작은술 / 깨소금 ½작은술 / 후춧가루 약간

달걀 2개
석이버섯 2장
오이 ½개
당근 50g
소금·후춧가루 적당량씩
녹말가루 2큰술
겨자초장 적당량

호박선

◈ 재 료

애호박(중) ············ 1개
쇠고기 ················· 50g
마른 표고버섯(중)
························· 1장

고기 양념

간장 ½큰술 / 설탕 1작은술 / 다진 파 1작은술 / 다진 마늘 ½작은술 / 참기름 ½작은술 / 깨소금 ½작은술 / 후춧가루 약간

달걀 ················· 1개
석이버섯 ············ 2장
실고추 ············· 약간
잣 ··················· 1작은술
육수(또는 물) ······· 1컵
소금 ················· 1작은술
국간장 ············· 1작은술

만 들 기

1 호박을 4cm 길이로 잘라서 열십자로 칼집을 넣은 다음 끓는 물에 소금을 넣고 데친다.
2 쇠고기를 살로 곱게 다진다. 표고버섯을 불려서 곱게 채 썰어 고기와 합한 다음 고기 양념으로 고루 무친다.
3 데친 호박을 마른행주로 싸서 물기를 닦고 칼집 사이에 양념한 쇠고기와 표고버섯을 채워 넣는다.
4 달걀을 황백으로 나누어 지단을 부쳐 곱게 채 썬다.
5 냄비에 육수 또는 물에 소금과 국간장으로 간하여 끓이다가 소를 채운 호박을 나란히 놓고 끓인다. 도중에 불을 줄이고 가끔 국물을 끼얹어서 고루 간이 들게 한다.
6 호박이 연하게 익으면 채 썬 석이를 얹어 뜸을 들여 그릇에 담고 지단채와 실고추, 잣을 얹는다.

가지선

가늘고 연한 가지를 토막 내어 칼집을 넣은 다음 양념한 쇠고기와 표고버섯, 석이버섯 등을 넣는다. 국물에 간을 맞추어 부어 국물이 자작할 때까지 끓인다.

배추속대찜

살짝 데쳐낸 배추속대의 갈피에 양념한 쇠고기와 표고버섯, 석이버섯 등을 넣고 국간장으로 간을 맞춘 국을 부어 국물이 자작할 때까지 끓여 겨자집에 찍어 먹는다.

죽순찜

연한 죽순을 데쳐 반으로 갈라 등 쪽에 어슷하게 칼집을 넣어 양념한 쇠고기와 표고버섯, 석이버섯을 칼집 속에 넣는다. 국간장으로 간을 맞춘 국물을 붓고 국물이 자작할 때까지 끓인다.

조림

육장 – 장조림

◆ 재 료

쇠고기(홍두깨살) ······ 600g
대파 ············· 1대
통마늘 ·········· 3개
생강 ············· 1톨
통후추 ·········· 약간
달걀 ············· 2개
꽈리고추 ········ 50g
마른 고추 ········ 2개
생강 ············· 1톨
마늘 ············· 1통

장물

육수 5컵 / 간장 1컵 / 설탕 ⅔컵

만 들 기

1 홍두깨살을 찬물에 담가 핏물을 뺀 다음 끓는 물에 대파, 통마늘, 저민 생강, 통후추를 같이 넣고 꼬치로 찔러 보아 핏물이 나오지 않을 정도로 무르게 삶는다.
2 육수를 식혀 면보에 밭쳐 기름을 제거한다.
3 냄비에 달걀을 넣고 찬물과 소금을 넣어 끓으면 중불로 줄인 다음 15분간 삶는다. 찬물에 헹궈 껍질을 벗긴다.
4 꽈리고추에 대꼬치로 구멍을 낸다. 마른 고추를 반으로 갈라 씨를 빼고 생강을 편으로 썬다.
5 식힌 육수 5컵에 간장과 설탕을 넣은 다음 삶은 고기와 마른 고추, 생강편을 넣고 끓인다.
6 간장과 설탕은 두 번에 나누어 넣는데, 두 번째 넣을 때 꽈리고추와 삶은 달걀, 마늘을 넣는다.

편육조리개

만 들 기

1 편육을 납작납작 썬다.
2 마른 고추를 어슷 썰어 씨를 털어낸다. 대파, 마늘, 생강을 납작납작 썬다.
3 편육에 준비한 양념을 넣고 간장과 물을 섞어 넣어 반으로 졸아들 때까지 끓인다.

◆ 재 료

양지머리 편육 ······ 200g
마른 고추 ········ 1개
대파 ············· 4cm
마늘 ············· 2쪽
생강 ············· ½톨
간장 ············· 2큰술
물 ··············· 6큰술
후춧가루 ········ 약간

조림

홍합초

◈ 재료

홍합살 ············ 150g
쇠고기 ············ 30g
조림장
간장 1큰술 / 설탕 ½큰술 / 물 ½컵 / 흰 파 3cm / 마늘 2쪽 / 생강 1톨
녹말물
녹말가루 1작은술 / 물 1큰술
후춧가루 ············ 약간
참기름 ············ 1작은술
잣가루 ············ 1작은술

만들기

1 생홍합에 있는 털을 떼어내고 끓는 물에 살짝 데쳐 건진다.
2 쇠고기를 납작납작하게 저며 썬다. 마늘, 생강을 납작하고 얇게 저며 썬다.
3 냄비에 조림장 재료와 쇠고기를 한데 넣고 불에 올려 끓인다.
4 장물이 끓어오르면 홍합을 넣어 약한 불에서 서서히 조린다. 조리는 도중에 장물을 끼얹어서 전체에 고루 간이 들도록 한다.
5 국물이 3큰술 정도 남으면 녹말물을 넣어 고루 뒤섞고 참기름을 넣어 윤기를 낸다. 그릇에 담고 잣가루를 고루 뿌린다.

전복초
간장물에 얄팍하게 썬 쇠고기를 넣고 끓이다가 얇고 넓게 저민 생전복을 장물에 넣어 은근히 졸인다. 녹말물을 넣고 볶듯이 하여 물기가 없고 윤기가 나도록 졸인다.

삼합장과

만들기

1 쇠고기를 납작납작하게 저며 썰어 고기 양념으로 양념한다.
2 홍합은 털을 떼고 끓는 물에 넣어 삶는다.
3 전복은 껍질째 솔로 깨끗이 씻는다. 살의 검은 막을 소금으로 문질러 씻은 다음 내장을 떼어내고 얇게 저민다.
4 불린 해삼은 내장을 빼고 씻은 다음 어슷하게 저며 썬다.
5 흰 파를 다듬어서 3cm 길이로 토막 내고 마늘과 생강은 얇게 저며 썬다.
6 냄비에 조림장을 넣고 불에 올려 끓어오르면 먼저 양념한 쇠고기를 넣어 조린다.
7 쇠고기가 익으면 후춧가루를 뿌리고 준비한 해물을 넣어 고루 간이 들도록 가끔 뒤섞으면서 서서히 조린다.
8 국물이 거의 졸아들면 참기름을 넣어 고루 섞는다. 그릇에 담고 잣가루를 뿌린다.

◈ 재료

홍합 ············ 100g
생전복 ······ 1개(100g)
또는 소라 2개
불린 해삼 ········ 50g
쇠고기(우둔살) ···· 30g
고기 양념
간장 1작은술 / 설탕 ½작은술 / 참기름·후춧가루 약간씩
흰 파 ············ 3cm
마늘 ············ 2쪽
생강 ············ 1톨
조림장
간장 2큰술 / 물 ½컵 / 설탕 1큰술 / 후춧가루 약간
참기름 ············ 1작은술
잣가루 ············ 약간

두부조리개

만들기

1 두부를 3×4.5×0.8㎝ 크기로 네모지게 썰어 소금을 뿌린 다음 마른 천으로 물기를 없앤다.
2 두부에 녹말가루를 씌워 팬에 지진다.
3 쇠고기를 다져서 양념한다.
4 대파를 어슷 썰고 실고추를 4㎝ 길이로 자른다.
5 간장에 다른 양념을 넣고 물을 섞어 조림장을 만든다.
6 냄비에 두부 지진 것과 쇠고기, 조림장을 번갈아 담아 조린다.

◈ 재료

두부 …………… 500g
녹말가루 ……… 4큰술
식용유 ………… 적당량
쇠고기 ………… 50g

고기 양념

간장 ½큰술 / 설탕 1작은술 / 다진 마늘 ½작은술 / 깨소금 1작은술 / 참기름 1작은술 / 후춧가루 약간

조림장

대파·실고추 적당량씩 / 간장 3큰술 / 설탕 1큰술 / 깨소금 2큰술 / 다진 마늘 1큰술 / 참기름 1큰술 / 물 6큰술

감자조리개

◈ 재료

감자 …………… 2개
(껍질 벗겨 300g)
쇠고기 ………… 50g

고기 양념

간장 ½큰술 / 설탕 1작은술 / 다진 파 1작은술 / 다진 마늘 ½작은술 / 깨소금 ½작은술 / 참기름 ½작은술 / 후춧가루 약간

간장물

물 2컵 / 간장 2큰술
설탕 …………… 1큰술
물엿 …………… 1큰술
깨소금 ………… 1작은술

만들기

1 감자를 깍둑썰기 하여 소금에 절였다 씻는다.
2 쇠고기를 납작납작 썰어서 양념에 잰다.
3 냄비에 쇠고기와 감자를 넣고 간장물과 설탕, 깨소금을 넣어 조린다. 부서지기 쉬우니 자주 젓지 않는다.

풋고추조리개

만들기

1 풋고추 ½분량은 꼭지를 따고 통으로 씻은 다음 간장, 설탕, 파를 넣고 삶는다.
2 나머지 풋고추를 반으로 쪼개서 씨를 뺀 다음 양념한 쇠고기를 채워 넣는다.
3 고기를 붙인 쪽에 밀가루와 달걀을 씌워 지진다.
4 삶은 풋고추에 풋고추전을 섞어 간 맞춘 물을 붓고 조린다. 깨소금과 잣가루를 뿌린다.

◈ 재료

풋고추 ………… 200g
쇠고기 다진 것
……………… 50g

고기 양념

설탕 1작은술 / 다진 파 ½작은술 / 다진 마늘 ½작은술 / 깨소금 ½작은술 / 참기름 ½작은술 / 소금·후춧가루 약간씩

달걀 …………… 1개
밀가루 ………… 적당량
깨소금·잣가루
……………… 적당량씩

구이

너비아니

◆ 재료

쇠고기(등심 또는 안심)
.... 500g

고기 양념장

간장 4큰술 / 배즙(또는 육수) 4큰술 / 설탕 2큰술 / 다진 파 2큰술 / 다진 마늘 1큰술 / 깨소금 1큰술 / 참기름 1큰술 / 후춧가루 약간

만 들 기

1 쇠고기는 등심이나 안심의 연한 부위로 골라 0.5㎝ 정도의 두께로 썬 다음 잔칼집을 넣어 연하게 만든다.
2 다진 파, 다진 마늘, 배즙 등에 간장, 설탕, 참기름 등을 합하여 고기 양념장을 만든다. 배가 없을 때는 육수를 대신 넣어도 된다.
3 고기를 굽기 30분 전쯤에 양념장으로 고루 주물러 간이 들게 한다.
4 뜨겁게 달군 석쇠에 얹어서 양면을 고루 익혀 뜨거울 때 바로 먹도록 한다. 숯불에 석쇠를 얹어서 직화로 굽는 방법이 팬에 굽는 것보다 훨씬 맛있다.

쇠고기의 연하고 맛있는 부위인 등심 또는 안심을 간장으로 간하여 굽는 음식으로 요즈음은 흔히 불고기라 한다. 고기가 얇아 볶는 조리법으로 익히면 찢어진다. 그러나 원래는 넓적넓적하게 져며 잔칼집을 많이 넣어 부드럽게 만든 것이다. 불고기는 얇게 져며서 양념에 재웠다가 불에 구운 짐승의 고기를 뜻하나 요즘은 주로 쇠고기 불고기를 이른다.

너비아니를 석쇠에 얹어서 직화로 굽는 방법도 있고 번철과 석쇠의 용도를 합한 도구를 사용하기도 한다. 요즘 많이 사용하는 방법이다. 이 방법으로 구우면 고기가 타는 것을 막을 수 있고 육즙이 밑으로 흘러내리는 것을 막을 수 있으며 국물도 같이 먹게 된다. 훈연의 효과는 덜하다.

갈비구이

만들기

1 갈비를 6~7cm 길이로 토막 낸다.
2 갈비뼈의 한편으로 칼을 넣어 고기를 얇게 저며 편다. 조리용 가위나 잘 드는 칼로 고기 부위에다 약 0.7cm 너비로 칼집을 넣는다.
3 양념장을 만들어 손질한 갈비에 적시듯이 고르게 무쳐 양념이 배이도록 재운다.
4 석쇠를 뜨겁게 달구어 갈비를 올리고 한 면이 거의 익었을 때 뒤집어 나머지 한 면을 굽는다. 이때 갈비를 쟀던 양념장을 바르면서 구워 윤이 나도록 하고 뼈에 붙은 힘줄이 오그라들게 하여 떼어 먹기 좋게 한다.

◆ **재료**

갈비 ············ 1kg
양념장
간장 4큰술 / 설탕 2큰술 / 다진 파 3큰술 / 다진 마늘 1½큰술 / 깨소금 1½큰술 / 참기름 1½큰술 / 후춧가루 1작은술 / 배즙 4큰술

쇠갈비찜구이

만들기

1 쇠갈비를 6cm 길이로 토막내어 찬물에 담가 핏물을 뺀 다음 건진다. 냄비에 물 5컵을 붓고 끓으면 쇠갈비와 대파, 통마늘을 넣어 30분 정도 삶아낸 다음 질긴 힘줄이나 기름 덩어리를 떼어내고 가로 세로 2cm 간격으로 칼집을 넣는다. 육수를 차게 식혀 굳기름을 완전히 걷어낸다.
2 냄비에 손질한 갈비를 담고 구이장 분량의 ⅔를 넣어 고루 버무린 다음 육수를 갈비가 잠길 정도로 부어 끓인다.
3 갈비찜이 국물이 잦아들고 무르게 익으면 꺼내어 석쇠에 은박지를 깔고 갈비를 얹어 나머지 양념장을 바르면서 굽는다.
4 뜨거울 때 그릇에 담고 잣가루를 얹어서 낸다.

◆ **재료**

쇠갈비 ············ 1kg
(삶은 양 800g)
물 ············ 10컵
대파 ············ ½대
통마늘 ············ 3개
구이장
간장 4큰술 / 배 간 것 4큰술 / 설탕 2큰술 / 다진 파 2큰술 / 다진 마늘 1큰술 / 깨소금 1큰술 / 참기름 1큰술 / 후춧가루 약간 / 잣가루 적당량

맥적(貊炙)

◆ 재 료

돼지고기(목살) ·················· 400g
달래 ·················· 10g
부추 ·················· 10g
마늘 ·················· 2쪽

양념장
된장 1큰술 / 물 1큰술 / 국간장 2작은술 / 청주 1큰술, 조청 1큰술 / 설탕 ½큰술 / 참기름 ½큰술 / 깨소금 ½큰술

만 들 기
1 돼지고기를 1cm 두께로 썰어 잔칼집을 넣는다.
2 달래와 부추를 송송 썬다. 마늘을 굵게 다진다.
3 된장에 물을 넣어 묽게 푼 다음 분량의 양념을 넣어 고기 양념장을 만든다.
4 고기에 달래, 부추, 마늘과 양념장을 넣어 버무린다.
5 양념이 배면 직화에 구워 먹기 좋은 크기로 썬다. 상추에 싸 먹을 때 쌈장이 따로 필요 없다.

맥적 부족국가시대의 우리 민족인 맥족이 해먹던 구이 음식으로 미리 양념에 재웠다가 구워 먹은 음식이므로 불고기의 원조라고 할 수 있다.

제육구이

재 료

돼지고기(등심 또는 삼겹살) 400g **구이장** 양파 ½개 / 고추장 2큰술 / 간장 1큰술 / 설탕 1큰술 / 다진 파 1큰술 / 다진 마늘 ½큰술 / 다진 생강 ½작은술 / 깨소금 1큰술 / 참기름 1큰술 / 후춧가루 약간

만 들 기
1 돼지고기는 등심이나 삼겹살을 0.5cm 두께로 얇게 썬 다음 잔칼집을 넣어 연하게 만든다.
2 양파를 강판에 갈아 고추장과 나머지 양념을 넣어 구이장을 만든다.
3 돼지고기를 한 장씩 펴서 구이장에 잰 다음 주물러 간이 고루 들게 한다.
4 뜨겁게 달군 팬이나 석쇠에 양념한 고기 조각을 잘 펴 양면을 고루 익힌다. 뜨거울 때 대접한다.

닭구이

◆ **재 료**
닭 · 800g(닭살 400g)
양념장
간장 2큰술 / 소금 1작은술 / 다진 파 1½큰술 / 다진 마늘 2작은술 / 깨소금 1작은술 / 참기름 1작은술 / 생강즙 ½작은술 / 후춧가루 약간

만 들 기
1 닭은 살만 발라 넓적하게 저민 다음 자근자근 두드린다.
2 양념장을 만들어 닭고기를 한 조각씩 담가 주무른 다음 30분 정도 잰다.
3 석쇠에서 직화로 굽는다.

전치수 전치적 또는 생치전체수라고 하며 꿩을 통째로 구운 것이다. 백지로 싸거나 물을 바르면서 통째로 굽다가 다시 기름장을 발라서 구운 다음 잣가루를 뿌린다.
꿩구이 닭구이와 같은 방법으로 굽는다. 꿩의 살을 얇게 저며서 양념에 재었다가 석쇠에 굽는다.
꿩조림 꿩을 뼈째 토막 내어 기름에 살짝 볶은 다음 간장, 파, 마늘, 생강 등 갖은 양념을 하여 조린다.

구이

대합구이

◈ 재 료
대합 ········· 3개(300g)
조갯살 ············· 100g
청주 ················· 약간
쇠고기(우둔살)
················· 50g
두부 ················· 50g
밀가루 ········· 3큰술
달걀 ················· 1개

소 양념
소금 ½작은술 / 설탕 1작은술 / 다진 파 1작은술 / 다진 마늘 ½작은술 / 깨소금 ½작은술 / 참기름 ½작은술 / 후춧가루 약간
초간장 ·········· 적당량

만 들 기

1 냄비에 물을 조금 넣고 대합 씻은 것을 넣어서 불에 올린다. 입이 벌어지면 바로 불을 끄고 대합살을 발라낸다. 껍데기를 깨끗이 씻어놓는다.

2 따로 준비한 조갯살을 뜨겁게 달군 냄비에 넣고 청주를 약간 넣어 잠깐 익힌 다음 물기를 뺀다. 대합살과 조갯살을 합하여 곱게 다진다.

3 쇠고기는 살코기로 곱게 다진다. 두부를 눌러서 물기를 빼 곱게 으깬다. 쇠고기와 두부를 ②와 합한 다음 소양념을 한다.

4 대합 껍데기의 안쪽에 기름을 얇게 바른 다음 밀가루를 살짝 뿌려서 ③을 채운다. 윗면을 고르게 하여, 밀가루를 얇게 묻힌 다음 달걀 푼 것에 소를 넣은 면만 묻혀서 전유어처럼 팬에 지진다. 다시 뒤집어 석쇠에 얹어 굽는다.

5 속까지 익었으면 접시에 담는다. 기호에 따라 초간장을 조금씩 위에 얹어 먹기도 한다.

조개 중에서도 맛과 모양이 훌륭한 대합을 살을 다져서 껍데기에 채워서 구운 음식이다. 웃고명을 하려면 전을 지질 때 쑥갓잎과 붉은 고추를 붙인다.

1 대합살과 조갯살을 합하여 곱게 다진다.
2 재료를 양념하여 대합 껍데기 안쪽에 채운다.

병어고추장구이

◆ 재료

병어 …… 2마리(600g)
기름장
참기름 2큰술 / 간장 1큰술
구이장
고추장 2큰술 / 설탕 1작은술 / 다진 파 1큰술 / 다진 마늘 ½큰술 / 다진 생강 ½작은술 / 참기름 1큰술 / 깨소금 1큰술

만들기

1 병어는 비늘을 긁어 씻어서 머리가 왼편으로 가도록 도마에 얹어 배에 칼집을 넣어 내장을 뺀다. 통째로 구이를 하므로 지느러미와 머리는 그대로 둔다. 양면에 2㎝ 간격으로 칼집을 넣어 기름장에 재운다.
2 다진 파, 마늘, 생강에 나머지 양념을 합하여 구이장을 만든다.
3 석쇠를 달군 다음 접시에 담을 때 윗면이 되는 쪽부터 병어를 올려 굽는다.
4 병어가 반쯤 익으면 불을 줄여서 타지 않도록 조심하면서 구이장을 발라 속까지 잘 익도록 굽는다.

납작하고 마름모꼴로 생긴 흰살 생선인 병어에 고추장 양념을 발라서 구이를 한 찬으로 양념이 타면서 속이 안 익을 것을 염려하여 두 번으로 나누어 굽는다.

북어구이 북어포를 물에 잠깐 불려 기름장에 재워 초벌구이를 한 다음 고추장 양념을 발라 타지 않게 굽는다.
뱅어포구이 마른 뱅어포를 고추장 양념을 발라서 굽는 찬이다. 고추장 양념이라 타기 쉬우므로 양념을 발라 채반에 널어 꾸덕꾸덕할 정도로 말려서 굽는다.

더덕구이

◆ 재료
더덕 ················ 200g

기름장
간장 1작은술 / 참기름 1큰술

구이장
고추장 2큰술 / 고운 고춧가루 1작은술 / 설탕 1작은술 / 다진 파 2작은술 / 다진 마늘 1작은술 / 깨소금 1작은술 / 물 1작은술

만들기

1 더덕을 물에 재빨리 씻어 채반에 널어 물기를 제거한 다음 반으로 가른다. 방망이로 자근자근 두드려서 넓게 편다.

2 기름장을 만들어 얇게 편 더덕에 바른다. 석쇠에 더덕을 올려 앞뒤로 고루 굽는다.

3 기름장을 발라 구운 더덕에 다시 구이장을 발라서 굽는다. 불이 세면 양념이 타서 쓴맛이 나기 쉬우므로 약한 불에서 서서히 굽는다.

4 구운 더덕을 먹기 좋은 크기로 썰어 접시에 담는다.

1 더덕을 방망이로 두드려서 넓게 편다.
2 기름장을 발라 석쇠에 앞뒤로 굽는다.
3 다시 구이장을 발라서 굽는다.

적

섭산적

◆ 재 료
쇠고기(우둔살)
···························· 150g
두부 ·················· 50g

고기 양념
간장 1큰술 / 소금 ⅓작은술 / 설탕 ½큰술 / 다진 파 2작은술 / 다진 마늘 1작은술 / 깨소금 1작은술 / 참기름 1작은술
잣가루 ········· 1작은술

장산적 조림장
물 ½컵 / 간장 2큰술 / 설탕 1큰술 / 후춧가루, 꿀 약간

만 들 기
1 쇠고기는 연하고 기름기가 없는 부위로 곱게 다진다.
2 두부를 행주로 싸서 무거운 것으로 눌러 물기를 뺀 다음 칼을 눕혀서 곱게 으깬다.
3 쇠고기와 두부를 합하여 고기 양념으로 끈기가 날 때까지 고루 섞는다.
4 은박지에 식용유를 바른 다음 양념한 고기를 얹어 두께 1cm 정도로 네모지게 만들어 윗면을 칼등으로 자근자근 두들긴다.
5 석쇠에 얹어서 고기가 고루 익도록 가끔 자리를 움직이면서 굽는다. 한 면이 익으면 뒤집어서 뒷면을 익힌다. 한김 식힌 후에 가로 3cm, 세로 2cm 정도의 크기로 썰어 그릇에 담고 잣가루를 고루 뿌린다.

쇠고기를 곱게 다져서 양념하여 넓적하게 반대기를 만들어 구운 산적이다. 때로는 한입에 먹기에 알맞게 동그랗게 빚어서 굽기도 한다.

장산적

섭산적을 네모지게 썰어서 간장물에 짭짤하게 조리면 장산적이 된다. 장산적을 하려면 섭산적을 할 때 간을 싱겁게 맞추어야 한다.

만 들 기
1 섭산적이 완전히 식으면 네모지게 썬다.
2 간장, 물, 설탕, 후춧가루를 섞어 끓이다가 섭산적을 넣어 서서히 조린다. 국물이 거의 졸아들면 꿀을 넣는다.
3 그릇에 담고 잣가루를 뿌린다.

파산적

◆ 재 료

움파 200g
쇠고기 200g

양념장
간장 2큰술 / 설탕 1큰술 / 다진 파 4작은술 / 다진 마늘 2작은술 / 깨소금 2작은술 / 참기름 2작은술 / 후춧가루 약간

식용유 적당량

만 들 기

1 실파 또는 움파를 깨끗이 손질하여 5cm 길이로 자른다.
2 고기를 0.7cm 두께의 적감으로 떠서 자근자근 두드려 길이 6cm, 너비 1.5cm 두께로 잘라 양념장에 버무린다.
3 고기, 움파의 순으로 반복해서 꼬치에 꿴 다음 팬에 지진다.

송이산적

재 료
송이 200g, 소금 1작은술, 참기름 1작은술, 쇠고기 200g, **고기 양념**(간장 2큰술, 설탕 1큰술, 다진 파 4작은술, 다진 마늘 2작은술, 깨소금 2작은술, 참기름 2작은술, 후춧가루 약간), 잣가루 적당량

만 들 기

1 송이는 뿌리 쪽의 모래를 씻어낸 다음 소금물에 담가 칼로 껍질을 살살 벗겨낸다. 0.6~0.7cm 두께로 썰어서 소금과 참기름으로 살짝 버무린다.
2 쇠고기를 0.6cm 두께로 포 떠서 자근자근 두드린 다음 고기 양념하여 굽는다. 길이 6cm, 너비 1cm 정도로 썬다.
3 쇠고기와 송이를 번갈아 꼬챙이에 꿰어 석쇠에 살짝 굽는다. 접시에 담아 잣가루를 뿌린다.

두릅적

◆ 재 료

두릅 ·············· 300g
두릅 양념
소금 1작은술 / 참기름 ½큰술 / 후춧가루 약간
쇠고기 ············ 150g
고기 양념
간장 1½큰술 / 설탕 2작은술 / 다진 파 2작은술 / 다진 마늘 1작은술 / 깨소금 1작은술 / 참기름 1작은술
달걀 ·············· 2개
밀가루 · 식용유
············· 적당량씩

만 들 기

1 두릅은 밑동의 딱딱한 부분을 떼어낸 다음 끓는 물에 소금을 약간 넣고 데쳐낸다.
2 데친 두릅 중 굵은 것은 길이로 반 가르고, 가는 것은 그대로 두릅 양념장으로 고루 무친다.
3 쇠고기는 살로 0.7㎝ 두께로 크게 적을 뜬 다음 잔칼질하여 길이 6㎝의 막대 모양으로 썬다. 고기 양념장으로 고루 무쳐서 대꼬치에 두릅과 번갈아 꿴다.
4 꼬치의 양면에 밀가루를 고루 묻히고 달걀 푼 것에 담갔다가 달구어진 팬에 식용유를 두르고 양면을 지진다.

김치적

만 들 기

1 통배추김치는 소를 털어내고 줄기만 7㎝ 길이, 1.5㎝ 폭으로 길게 썰어 참기름으로 고루 무친다.
2 쇠고기를 0.7㎝ 두께의 적감으로 떠서 잔칼질한 다음 김치와 같은 폭으로 길이만 약간 길게 썬다. 마른 표고버섯을 불려서 1㎝ 폭으로 썬다. 고기 양념장을 고기와 표고버섯에 나누어 양념한다.
3 통도라지를 데쳐서 반으로 갈라 김치와 같은 길이로 썰어 참기름과 소금으로 무친다.
4 길이 8㎝ 정도의 대꼬치에 준비한 김치와 그 밖의 재료들을 번갈아 끼워 밀가루를 묻힌 다음 풀어놓은 달걀을 씌워 지진다. 꼬치에 끼울 때 김치는 많이 끼우는 것이 좋고, 중불 이하에서 속까지 익도록 서서히 지진다.
5 따뜻할 때에 대꼬치를 빼고, 길이를 2~3등분하여 접시에 담는다. 초간장을 만들어 곁들여 낸다.

◆ 재 료

통배추김치 ····· 200g
쇠고기 ············ 100g
마른 표고버섯(대)
·························· 2장
고기 양념
간장 1큰술 / 설탕 ⅔큰술 / 다진 파 2작은술 / 다진 마늘 1작은술 / 깨소금 1작은술 / 참기름 1작은술 / 후춧가루 약간
통도라지 ·········· 2개
밀가루 ············ ⅓컵
달걀 ·············· 2개
참기름 · 소금 · 식용유
············· 적당량씩
초간장
간장 1큰술 / 식초 ⅔~1큰술 / 설탕 1작은술 / 물 1큰술

화양적

◆ 재료

쇠고기(우둔살)
·························· 150g
마른 표고버섯(대)
························· 3장

고기 양념

간장 2큰술 / 설탕 1큰술 / 다진 파 1큰술 / 다진 마늘 2작은술 / 깨소금 2작은술 / 참기름 2작은술 / 후춧가루 약간

통도라지 ············ 2개
당근 ········ 6cm(100g)
오이 ············ 3/5개(물 1/3컵, 소금 1작은술)
식용유 ········· 적당량
달걀 ····················· 4개

잣즙

잣가루 2큰술 / 참기름 약간 / 육수 2큰술 / 소금 1/4작은술 / 흰 후춧가루 약간

만들기

1 쇠고기는 살로 1cm 두께로 크게 적을 떠서 잔칼집을 많이 넣은 다음 고기 양념장의 1/3 분량에 잰다. 팬에 지진 다음 6cm 길이의 막대 모양으로 썬다.

2 마른 표고버섯을 불려서 0.8cm 폭으로 썰어 고기 양념장의 1/3 분량으로 고루 무친 다음 팬에 볶는다.

3 통도라지와 당근을 같은 크기로 썰어 소금물에 살짝 데친다. 오이를 6cm 길이로 썰어 씨를 빼내고 막대 모양으로 썰어 소금에 절였다가 물기를 짠다.

4 채소를 각각 소금, 참기름으로 양념하여 팬에 볶아서 넓은 그릇에 펴서 식힌다.

5 달걀을 황백으로 나누어 소금을 약간 넣어 0.7cm 두께로 두껍게 부쳐 다른 재료들과 같은 크기로 썬다.

6 잣가루에 참기름을 넣어 섞다가 소금, 흰 후춧가루를 넣고 육수를 조금씩 부으면서 저어 뽀얀 잣즙을 만든다.

7 가는 대꼬치에 준비한 재료들을 색 맞추어 꿰어서 접시에 돌려 담고 잣즙을 위에 고루 바른다.

주재료가 없이 쇠고기와 도라지, 표고버섯, 달걀 등 오색 재료를 익혀서 꼬치에 편편하게 꿴 누름적으로 궁중에서 고임새에 쓰던 적이다. 가운데에 홍합초를 담는다. 궁중의궤의 화양적을 살펴보면 쇠고기뿐만 아니라 돈육, 꿩, 닭, 오리고기를 쓰기도 하고 등골, 두골, 양, 천엽, 곤자손, 우설 등 내장과 숭어, 전복, 해삼, 낙지 등 해산물과 석이버섯, 동아, 파 등 다양하게 이용하였다. 각색화양적, 생복화양적, 어화양적, 낙지화양적, 양화양적, 천엽화양적, 동아화양적, 압란화양적 등으로 기록되어 있다.

사슬적

◆ 재 료

생선 흰살 ········ 300g

생선 양념

소금 ½작은술 / 간장 1작은술 / 참기름 1작은술 / 청주 ½작은술 / 생강즙 ½작은술 / 흰 후춧가루 약간

쇠고기 ············ 100g
두부 ················· 50g

고기 양념

간장 1작은술 / 소금 ½작은술 / 다진 파 2작은술 / 다진 마늘 1작은술 / 참기름 1작은술 / 깨소금 1작은술 / 후춧가루 약간

밀가루 ············ 적당량
식용유 ············ 적당량

초간장

간장 1큰술 / 식초 ⅔~1큰술 / 설탕 1작은술 / 물 1큰술

만 들 기

1 생선은 민어나 광어, 동태살로 준비해 6cm 길이, 1cm 폭으로 썬다. 소금을 뿌려두었다가 물기를 닦은 다음 생선 양념으로 무친다.
2 쇠고기를 살만 곱게 다진다. 두부를 으깨어 물기를 꼭 짠다. 쇠고기와 두부를 한데 합해 고기 양념으로 고루 무친다.
3 생선을 꼬치에 꿰어 밀가루를 고루 묻힌 다음 양념한 고기를 생선 사이사이에 채워서 고르게 눌러 붙인다.
4 석쇠에 굽거나, 팬을 달구어서 식용유를 두르고 양면을 지져낸다.
5 초간장을 곁들인다.

사슬 모양으로 꿰었다고 해서 붙여진 이름으로 생선 토막을 끼우고 사이에 다진 고기를 끼워 넣거나 촘촘히 끼운 생선 뒷면에 다진 고기를 붙여 지지는 생선적이다. 토막 내어 양념한 생선과 고기를 꼬치에 번갈아 지지면 어산적이 된다.

전

천엽전

◈ 재 료
- 천엽 200g
- 소금 ⅓작은술
- 후춧가루 약간
- 달걀 1개
- 밀가루·식용유 적당량씩

초간장
간장 1큰술 / 식초⅓~1큰술 / 물 1큰술 / 설탕 1작은술 / 잣가루 약간

만들기
1 천엽을 한 장씩 떼어서 소금 1큰술을 뿌려 잘 주물러서 깨끗이 씻은 다음 채반에 건져 물기를 뺀다.
2 손질한 천엽을 칼 뒤끝으로 자근자근 두드린 다음 소금과 후춧가루를 고루 뿌린다.
3 ②의 천엽에 밀가루를 얇게 묻힌 다음 달걀 푼 것에 담갔다가 건진다. 팬에 식용유를 두르고 양면을 노릇하게 지진다.
4 초간장을 만들어 곁들여 낸다.

간전

만들기
1 쇠간은 얇은 막을 벗긴 다음 힘줄이나 기름을 발라낸다. 한입에 먹기 알맞은 0.6㎝ 정도 두께로 포를 뜬다. 소금을 고루 뿌려 주물러서 물에 헹군 다음 핏물을 빼고 채반에 건져 물기를 뺀다.
2 ①의 간에 후춧가루를 고루 뿌린 다음 메밀가루와 깨소금을 섞어서 고루 묻힌다.
3 뜨겁게 달군 팬에 식용유를 넉넉히 두르고 양면이 완전히 익도록 지진다.
4 초간장을 곁들여 낸다.

◈ 재 료
- 쇠간 200g
- 소금 1큰술
- 후춧가루 약간
- 메밀가루 3큰술
- 깨소금 1작은술
- 식용유 적당량

초간장

부아전

◈ 재 료
- 부아 200g
- 밀가루·식용유 적당량
- 달걀 1개

부아 양념장
소금 1작은술 / 다진 파 1작은술 / 다진 마늘⅓작은술 / 참기름1작은술 / 후춧가루 약간

초간장

만들기
1 부아(소의 허파)를 덩어리째 씻어서 넉넉한 끓는 물에 넣어 속까지 완전히 익힌다. 도중에 대꼬치로 가끔 찔러주면서 삶는다.
2 삶은 부아를 한입에 먹기 알맞은 0.5㎝ 정도 두께로 포를 뜬다. 질기지 않도록 칼로 자근자근 두드린 다음 부아 양념장을 만들어 양념한다.
3 양념한 부아에 밀가루를 얇게 묻힌 다음 달걀 푼 것이 담갔다가 건진다. 팬에 식용유를 두르고 양면을 노릇하게 지진다.
4 초간장을 곁들여 낸다.

육전 – 완자전

◆ 재료
쇠고기 ·········· 100g
두부 ············· 30g
달걀 ·············· 1개
밀가루 ············ ½컵
식용유 ········· 적당량
쇠고기·두부 양념
소금 ½작은술 / 설탕 1작은술 / 다진 파 2작은술 / 다진 마늘 1작은술 / 깨소금 1작은술 / 참기름 1작은술 / 후춧가루 ½작은술
초간장

만들기
1 쇠고기를 곱게 다지고 두부를 물기 없이 꼭 짜서 으깬 다음 쇠고기와 섞어 양념한다.
2 ①을 직경 3cm 정도로 동글납작하게 빚은 다음 밀가루를 묻히고 달걀을 씌운다.
3 팬에 식용유를 두르고 달구어지면 중불에서 부친다.
4 초간장을 곁들인다.

알쌈

만들기
1 달걀을 황백으로 나누어 소금을 넣고 잘 저어 푼다.
2 다진 고기와 두부를 함께 섞어 양념해서 골고루 버무린 다음 은행알 크기로 동그랗게 빚어 완자를 만든다.
3 팬에 달걀물을 한 수저씩 동그랗게 떠놓고 완자를 한편으로 놓고 수저로 조금 누른다. 한 자락을 덮어 끝을 꼭꼭 맞물려 반달 모양으로 지진다. 불을 약하게 하여 천천히 지진다.
4 초간장을 곁들인다.

◆ 재료
달걀 ·············· 3개
소금 ············ ½작은술
쇠고기 ············ 50g
두부 ············· 20g
식용유 ········· 적당량
양념
소금 ½작은술 / 설탕 ½작은술 / 깨소금 ½작은술 / 참기름 ½작은술 / 다진 파 1작은술 / 다진 마늘 ½작은술 / 후춧가루 약간
초간장

두골전

◆ 재료
두골(소) ····· 1개(500g)
소금·후춧가루 약간씩
달걀 ·············· 2개
밀가루 ········ 적당량
식용유 ········· 적당량
초간장

만들기
1 두골은 얇은 막과 핏줄을 떼어내고 얇게 저민 다음 소금과 후춧가루를 뿌린다.
2 간을 한 두골에 밀가루를 묻혀 달걀물에 담갔다가 뜨겁게 달구어진 팬에 식용유를 두르고 양면을 노릇하게 지진다.
3 초간장을 곁들인다.

등골전

만들기
1 등골 가운데에 손가락을 넣어 갈라 펴서 4cm 길이로 썬다. 소금과 후춧가루를 뿌린다.
2 간을 한 등골에 밀가루를 묻혀 달걀물에 담갔다가 팬에 식용유를 두르고 재빨리 양면을 지진다.
3 초간장을 곁들인다.

◆ 재료
등골 ·············· 1보
소금·후춧가루 약간씩
달걀 ·············· 2개
밀가루·식용유
············· 적당량씩
초간장

생선전 _ 민어전

재료
민어살 200g
소금·후춧가루 적당량씩
달걀 1개
밀가루·식용유 적당량씩
초간장
간장 1큰술 / 식초 ⅔~1큰술 / 설탕 1작은술 / 물 1큰술

만들기
1 생선을 3장 포뜨기로 살만 떠서 한입 크기로 저민다.
2 ①의 생선살에 소금과 후춧가루를 뿌린 다음 밀가루를 얇게 묻혀 달걀물에 담갔다가 팬에 지진다.
3 초간장을 곁들인다.

굴전

재료
굴 100g
소금 적당량
후춧가루 약간
밀가루 적당량
달걀 1개
식용유 적당량
초간장

만들기
1 굴은 껍질을 골라내고 소금물에 깨끗이 씻어서 건져놓는다.
2 채반에 굴을 퍼놓고 후춧가루를 약간 뿌린다.
3 굴에 밀가루를 고루 묻혀서 달걀 푼 것에 담갔다가 건져 달구어진 팬에 식용유를 두르고 양면을 노릇하게 지진다. 굴이 작은 경우에는 숟가락으로 한 수저씩 떠서 동그랗게 지져도 좋다.
4 초간장을 곁들인다.

홍합전

재료
홍합 100g
소금·후춧가루 적당량씩
밀가루 적당량
달걀 1개
식용유 적당량
초간장

만들기
1 홍합은 손질하여 소금물에 깨끗이 씻어 건져놓는다.
2 채반에 홍합을 퍼놓고 후춧가루를 약간 뿌린다.
3 홍합에 밀가루를 고루 묻혀서 달걀물에 담갔다가 건진다. 달구어진 팬에 식용유를 두르고 노릇하게 지진다. 홍합이 큰 것은 칼집을 넣어 펴서 지진다.

패주전

만들기
1 조개관자는 내장을 떼어내고 깨끗이 씻는다.
2 결의 반대 방향으로 얇게 포를 떠서 칼집을 넣는다. 소금물에 생강즙을 섞은 다음 조개관자를 잠깐 담갔다가 건진다. 후춧가루를 뿌린 다음 밀가루를 묻히고 달걀물을 씌워 지진다.
3 초간장을 곁들인다.

재료
조개관자 5개
물 1컵
소금 2작은술
생강즙 1작은술
후춧가루 ½작은술
밀가루 1큰술
달걀 2개
식용유 2큰술
초간장

연근전

◆ 재 료

- 연근 ········ 250g
- 물 ············ 1컵
- 식초 ········ 1큰술
- 밀가루 ······ 2큰술
- 식용유 ······ 적당량

밀가루즙

밀가루 1컵 / 물 1컵 / 간장 2작은술 / 참기름 2작은술

초간장

만 들 기

1 연근을 씻어 껍질을 벗긴 다음 0.5㎝ 두께의 둥근 모양으로 썬다. 식초를 약간 넣은 찬물에 담가둔다.
2 냄비에 넉넉히 물을 끓여서 연근을 넣어 삶아 건진 다음 찬물에 헹군다.
3 밀가루에 물을 넣고 잘 갠 다음 간장, 참기름을 넣고 잘 섞어 즙을 만든다.
4 데쳐낸 연근에 밀가루를 고루 묻힌 다음 밀가루즙에 담갔다가 건져 팬에 지진다.
5 초간장을 곁들인다.

풋고추전

만 들 기

1 풋고추는 꼭지를 떼고 길이로 반 갈라서 씨를 뺀다. 매운맛이 강하면 끓는 물에 넣었다 찬물에 재빨리 헹군다.
2 쇠고기를 살로 곱게 다진다. 두부를 깨끗한 행주로 눌러서 물기를 빼고 곱게 으깬다.
3 다진 쇠고기와 으깬 두부를 합하여 고기 양념으로 양념한다. 풋고추의 안쪽에 밀가루를 고루 묻힌 다음 소를 꼭꼭 눌러서 채운다.
4 ③의 풋고추의 소를 채운 쪽에만 밀가루를 얇게 묻힌 다음 달걀물에 담갔다가 팬에 지진다.
5 초간장을 곁들인다.

◆ 재 료

- 풋고추 ········ 12개
- 쇠고기(우둔살) ········ 100g
- 두부 ········ 40g
- 밀가루 ········ 적당량
- 달걀 ········ 2개
- 식용유 ········ 적당량

고기 양념

간장 2작은술 / 설탕 1작은술 / 다진 파 1작은술 / 다진 마늘 ½작은술 / 참기름 ½작은술 / 깨소금 ½작은술 / 후춧가루 약간

초간장

애호박전

◆ 재 료

- 애호박(중) ········ 1개
- 소금 ········ 적당량
- 밀가루 ········ 적당량
- 달걀 ········ 2개
- 식용유 ········ 적당량

초간장

만 들 기

1 애호박을 0.5㎝ 두께로 둥글게 썰어 소금을 약간 뿌려두었다가 물기를 뺀다.
2 호박에 밀가루를 얇게 묻힌 다음 달걀물에 담갔다가 노릇하게 지진다.
3 초간장을 곁들인다.

전

청포묵전

◆ 재 료

청포묵 ············ ½개
녹말가루 ······ 적당량
식용유 ·········· 적당량
초간장

만 들 기

1 청포묵을 4cm 크기로 도톰하고 네모지게 썰어서 소금 간한다.
2 녹말가루를 묻혀 팬에 지진다. 녹말가루가 익어서 투명하게 되면 꺼낸다. 녹말가루를 묻히기 전에 녹색 잎이나 색이 있는 채소를 얹어 묻히면 예쁘다.
3 초간장을 곁들인다.

두부전

만 들 기

1 두부를 도톰하게 썰어 소금을 뿌려 밑간한 다음 물기를 없앤다.
2 두부에 밀가루를 묻혀 털어낸 다음 달걀물을 씌워 지진다.
3 초간장을 곁들인다.

◆ 재 료

두부 ·············· 300g
소금 ············ 1작은술
밀가루 ·········· 5큰술
달걀 ················ 2개
초간장

녹두전

◆ 재 료

간 녹두 ······ 1컵(불려서 2⅓컵)
물 ······ ⅔컵
통배추(절인 것) ······ 100g
양파 ······ ½개
다진 돼지고기 ······ 100g

고기 양념
소금 ½작은술 / 다진 마늘 ½작은술 / 다진 생강 약간 / 참기름 1작은술 / 후춧가루 약간
멥쌀가루 ······ ½컵
식용유 ······ 적당량
대파·붉은 고추 ······ 적당량씩

만들기

1 간 녹두에 물을 넉넉히 붓고 5시간 정도 흠씬 불린다. 껍질을 깨끗이 벗겨 씻어서 인 다음 물기를 뺀다.
2 녹두가 갈릴 정도의 물을 넣고(불린 녹두 중량의 ⅓량) 되직하게 간다.
3 통배추를 소금에 절여서(4~5시간) 물에 한번 씻은 다음 물기를 꼭 짜서 잘게 썬다. 배추김치를 이용해도 된다.
4 양파를 굵게 다져서 소금에 삼삼하게 절인 다음 물기를 꼭 짠다.
5 다진 돼지고기를 양념하여 팬에 보슬보슬하게 볶는다.
6 볼에 녹두 간 것과 볶은 고기, 양파, 배추, 멥쌀가루를 섞어서 반죽을 만든다. 간을 보아 모자라면 소금으로 맞춘다.
7 팬에 직경 5cm 크기로 떠서 노릇하게 지진다. 지질 때 어슷 썬 파와 채 썬 붉은 고추, 실고추를 얹으면서 지진다.

파전

만들기

1 밀가루와 멥쌀가루를 합해 분량의 물에 달걀 흰자를 풀어서 넣고 잘 저어 걸쭉한 파전 반죽을 만든다.
2 실파와 부추를 다듬어 씻어 반으로 자른다. 쇠고기를 다져서 고기 양념으로 양념한다.
3 조갯살과 굴, 홍합을 다듬어 연한 소금물에 흔들어 씻어 건져 물기를 뺀다.
4 양념한 고기를 반죽에 섞는다. 실파와 부추를 반죽에 넣었다가 꺼내 뜨겁게 달군 팬에 식용유를 두르고 해물을 웃기로 올린다. 달걀 노른자를 바른 다음 붉은 고추를 얹는다.
5 팬 뚜껑을 덮고 약한 불에서 양면을 노릇하게 지진다. 양념장을 곁들인다.

양념장
간장 1큰술 / 물 2큰술 / 식초 ⅔작은술 또는 참기름 1작은술 / 다진 파 1작은술 / 다진 마늘 ½작은술 / 깨소금 1작은술 / 고춧가루 1작은술

◆ 재 료

실파 ······ 100g
부추 ······ 50g
쇠고기 ······ 50g
조갯살 ······ 50g
굴 ······ 50g
홍합 ······ 50g
붉은 고추 ······ ½개

밀반죽
밀가루 ⅔컵 / 멥쌀가루 ½컵 / 물 1⅓컵 / 달걀흰자 1개 / 소금 1작은술

고기 양념
간장 1작은술 / 설탕 ½작은술 / 다진 파 1작은술 / 다진 마늘 ½작은술 / 참기름 ½작은술 / 깨소금 ½작은술 / 후춧가루 약간

채

오이생채

◆ 재료
오이 ············· 1개
물 ············· ½컵
소금 ············· 2작은술
양념
국간장 1작은술 / 설탕 1작은술 / 다진 파 1작은술 / 다진 마늘 ½작은술 / 깨소금 1작은술 / 식초 1작은술 / 실고추 약간

만들기
1 오이를 동글납작하게 썰어 소금물에 절였다 꼭 짠다.
2 양념을 고루 섞어 오이를 넣고 무친다.

도라지생채

만들기
1 도라지를 곱게 찢어 소금으로 바락바락 주무른 다음 찬물에 헹구어 물기를 꼭 짠다.
2 초고추장 양념을 만들어 도라지를 무친다.

오이를 반으로 갈라 어슷어슷 썰어 소금에 절였다 꼭 짠 다음 도라지와 섞어서 무치기도 한다.

◆ 재료
생도라지 ········ 150g
소금 ············· 적당량
초고추장 양념
고추장 2작은술 / 식초 2작은술 / 설탕 1작은술 / 다진 파 2작은술 / 다진 마늘 1작은술 / 고춧가루 2작은술 / 깨소금 1작은술

삼색무생채

◆ 재 료

무 ·········· 300g

양념

고운 고춧가루 2작은술 / 소금 1큰술 / 설탕 1큰술 / 식초 1큰술 / 다진 파 1큰술 / 다진 마늘 ½큰술 / 다진 생강 ½작은술 / 참기름 1작은술 / 깨소금 1작은술

만들기

1 무는 껍질을 벗겨 5cm 정도 길이로 곱게 채 썬다.
2 그릇에 무채를 담고 먼저 고운 고춧가루를 넣어 고루 주물러서 붉은빛이 들게 한 다음 나머지 생채 양념을 넣어 고루 무친다. 무를 채 썰어 식초, 고춧가루를 넣어 새콤하고 매운 맛으로 만든 생채이다. 때로는 고춧가루를 전혀 넣지 않고 흰색으로 무치기도 한다. 간장으로 간을 하여 무쳐 삼색을 한 그릇에 어울려 담아도 좋다. 재료는 무 한 가지만으로 만들기도 하고 오이를 절여서 한데 섞어서 만들어도 맛이 잘 어울린다. 오징어나 조개류를 익혀 합하여 무치기도 한다.

1 무채에 고운 고춧가루로 붉은빛을 낸다.
2 나머지 생채 양념을 넣어 고루 무친다.

더덕생채

재 료

더덕 200g, **고춧가루 양념**(고춧가루 1작은술, 소금 ½작은술, 설탕 ⅔큰술, 식초 1큰술, 참기름 1작은술, 깨소금 1작은술), **간장 양념**(간장 1작은술, 설탕 ⅔큰술, 식초 1큰술, 참기름 1작은술, 깨소금 1작은술), **소금 양념**(소금 ½작은술, 식초 1큰술, 설탕 ⅔큰술, 참기름 1작은술, 깨소금 1작은술)

만들기

1 더덕은 껍질을 벗기고 찬물에 씻어 물기를 없앤 다음 찧어서 곱게 찢는다.
2 찢을 때 진이나 물이 나오면 건지만 꼭 짜서 3등분으로 나눈다. 각각의 양념 중 식초와 참기름을 제외한 나머지 양념들을 넣고 간이 들도록 잘 주물러 무친다.
3 색이 잘 어우러지고 간이 들면 각각 3등분한 더덕생채에 참기름과 식초를 넣어 맛을 낸다.

채

고사리나물
도라지나물
시금치나물

도라지나물

◆ 재료
도라지 ········· 200g
소금 ············ 1큰술
식용유 ·········· 약간
양념
소금 1작은술 / 다진 파 2작은술 / 다진 마늘 1작은술 / 설탕 약간 / 물 5큰술 / 깨소금 1작은술 / 참기름 1작은술

만들기
1 통도라지를 씻어서 길이대로 먹기 쉽게 가늘게 갈라서 소금을 넣어 바락바락 주물러서 쓴맛을 뺀다. 끓는 물에 넣어 데친다.
2 냄비를 달구어서 식용유를 두르고 도라지를 넣어 볶다가 소금과 다진 파, 마늘, 설탕을 넣어 고루 섞는다. 물 5큰술을 넣고 뚜껑을 덮은 다음 약한 불로 익힌다.
3 국물이 조금 남을 정도가 되면 깨소금과 참기름을 넣어 고루 섞어 잠시 두었다가 그릇에 담는다.

고사리나물

만들기
1 말린 고사리나 고비를 하룻밤 물에 불렸다가 충분히 연하게 될 때까지 삶아서 그대로 식힌다.
2 삶은 고사리의 단단한 줄기 부분을 잘라내고 5cm 길이로 잘라놓는다.
3 다듬은 고사리에 국간장, 다진 파, 다진 마늘을 넣어 무쳐 간이 들게 잠시 둔다.
4 냄비를 덥혀서 기름을 두르고 고사리를 넣어 볶는다. 도중에 물 5큰술을 넣고 뚜껑을 덮어 약한 불로 익힌다.
5 국물이 조금 남을 정도가 되면 깨소금, 참기름, 후춧가루를 넣어 고루 섞어 그릇에 담는다.

◆ 재료
고사리(삶은 것)
················· 300g
양념
국간장 1큰술 / 다진 파 2작은술 / 다진 마늘 1작은술 / 물 5큰술 / 깨소금 1작은술 / 참기름 1작은술 / 후춧가루 약간

시금치나물

◆ 재료
시금치 ········· 300g
소금 ············· 약간
양념
국간장 1큰술 / 다진 파 2작은술 / 다진 마늘 1작은술 / 참기름 1작은술 / 깨소금 1작은술

만들기
1 시금치는 뿌리를 잘라내고 시든 잎은 떼고 다듬어서 넉넉한 끓는 물에 소금을 약간 넣고 데친다. 뚜껑을 연 채로 파랗게 데쳐 바로 찬물에 헹구어 건져서 물기를 짠다.
2 물기 짠 시금치를 가지런히 하여 4cm 길이로 썬다.
3 시금치 썬 것에 양념을 넣어 고루 무쳐서 그릇에 담는다. 위에 깨소금을 조금 뿌린다.

숙주나물 / 가지나물 / 미나리나물 / 콩나물

콩나물

만들기

1 콩나물은 뿌리를 다듬고 씻어서 냄비에 담는다. 물에 소금을 넣고 뚜껑을 덮어 약 15분간 삶는다.
2 콩나물이 무르면 소쿠리에 건져서 물기를 뺀다.
3 실고추를 3㎝ 길이로 끊는다.
4 삶은 콩나물에 양념을 넣어 고루 무친 다음 실고추를 뿌린다.

재료

콩나물 300g
소금 1작은술
실고추 약간
양념
국간장 1작은술 / 다진 파 2큰술 / 다진 마늘 1큰술 / 참기름 2큰술 / 깨소금 1큰술

가지나물

만들기

1 가지는 꼭지를 따고 깨끗이 씻어 반으로 쪼갠다. 찜통에 넣어 찐 다음 식혀 알맞게 찢는다.
2 찢은 가지를 양념하여 고루 무친다.

재료

가지 2개(쪄서 찢은 것 200g)
양념
국간장 2작은술 / 소금 ½작은술 / 고춧가루 1작은술 / 다진 파 2작은술 / 다진 마늘 1작은술 / 식초 1작은술

숙주나물

재료

숙주 200g
양념
소금 1작은술 / 국간장 1작은술 / 다진 파 1작은술 / 다진 마늘 1작은술 / 참기름 ½작은술 / 깨소금 ½작은술
실고추 약간

만들기

1 숙주는 꼬리를 떼고 씻는다. 끓는 소금물에 넣어 삶은 다음 건져 물기를 꼭 짠다.
2 양념을 넣고 무친 다음 실고추를 뿌린다.

숙주나물은 식초를 넣어 무치기도 한다. 식초를 넣을 경우는 참기름을 넣지 않는다. 숙주에 데친 미나리를 섞어서 무치기도 한다.

미나리나물

만들기

1 미나리를 다듬어 씻은 다음 끓는 물에 소금을 넣고 파랗게 데친다. 찬물에 헹구어 물기를 꼭 짠 다음 5㎝ 길이로 썬다.
2 쇠고기를 곱게 다져서 양념하여 볶는다.
3 미나리를 쇠고기 볶은 것과 합하여 고루 무친 다음 실고추를 뿌린다. 고기 없이 식초를 넣어 무칠 때는 참기름은 넣지 않는다. 초고추장으로 무쳐도 맛있다.

재료

미나리 300g
쇠고기 50g
실고추 약간
고기 양념
간장 ½큰술 / 설탕 1작은술 / 다진 파 1작은술 / 다진 마늘 ½작은술 / 깨소금 ½작은술 / 참기름 ½작은술 / 후춧가루 약간

채

말린 취나물

만들기
1 취 불린 것을 꼭 짜 양념한다.
2 팬에 식용유를 두르고 달군 다음 양념한 취를 넣고 볶는다. 기름 맛이 배면 물을 넣고 뚜껑을 덮어 익혀 부드럽게 한다. 깨소금을 넣고 버무린다.

재료
취 불린 것 ····· 200g
식용유 ····· 2큰술
물 ····· 2큰술
깨소금 ····· 1작은술
양념
국간장 1큰술 / 다진 파 2작은술 / 다진 마늘 1작은술

시래기나물

만들기
1 시래기를 삶아 씻어 하룻밤 정도 물에 담가둔다.
2 불린 시래기를 건져서 물기를 짜고 5~6cm 길이로 썬다. 양념을 넣고 충분히 주무른다.
3 팬에 식용유를 두르고 시래기를 넣어 볶으면서 모자라는 간은 소금으로 맞춘다.

재료
시래기 삶은 것 ····· 250g
식용유 ····· 적당량
양념
국간장 1큰술 / 다진 파 2작은술 / 다진 마늘 1작은술 / 참기름 2작은술 / 깨소금 2작은술

말린 가지나물

재료
말린 가지 ····· 50g(불려서 200g)
식용유 ····· 적당량
실고추 ····· 약간
양념
국간장 1큰술 / 다진 파 2작은술 / 다진 마늘 1작은술 / 깨소금 1작은술 / 참기름 1작은술

만들기
1 말린 가지를 물에 불려서 적당한 길이로 썰어 양념한다.
2 팬을 달구어 식용유를 두르고 가지를 볶아 익으면 실고추를 넣어 버무린다. 모자라는 간은 소금으로 맞춘다.

호박오가리나물

만들기
1 호박오가리를 물에 불려서 물기를 꼭 짠 다음 크기가 크면 반으로 잘라 양념한다.
2 쇠고기를 잘게 썰어서 고기 양념으로 고루 무친다.
3 팬을 달구어 양념한 고기를 넣어 볶다가 익어서 물이 나오면 식용유를 더 두르고 양념한 호박오가리를 넣어 볶는다.

재료
호박오가리 ····· 50g(불린 것 180g)
호박오가리 양념
국간장 1큰술 / 다진 파 2작은술 / 다진 마늘 1작은술 / 깨소금 1작은술 / 참기름 1작은술
쇠고기 ····· 100g
고기 양념
간장 1큰술 / 설탕 ½큰술 / 다진 파 2작은술 / 다진 마늘 1작은술 / 깨소금 1작은술 / 참기름 1작은술 / 후춧가루 약간
식용유 ····· 2큰술

고구마순나물

재료
고구마순 불린 것 ····· 200g
물 ····· 2큰술
깨소금 ····· 적당량
식용유 ····· 2큰술
양념
국간장 1큰술 / 다진 파 2작은술 / 다진 마늘 1작은술

만들기
1 고구마순 불린 것을 꼭 짜서 5cm 길이로 잘라 양념한다.
2 팬에 식용유를 두르고 달군 다음 양념한 고구마순을 넣고 볶는다. 기름 맛이 배면 물을 넣고 뚜껑을 덮어 익혀 부드럽게 한다. 깨소금을 넣고 버무린다.

겨자채

◆ 재료

양배추 또는 배추속대 ······ 100g
오이 ················· ½개
당근 ················· 50g
죽순 ················· 50g
편육 ················· 50g
배 ·················· ½개
밤 ·················· 3개
달걀 ················· 2개
소금 ················ 적당량
잣 ················· 1작은술

겨자집

겨자갠것 ············· 2큰술
설탕 ················ 1큰술
식초 ················ 2큰술
물 ················· 1큰술
간장 ··············· 1작은술
소금 ················· 약간
생크림 ·············· 2큰술

만들기

1 양배추, 오이, 당근을 씻어서 폭 1cm, 길이 4~5cm로 납작하게 썬다. 죽순도 같은 크기로 썰어 끓는 물에 살짝 데친다.

2 양지머리를 삶아 눌러 편육으로 하여 채소와 같은 크기로 썬다.

3 배는 껍질을 벗겨 채소와 같은 크기로 썬다. 잣은 고깔을 뗀다. 밤은 속껍질까지 깨끗이 벗겨 납작하게 썬다.

4 달걀을 황백으로 나누어 약간 도톰하게 지단을 부친 다음 채소와 같은 크기로 썬다.

5 겨자가루에 물을 넣어 되직하게 개어서 잠시 엎어둔다. 매운맛이 나면 식초, 설탕, 소금을 넣어 고루 섞은 다음 생크림을 섞어서 겨자집을 만든다.

6 준비한 재료들을 차게 두었다가 상에 내기 직전에 소금을 약간 뿌리고 겨자집을 넣어 가볍게 고루 무친다. 그릇에 담고 잣을 얹는다.

■ ■ ■ 채

죽순채

◆ 재 료

죽순(날것) … 2개(600g)
또는 통조림 200g
쌀뜨물 ………… 10컵
마른 고추 ……… 2개
쇠고기(홍두깨살) · 50g
표고버섯(중) …… 1장

고기 양념

간장 1큰술 / 설탕 ½큰술 / 다진 파 2작은술 / 다진 마늘 1작은술 / 깨소금 1작은술 / 참기름 1작은술 / 후춧가루 약간

미나리 ………… 50g
숙주 …………… 100g
붉은 고추 ……… ½개
달걀 …………… 1개

전체 양념

간장 2큰술 / 물 2큰술 / 식초 2큰술 / 설탕 1큰술 / 깨소금 2작은술

만 들 기

1 죽순은 뾰족한 쪽의 끝을 5㎝ 정도 어슷하게 자르고 길이로 밑동에 칼집을 넣는다. 냄비에 쌀뜨물과 마른 고추를 한데 넣어 1시간 정도 삶아서 그대로 식힌다. 여러 번 물을 갈아주어 아린 맛을 없앤다.
2 삶은 죽순은 껍질을 벗겨 반으로 갈라서 빗살 모양으로 납작하게 썬다.
3 쇠고기는 살로 채 썬다. 표고버섯을 불려서 채 썰어 고기와 합하여 고기 양념으로 무친다. 팬에 기름을 두르고 볶아서 식힌다.
4 미나리는 잎을 떼고 끓는 물에 데친 다음 찬물에 헹군다. 4㎝ 길이로 자른다.
5 숙주는 다듬어 끓는 물에 소금을 약간 넣어 데친 다음 찬물에 헹군다.
6 붉은 고추는 반으로 갈라 씨를 빼고 곱게 채 썬다.
7 달걀은 황백으로 나누어 지단을 부쳐서 채 썬다. 지단채를 조금 남기고 위의 재료를 한데 모아서 전체 양념을 넣어 무친다. 남은 지단채를 얹는다.

탕평채

만 들 기

1 청포묵을 얇게 떠서 채 썬다. 굳은 것은 끓는 물에 데친다.
2 쇠고기는 살로 가늘게 채 썰어 고기 양념으로 무친 다음, 팬에 기름을 두르고 볶아서 식힌다.
3 미나리는 데친 다음 찬물에 헹귀 4㎝ 길이로 자른다.
4 숙주는 머리와 꼬리를 다듬어서 끓는 물에 소금을 약간 넣고 데쳐 찬물에 헹군다.
5 붉은 고추를 반으로 갈라 씨를 빼고 곱게 채 썬다.
6 달걀은 황백으로 나누어 지단을 부쳐 채 썬다. 김을 구워서 잘게 부순다.
7 큰 그릇에 지단을 약간만 남기고 묵, 쇠고기, 미나리, 김, 붉은 고추를 한데 합하여 양념을 넣어 살짝 무친다. 접시에 담고 위에 지단을 얹는다. 또는 재료들을 접시에 색스럽게 돌려 담고 초간장을 따로 담아서 상에서 바로 무친다.

◆ 재 료

청포묵 …… 1모(400g)
쇠고기(홍두깨살) · 30g

고기 양념

간장 ½큰술 / 설탕 1작은술 / 다진 파 1작은술 / 다진 마늘 ½작은술 / 참기름 ½작은술 / 깨소금 ½작은술 / 후춧가루 약간

미나리 ………… 50g
숙주 …………… 100g
달걀 …………… 1개
김 ……………… ½장
붉은 고추 ……… ½개

초간장

간장 1큰술 / 식초 ⅔~1큰술 / 물 1큰술 / 설탕 ½큰술

월과채

◆ 재료

- 애호박 ········· 1½개
- 느타리버섯 ······ 80g
- 쇠고기 ·········· 50g
- 표고버섯 ········· 2장
- 붉은 고추 ······· ½개
- 달걀 ············· 1개
- 찹쌀가루 ······· 1½컵
- 식용유 ········ 적당량
- 소금 ············ 약간

고기·버섯 양념

간장 ⅔큰술 / 설탕 1작은술 / 다진 파 1작은술 / 다진 마늘 ½작은술 / 깨소금 1작은술 / 참기름 1작은술 / 후춧가루 약간

만들기

1 애호박을 눈썹 모양으로 썰어 소금물에 삼삼하게 절여서 마른 면보로 물기를 눌러 짠다. 팬을 달궈 식용유를 약간 두르고 파, 마늘, 참기름으로 양념하여 볶는다.
2 느타리버섯을 끓는 물에 소금을 넣고 데친 다음 잘게 찢어 물기를 꼭 짠다. 참기름과 소금으로 양념한 다음 볶는다.
3 쇠고기는 곱게 다지고 표고버섯을 불려 곱게 채 썰어 고기와 합하여 고기양념으로 무친다. 팬에 기름을 두르고 볶아 식힌다.
4 붉은 고추는 반으로 갈라 씨를 뺀 다음 어슷하게 채 썰어 살짝 볶는다. 달걀을 황백으로 나눠 지단을 부쳐 채 썬다.
5 위의 재료를 섞어 깨소금, 참기름으로 양념한다.
6 찹쌀가루에 소금간을 한 다음 되직하게 익반죽해서 2cm 정도 크기로 동글납작하게 빚는다. 팬에 식용유를 두르고 누르면서 양면을 뻣뻣한 듯하면서 노릇하게 지진다.
7 ⑥의 찰전병을 볶은 재료와 섞어 그릇에 담는다.

애호박젓국나물

재료

애호박(중) 1개(300g), 소금 2작은술, 물 1½컵, 쇠고기 30g, **고기 양념**(간장 ½작은술, 다진 마늘 ½작은술, 깨소금 ½작은술, 참기름 ½작은술, 후춧가루 약간), **나물 양념**(다진 파 2작은술, 다진 마늘 1작은술, 참기름 1작은술, 깨소금 1작은술, 새우젓 1작은술), 실고추 약간

만들기

1 애호박은 속을 삼각 지게 도려내고 껍질 부분을 자른다. 얇게 눈썹 모양으로 썰어 분량의 소금물에 절여 물기를 짠다.
2 쇠고기를 다져서 고기 양념으로 무친다.
3 새우젓 건지를 다져 젓국과 합해둔다.
4 냄비에 참기름을 두르고 쇠고기를 넣어 볶다가 절인 호박을 넣어 같이 볶는다. 기름이 고루 배면 나물 양념과 새우젓을 넣고 뒤적인 다음 뚜껑을 덮어 잠시 두었다가 그릇에 담는다. 실고추를 얹는다.

잡채

◈ 재료
쇠고기(우둔살) ······ 100g
표고버섯(중) ············ 2장
목이버섯(불린 것)
················· 30g
식용유 ············ 적당량

고기 · 버섯 양념
간장 2큰술 / 설탕 1큰술 / 다진 파 4작은술 / 다진 마늘 2작은술 / 참기름 2작은술 / 깨소금 2작은술 / 후춧가루 약간

당근 ···················· 50g
양파 ···················· ½개
오이(중) ·············· ½개
도라지 ················ 80g

나물 양념
소금 ½작은술 / 다진 파 1작은술 / 다진 마늘 ½작은술 / 참기름 ½작은술 / 깨소금 ½작은술 / 후춧가루 약간

달걀 ···················· 1개
당면(마른것) ········ 60g

당면 양념
간장 1큰술 / 설탕 1큰술 / 참기름 1큰술
잣 ················ 1작은술

만들기

1 쇠고기를 살로 채 썬다.

2 표고버섯을 물에 불려서 기둥을 떼어내고 채 썬다. 목이버섯을 불려서 한 잎씩 떼어낸다.

3 고기 · 버섯 양념장을 만들어 쇠고기, 표고버섯, 목이버섯에 나누어 고루 무친 다음 팬에 식용유를 두르고 볶아서 식힌다.

4 오이를 4㎝ 정도의 납작한 채로 썰어 소금에 절였다가 물기를 짠 다음 팬에 식용유를 두르고 볶는다. 당근도 오이와 같은 길이로 썰어 끓는 물에 데쳐 볶아서 나물 양념을 한다.

5 도라지를 가늘게 갈라서 소금을 넣고 주물러 씻어 끓는 물에 데쳐 나물 양념으로 무쳐서 볶는다. 양파를 길이대로 썰어 식용유에 볶아서 소금 간한다.

6 달걀을 황백으로 나누어 푼 다음 지단을 부쳐 채 썬다.

7 당면을 찬물에 불린 뒤 끓는 물에 넣어 부드럽게 삶아 길이를 두세 번 끊어서 당면 양념으로 고루 무친다.

8 큰 그릇에 지단을 약간만 남기고 볶은 재료와 당면을 한데 모아서 고루 섞는다. 그릇에 담고 위에 달걀 지단과 잣을 얹는다.

구절판

◆ 재 료

쇠고기(홍두깨살) · 100g
표고버섯(중) ········· 3장
식용유 ········· 적당량

고기 양념
간장 1큰술 / 설탕 ½큰술 / 다진 파 2작은술 / 다진 마늘 1작은술 / 참기름 2작은술 / 깨소금 2작은술 / 후춧가루 약간

오이(중) ············· 1개
당근 ··············· 100g
석이버섯(불린 것)
················· 30g
숙주 ··············· 150g
달걀 ··············· 3개
소금 · 훗추가루 약간 / 식용유 · 참기름 적당량씩

밀전병 반죽
밀가루 1컵 / 소금 ½작은술 / 물 1¼컵

겨자장
겨자갠것 1큰술 / 설탕 ½큰술 / 식초 1큰술 / 간장 1작은술 / 물 1큰술 / 소금 약간

초간장
간장 2큰술 / 식초 1큰술 / 물 1큰술 / 설탕 ½큰술

만 들 기

1 쇠고기 살은 결을 따라서 길이로 가늘게 채 썬다. 표고버섯을 물에 불려서 기둥을 떼어내고 얇게 저민 다음 곱게 채 썬다. 고기와 버섯에 고기 양념을 각각 나누어 고루 무친다.

2 오이를 4㎝ 길이로 토막 내 돌려가면서 얇게 벗겨서 곱게 채 썬 다음 소금에 절여서 물기를 꼭 짠다.

3 당근을 4㎝ 길이로 곱게 채 썬다. 숙주는 머리와 꼬리를 뗀 다음 끓는 물에 데친다.

4 석이버섯을 더운물에 불려서 손으로 비벼서 안쪽의 이끼를 깨끗이 없앤 다음 겹쳐서 말아 가늘게 채 썬다.

5 오이, 당근, 숙주, 석이버섯을 각각 참기름과 소금으로 양념한다. 팬에 식용유를 두르고 볶아 펴서 식힌다. 양념한 쇠고기와 표고버섯도 볶는다.

6 달걀을 황백으로 나누어 소금을 약간 넣어 잘 풀어서 지단을 얇게 부친다. 4㎝ 길이로 가늘게 채 썬다.

7 밀가루에 소금을 섞어 물을 조금씩 넣어 묽게 풀어서 체에 거른다. 팬에 식용유를 두르고 밀가루 푼 것을 한 큰술씩 떠서 구절판의 가운데 칸에 알맞은 크기로 밀전병을 얇게 부친다. 밀전병을 뒤집어서 뒷면도 살짝 익힌 다음 채반에 꺼내어 식힌다. 여러 장을 겹쳐 구절판 가운데에 담는다.

8 구절판 틀의 둘레 칸에 위에서 준비한 여덟 가지를 같은 색끼리 마주보도록 담고, 작은 그릇에 따로 겨자장과 초간장을 담는다. 밀전병 위에 재료를 올리고 초간장이나 겨자장을 넣어 싸 먹는다.

전복회

재료
- 전복 ········ 4개
- 실파 ········ 2뿌리

초고추장
고추장 4큰술 / 간장 1작은술 / 청주 1작은술 / 식초 2큰술 / 설탕 2작은술 / 마늘즙 2작은술 / 생강즙 1작은술

만들기
1 살아 있는 전복을 솔로 살살 문질러 깨끗이 씻은 다음 숟가락으로 살만 떼어낸다. 내장은 떼어내고 씻어서 건진다.
2 냄비에 물을 넉넉히 붓고 끓이다가 전복살을 넣어 살짝 데친 다음 얇게 저민다.
3 전복 껍데기에 전복살을 담고 실파나 파잎사귀 채 썬 것을 위에 얹는다.
4 초고추장을 곁들여 낸다.

생선회

재료
- 민어(흰살 생선) ········ 400g
- 풋고추 ········ 1개
- 붉은 고추 ········ 2개
- 상추 ········ 50g
- 쑥갓 ········ 50g

초고추장

만들기
1 민어를 물이 좋은 것으로 골라서 비늘을 긁고 내장을 빼낸다. 살만 두 장으로 넓게 떠서 젖은 행주로 덮어 냉장고에 넣어 차게 둔다.
2 상추와 쑥갓을 씻어서 물기를 뺀다. 풋고추와 붉은 고추를 어슷하고 둥글게 썰어 물에 헹군 다음 씨를 발라낸다.
3 상에 내기 바로 전에 생선살을 얇게 저며서 접시에 상추를 깔고 가지런히 담는다. 고추 썬 것을 곁들여서 담고, 초고추장을 따로 담아 낸다.

굴회

재료
- 생굴 ········ 300g
- 상추 ········ 50g
- 쑥갓 ········ 50g
- 풋고추 ········ 2개
- 붉은 고추 ········ 1개

초간장
간장 4큰술 / 식초 2큰술 / 설탕 1큰술 / 마늘즙 2작은술 / 생강즙 1작은술

만들기
1 굴을 소금물에 넣어 살살 흔들어 씻고 깍지는 골라낸 다음 소쿠리에 건져 물기를 뺀다.
2 상추와 쑥갓을 씻어서 물기를 뺀다. 풋고추와 붉은 고추를 어슷하고 둥글게 썰어 물에 헹군 다음 씨를 발라낸다.
3 상에 내기 바로 전에 접시에 쑥갓을 깔고 굴을 담는다. 고추 썬 것을 곁들여서 담고 초간장을 따로 담아 낸다.

해삼회

만들기
1 해삼을 단단한 것으로 골라 배를 갈라 내장을 빼낸 다음 얇게 저민다.
2 상추와 쑥갓을 씻어서 물기를 뺀다. 풋고추와 붉은 고추를 어슷하고 둥글게 썰어 물에 헹군 다음 씨를 발라낸다.
3 접시에 상추를 깔고 해삼을 가지런히 담는다. 고추 썬 것을 곁들여서 담고 초고추장을 따로 담아 낸다.

재료
- 해삼 ········ 3개(200g)
- 상추 ········ 50g
- 풋고추 ········ 2개
- 붉은 고추 ········ 1개

초고추장

육회

◈ 재 료

쇠고기(우둔살)
······················ 400g
배 ················ ½개
마늘 ·············· 2쪽
잣가루 ············ 2큰술
양념장
간장 4큰술 / 설탕 2큰술 /
다진 파 1큰술 / 다진 마늘
1큰술 / 깨소금 1큰술 / 참
기름 1½큰술 / 후춧가루
약간

만 들 기

1 쇠고기를 우둔살이나 홍두깨살로 준비해 기름이나 힘줄을 말끔히 발라내고 얇게 떠서 채 썬다.
2 분량의 양념장 재료를 섞어 양념장을 만든다.
3 배는 껍질을 벗기고 가늘게 채 썰어 설탕물에 잠깐 담갔다가 건진다. 마늘은 얇게 저민다.
4 잣을 도마에 종이를 깔고 다져서 가루를 만든다.
5 채 썬 쇠고기를 양념장으로 고루 주물러서 접시에 담고 잣가루를 고루 뿌린다. 배와 마늘을 곁들여 담는다. 쑥갓 등 푸른 잎으로 장식하여도 좋다.

갑회

만 들 기

1 쇠간은 얇은 막을 벗겨서 주름이나 힘줄을 말끔히 발라내고 얇게 떠서 폭 2cm, 길이 4cm로 저민다. 잣을 가운데 놓고 만다.
2 천엽은 얇은 막을 떼어내고 소금으로 주물러 씻는다. 물기를 없애고 간과 같은 크기로 썰어 잣을 가운데 놓고 만다.
3 양은 되도록 두꺼운 부위로 골라서 소금을 뿌려서 주물러 씻는다. 안쪽의 흰색 기름을 떼어내고 끓는 물에 잠시 넣었다가 건져서, 칼로 검은 막을 긁어서 깨끗이 손질한 다음, 얇게 저미서 잣을 가운데 넣고 만다.
4 분량의 양념장 재료를 고루 섞어 작은 그릇에 따로 내어 회를 찍어 먹는다.

◈ 재 료

쇠간 ············ 150g
천엽 ············ 150g
양 ·············· 250g
잣 ·············· 2큰술
양념장
참기름 4큰술 / 소금 1큰술 / 후춧가루 1작은술

회

어채

◆ 재료

민어(흰살생선)
.... 200g
소금 1작은술
흰후춧가루 .... 약간
생강즙 1/2작은술
오이 1/2개
붉은 고추 1/2개
표고버섯 2장
석이버섯 2장
달걀 1개
녹말가루 3큰술
소금 .... 약간

초고추장

고추장 2큰술 / 식초 1큰술 / 설탕 1작은술 / 마늘즙 1작은술 / 잣가루 1작은술

만들기

1 민어를 물이 좋은 것으로 골라서 비늘을 긁고 내장을 빼낸다. 살만 두 장으로 넓게 떠서 껍질을 벗기고 한입 크기로 저민 다음 소금을 뿌린다.

2 달걀을 황백으로 나누어 풀어 얇게 지단을 부친 다음 2cm 폭, 3cm 길이로 썬다.

3 오이와 붉은 고추를 2cm 폭, 3cm 길이로 썬다. 표고버섯과 석이버섯을 불려서 손질한 다음 오이와 비슷한 크기로 썬다.

4 냄비에 물을 넉넉히 붓고 끓인다. 준비한 채소에 녹말가루를 고루 묻혀 데친다. 생선도 마찬가지로 데친 다음 찬물에 재빨리 헹군다.

5 접시에 채소와 생선살을 색깔을 맞춰 돌려 담는다. 초고추장을 따로 작은 그릇에 담아 잣가루를 뿌려서 낸다.

해물숙회 해물 중 새우류, 패류, 연체류 등을 끓는 물에 데쳐서 익힌 회로 초고추장을 곁들인다. 패류로는 대합, 홍합, 소라 등이, 연체류로는 오징어, 문어, 낙지 등이 적당하다.

두릅회

◈ 재 료

두릅 ·············· 200g
소금 ··········· ½작은술
깨소금 ········ ½작은술
참기름 ········· 1작은술
초고추장
고추장 2큰술 / 식초 1큰술 / 설탕 ½큰술 / 물 1작은술

만들기

1 두릅을 길이가 짧고 통통한 것으로 골라서 겉껍질을 벗기고 줄기의 딱딱한 부분은 떼어낸다. 밑동에 십자로 칼집을 넣은 다음 끓는 물에 소금을 넣고 파릇하게 데쳐 찬물에 헹구어 건진다.
2 데친 두릅이 크면 길이로 반 가른 다음 소금, 깨소금, 참기름으로 고루 무친다.
3 두릅을 접시에 가지런히 담고 초고추장을 곁들여낸다.

미나리강회

만들기

1 미나리는 뿌리와 잎을 떼어내고 씻는다. 끓는 물에 소금을 약간 넣고 파릇하게 데친 다음 찬물에 헹궈 건진다.
2 고기를 덩어리째 삶아 건져 2cm 길이, 0.5cm 폭의 막대 모양으로 썬다.
3 달걀을 황백으로 나누어 두껍게 지단을 부친다. 붉은 고추도 갈라서 씨를 뺀 다음 편육과 같은 크기로 썬다.
4 데친 미나리를 잡고 편육, 지단, 고추를 끝에 맞추어 잡아 엄지 끝에 위에서 밑으로 감아 만다.
5 접시에 미나리강회를 가지런히 돌려 담고 잣을 올리고 초고추장을 곁들인다.

연한 미나리를 데친 다음 편육과 지단을 한데 묶어서 만든 채소 숙회이다. 초고추장을 곁들인다. 묶는 모양으로는 족두리 모양, 상투 모양, 가운데를 묶는 매듭 모양이 있다. 미나리가 연하지 않을 때는 가는 실파를 이용하여 같은 방법으로 만든다. 길이가 긴 채소를 데친 다음 감아서 만든 것을 강회라 한다.

◈ 재 료

미나리 ·············· 200g
쇠고기(우둔살)
 ·············· 100g
달걀 ·················· 1개
붉은 고추 ·········· 1개
잣 ··················· 1큰술
초고추장

쌈

상추쌈 차림

장똑똑이

◈ 재료

쇠고기(홍두깨살) ········· 200g
고기 양념
간장 1큰술 / 참기름 1작은술 / 후춧가루 약간
조림장
간장 1큰술 / 설탕 ½큰술 / 물 ½컵 / 후춧가루 약간 / 흰 파 3cm / 마늘 2쪽 / 생강 약간

만 들 기

1 쇠고기를 결대로 가늘게 썰어 고기 양념에 잰다.
2 파를 채 썬다. 마늘과 생강도 껍질을 벗겨서 곱게 채 썬다.
3 냄비에 간장, 설탕, 물을 넣고 끓이다가 양념한 쇠고기를 넣어 조린다.
4 파, 마늘, 생강, 후춧가루를 넣고 국물이 조금 남을 때까지 조린다.

병어감정

◈ 재료

병어 ····· 1마리(300g)
고추장 ············ 2큰술
물 ···················· ½컵
대파 ················· 3cm
마늘 ················· 1쪽
생강 ················· 약간

만 들 기

1 병어를 살만 포 떠서 1cm 폭, 3cm 길이의 막대 모양으로 썬다.
2 파, 마늘, 생강을 채 썬다.
3 냄비에 고추장과 물을 넣고 끓이다가 생선을 넣는다.
4 채 썬 양념을 넣고 국물을 끼얹으면서 바특하게 조린다.

약고추장

◈ 재료

고추장 ······· 1컵(250g)
쇠고기(우둔살) ···· 50g
고기양념
간장 1작은술 / 설탕 ½작은술 / 다진 파 ½작은술 / 다진 마늘 ¼작은술 / 참기름 ½작은술 / 깨소금 ½작은술 / 후춧가루 약간
물 ···················· ½컵
꿀 ···················· 1큰술
잣 ···················· 적당량
참기름 ············· ½큰술

만 들 기

1 쇠고기를 다져서 양념하여 팬에 보슬보슬하게 볶는다.
2 볶아진 쇠고기에 물을 넣고 잠시 끓이다가 고기육수가 우러나면 고추장을 넣고 약불에서 저어가며 끓인다.
3 걸쭉해지면 꿀과 잣, 참기름을 넣고 조금 더 끓인다.

보리새우볶음

만 들 기

1 보리새우를 마른 팬에 넣고 볶아 바삭바삭해지면 마른행주에 쏟아 비벼서 가시를 없앤다.
2 팬에 식용유를 두르고 약한 불에서 볶는다.
3 기름이 고루 스미면 다른 팬에 설탕, 물엿, 물, 간장 등을 넣고 살짝 끓인 다음 불을 줄이고 보리새우를 넣고 빨리 섞는다.

계지차 계지는 계수나무의 삭쟁이를 말한다. 두꺼운 육계로 끓여도 되나 계지를 쓰는 편이 맛이 순하고 경제적이다. 계피는 한방에서 몸을 따뜻하게 해주는 용도로 쓰여 냉한 상추쌈을 먹은 다음 계지차를 먹으면 체하지 않는다고 전해진다.
물 1L에 계지 30g을 넣고 끓인다.
절미된장조치는 133쪽 참조

◈ 재료

마른 보리새우 ···· 50g
간장 ············· ½작은술
설탕 ················ 1큰술
물엿 ············· 1작은술
물 ················· 2큰술
식용유 ············ 적당량
실깨 ············· 1작은술

유곽

만 들 기

1 칼로 개조개의 입을 벌려 조갯살을 떼어 낸 다음 노란빛이 나는 주둥이 끝을 자른다. 흐르는 물에서 모래를 씻어낸다.
2 다진 쇠고기를 고기 양념으로 양념한다.
3 조갯살을 다듬어 굵게 다진다.
4 깻잎과 미나리를 송송 썬다. 양파는 다진다. 고추는 씨를 빼낸 다음 잘게 다진다.
5 냄비에 조갯살을 넣어 볶다 청주와 생강즙을 넣어 비린 맛을 없앤 다음 양념한 쇠고기를 넣어 볶는다. 익으면 양파를 넣어 투명해질 때까지 볶는다.
6 ⑤에 된장과 고추장을 물에 풀어 넣어 끓이다가 다진 고추, 파, 마늘을 넣고 물기가 적어져 뭉쳐질 정도까지 저으면서 볶는다. 불에서 내리기 전에 깻잎, 미나리, 참기름을 넣는다.
7 깨끗이 씻어둔 조개껍질에 볶은 재료를 담아 통조개 모양으로 만든 다음 조개껍질을 석쇠에 올려 은근하게 굽는다.

◈ 재료

개조개 ················ 2개
쇠고기 다진 것 ···· 50g
고기 양념
간장 ½큰술 / 설탕 1작은술 / 다진 파 1작은술 / 다진 마늘 ½작은술 / 참기름 1작은술 / 깨소금 1작은술 / 후춧가루 약간
조갯살 ··············· 50g
깻잎 ··················· 4장
미나리 ··············· 30g
양파 ···················· ½개
풋고추 ················· 2개
붉은 고추 ············· 1개
양념
청주 1작은술 / 생강즙 1작은술 / 된장 3큰술 / 고추장 1큰술 / 물 ½컵 / 다진 파 2작은술 / 다진 마늘 1작은술 / 참기름 1작은술

양지머리편육

◆ 재료

양지머리 ········ 800g
물 ··············· 20컵
소금 ············· 2큰술
파 ················· 1대
마늘 ············· 3쪽

초간장
간장 4큰술 / 식초 2큰술 / 물 2큰술 / 설탕 ½작은술 / 잣가루 1작은술

만 들 기

1 양지머리는 두께가 두꺼운 부위로 한 덩어리로 구하여 찬물에 담가서 핏물을 뺀 다음 끓는 물에 넣어 삶는다.
2 국물이 다시 끓어오르면 파를 크게 썰어 넣고, 마늘을 두세 조각으로 저며 넣는다. 1시간 정도 삶아서 고기가 무르게 익으면 소금을 넣어 잠시 더 끓여서 건진다. 젖은 베보자기에 싼 다음 위에 편편한 것을 눌러 모양을 반듯하게 만든다.
3 눌러놓은 고기를 5㎝ 폭으로 고깃결의 반대 모양으로 얇게 썬다. 그릇에 흐트러지지 않게 담는다.
4 초간장을 만들어 작은 그릇에 담고 잣가루를 뿌려 낸다. 겨자장을 찍어 먹기도 한다.

제육편육

만 들 기

1 돼지고기 삼겹살을 기름이 적은 두꺼운 부분으로 골라서 덩어리째 찬물에 담가서 핏물을 뺀다. 끓는 물에 고기를 넣어 다시 끓어오르면 소금과 저민 생강·마늘을 넣고 위에 떠오르는 거품을 가끔 걷어내면서 불을 줄여 서서히 끓인다. 된장을 풀어 잡내를 없애기도 한다.
2 1시간 정도 끓여서 고기가 충분히 무르면 건져 행주에 싸서 도마로 눌러두어 모양을 반듯하게 굳힌다.
3 모양이 굳은 삼겹살을 4㎝ 폭으로 얇게 저며 썰어 그릇에 가지런히 담는다.
4 새우젓국에 양념을 넣어 초젓국을 만들어 작은 그릇에 담아 낸다.

◆ 재료

돼지고기 삼겹살
 ··················· 1kg
소금 ············· 1큰술
생강 ············· 1톨
마늘 ············· 2쪽

초젓국
새우젓국 4큰술 / 식초 1큰술 / 고춧가루 1작은술 / 깨소금 약간 / 다진 파 1작은술

족편

◆ 재 료

쇠족 ············ 1개(1kg)
사태 ············ 500g
향신채
생강 50g / 마늘 4쪽 / 파 2대
양념
소금 1큰술 / 간장 1큰술 / 다진 마늘 1큰술 / 후춧가루 약간
고명
황백 지단 1개분 / 석이버섯 5g / 잣 약간 / 실고추 약간
겨자장
겨자가루 2큰술 / 물 1큰술 / 식초 1큰술 / 설탕 ½큰술 / 소금 ½작은술 / 간장 ½작은술
초간장

만 들 기

1 쇠족은 손질하여 토막 낸 다음 핏물을 뺀다. 넉넉한 끓는 물에 넣어서 한번 데쳐 건져 다시 깨끗이 씻는다.
2 데친 쇠족을 다시 솥에 담고 족이 충분히 잠기도록 물을 부어서 삶는다. 다시 끓어오르면 향신채를 넣고 거품을 걷어내면서 서서히 끓인다.
3 사태는 쇠족이 반 정도 물렀을 때 넣고 끓인다. 쇠족의 골수가 쉽게 빠질 정도까지 끓여서 뼈를 추려내고 체에 쏟아서 국물을 받는다. 건지를 곱게 다진다.
4 다진 고기와 국물을 도로 냄비에 담고 양념을 넣어 약한 불에서 서서히 끓인다.
5 네모진 쟁반에 물을 고루 묻힌 다음 끓인 족의 국물을 쏟아 부어서 식힌다. 윗면이 식어서 약간 굳으면 고명을 뿌리고 차게 둔다.
6 족편이 굳으면 한입 크기로 네모지게 썰어 그릇에 담는다. 초장이나 겨자장을 곁들인다.

족채

만 들 기

1 족편과 편육을 얇게 저며서 3㎝ 길이, 5~7mm 너비로 썬다.
2 미나리와 표고버섯, 석이버섯, 양파 등을 가늘게 채 썰어서 소금을 뿌려놓았다가 꼭 짠다. 팬에 식용유를 두르고 살짝 볶는다.
3 숙주와 당근을 채 썰어서 끓는 물에 소금을 넣고 살짝 데쳐서 물기를 없앤다.
4 달걀을 황백으로 나누어서 지단을 부쳐 채 썬다.
5 그릇에 재료를 담고 겨자집을 넣어 고루 무친다.
6 접시에 모양 있게 담고 지단채와 실백을 뿌려 낸다.

◆ 재 료

족편 ············ 1모
사태편육(또는 제육편육) ············ 300g
미나리 ············ 200g
당근 ············ 100g
숙주 ············ 200g
표고버섯 ············ 3장
석이버섯 ············ 3장
양파 ············ 1개
달걀 ············ 1개
배 ············ 1개
잣가루 ············ 1큰술
소금 ············ 1작은술
겨자집 ············ 2큰술
식용유 ············ 적당량

마른찬

육포 – 약포

◆ 재 료

쇠고기(홍두깨)
.... 500g
간장 4큰술
설탕 1큰술
생강 1톨
마른 고추 .... ½개
통후추 .... 약간
꿀 1½큰술
참기름 .... 적당량

만 들 기

1 쇠고기를 결의 방향대로 0.4㎝ 두께로 얇고 넓게 포를 뜬 다음 기름과 힘줄을 말끔히 발라낸다.
2 냄비에 간장, 설탕, 생강편, 마른 고추, 통후추를 넣고 잠깐 끓여 식힌 다음 꿀을 섞는다.
3 육포 감을 한 장씩 ②의 양념장에 담가 앞뒤로 고루 적셔 전체를 고루 주무른 다음 간이 충분히 배도록 1시간 정도 잰다.
4 ③을 채반에 겹치지 않게 펴 통풍이 잘 되고 햇볕 좋은 곳에 넌다. 3~4시간 지난 다음 뒤집는다.
5 바싹 마르기 전에 걷는다. 평평한 곳에 한지를 깔고 말린 포의 끝을 잘 펴서 차곡차곡 싼다. 도마나 판자 위에 놓고 무거운 것으로 누른 다음 다시 말린다.
6 말린 포를 비닐이나 랩으로 싸서 냉장고나 냉동실에 넣어 보존한다.
7 먹을 때 육포의 양면에 참기름을 고루 발라서 석쇠에 얹어 앞뒤를 살짝 굽는다. 먹기에 적당한 크기로 썰어 마른 찬이나 술안주로 한다.

쇠고기의 우둔살을 포로 떠서 간장으로 조미하여 말린 포로 장포 또는 약포라고 한다. 조미장에는 참기름을 넣지 않아야 오래 두어도 맛이 변하지 않으며 먹을 때에 참기름을 발라서 굽는다. 특히 서울 지방의 혼례 때 폐백 음식으로 대추와 육포를 마련했다. 이때는 많이 만들어 쟁반에 반듯하게 고이고 청홍띠를 두른다. 염포는 간장 대신에 소금으로 조미하여 말린다. 포쌈은 똑같이 만든 육포감에 잣을 다섯 알 정도 놓고 반달 모양이 되도록 가위로 도려낸 후 끝을 꼭꼭 아무려 채반에 널어서 말린다.

1 쇠고기를 얇게 포 떠 기름과 힘줄을 발라낸다.
2 간장, 설탕, 생강편, 고추 등을 섞어 양념장을 만든다.
3 육포 감을 양념장에 잰다.
4 채반에 겹치지 않게 펴놓아 말린다.

대추편포

만들기
1 쇠고기를 다져서 양념한 다음 고루 주무른다. 대추 모양으로 빚어 꼭지에 잣을 한 알씩 박아 참기름을 바른 다음 채반에 널어 말린다.
2 말릴 때 자주 뒤집으면 빨리 마른다. 각색포의 웃기로 쓴다.

◈ 재료
쇠고기(우둔살) ·················· 100g
잣 ················· 1큰술
참기름 ········ 2작은술
양념
소금 1작은술 / 설탕 ½큰술 / 후춧가루 약간

칠보편포

만들기
1 쇠고기를 다져 양념하여 고루 주물러 밤톨만큼씩 떼어 동글납작하게 빚는다. 참기름을 바르고 잣을 7알씩 깊이 박아 말린다.
2 각색포의 웃기로 쓴다.

◈ 재료
쇠고기(우둔살) ·················· 100g
잣 ················· 1큰술
참기름 ········ 2작은술
양념
소금 1작은술 / 설탕 ½큰술 / 후춧가루 약간

포쌈

만들기
1 쇠고기를 얇게 육포감으로 떠 양념한다.
2 직경 4cm의 원형으로 오려 잣을 5~6알씩 싸서 반으로 접어 꼭꼭 눌러 붙인 다음 채반에 펴서 말린다.
3 참기름을 발라 각색포의 웃기로 쓴다.

◈ 재료
쇠고기(우둔살) ·················· 100g
잣 ················· 2큰술
참기름 ········ 적당량
양념
간장 1큰술 / 설탕 ½큰술 / 후춧가루 약간

포다식

◈ 재료
육포 ············ 100g
깨 곱게 간 것 ············ 2큰술
꿀 ············ 3큰술
참기름 ············ 2큰술

만들기
1 육포는 표면에 먼지나 이물질이 없도록 행주로 닦아 불에 살짝 구운 다음 잘게 자른다.
2 분쇄기에 육포와 볶은 깨를 각각 넣어 곱게 간다. 조금씩 넣어야 잘 갈린다.
3 육포 간 것에 깨, 참기름, 꿀을 넣어 덩어리지도록 반죽한다.
4 다식판에 참기름을 바른 다음 적당량씩 넣어 꼭꼭 박아낸다.

마른찬

마른안주 _오절판

은행볶음

◆ 재료
은행 ········· 30알
소금 ········· ½작은술
식용유 ······· 1큰술

만 들 기
1 팬을 충분히 달구어 식용유를 두르고 은행과 소금을 넣어 새파랗게 될 때까지 볶는다.
2 바로 종이에 쏟아 고루 비벼 속껍질을 벗겨 가는 꼬치에 3알씩 꽂는다.

생률

◆ 재료
밤 ············ 8개

만 들 기
1 밤은 겉껍질과 속껍질을 말끔히 벗긴다.
2 잘 드는 칼로 반듯한 모양이 되도록 친다.

잣솔

만 들 기
1 잣은 고깔을 떼고 솔잎을 깨끗이 닦는다.
2 잣의 뾰족한 부분에 솔잎을 꽂아 5잎씩 모아 다홍실로 묶어 낸다.

◆ 재료
잣 ············ 2큰술
솔잎 ·········· 한줌
다홍실 ········ 약간

육포

만 들 기
1 육포의 양면에 소량의 참기름을 고루 발라서 석쇠에 얹어 앞뒤를 살짝 굽는다.
2 먹기 좋은 적당한 크기로 썰어 한쪽 부분에 꿀을 찍어 잣가루를 묻힌다.

김부각

◈ 재료
김 ············ 10장
실깨 ············ 적당량
육수
쇠고기 200g / 무 100g / 대파 1대 / 마늘 5쪽 / 다시마 10cm
찹쌀풀
찹쌀가루 5컵 / 육수 15컵 / 국간장 7큰술 / 마늘즙 2큰술 / 생강즙 약간

만 들 기
1 쇠고기를 물에 담가 핏물을 빼고, 무는 큼직하게 토막 낸다. 다시마를 젖은 행주로 닦아 물에 넣어 푹 끓여 달인 다음 건지를 건져낸다. 육수를 식혀 면보로 거른다.
2 찹쌀풀을 만든다. 찹쌀가루를 육수로 풀어서 국간장과 소금, 마늘즙, 생강즙을 넣어 간한다.
3 김발을 펴고 김발 위에 찹쌀풀을 살짝 바른 다음 김을 윤기 있는 쪽이 위로 오게 놓는다. 찹쌀풀을 바르고 다시 한 장을 덮어 윗면에 찹쌀풀을 칠한다.
4 비닐을 깔고 풀을 바른 김을 올린 다음 실깨를 군데군데 찍어 바른 후 말린다.
5 튀김냄비에 식용유를 넉넉히 두르고 ④를 넣어 누르면서 튀겨낸다. 건져서 바로 가위질을 한다. 부각을 하기에 좋은 시기는 정월이 지나 김 맛이 떨어지기 시작할 때부터이다. 찹쌀풀은 되직하게 흐르는 정도로 쑨다. 찹쌀가루는 쌀을 3일 정도 삭혀 씻은 다음 물기를 빼고 가루를 내어 만든다.

다시마부각

만 들 기
1 다시마를 4cm 길이, 3cm 넓이로 잘라 찰밥을 한 면에 붙이고 소금을 뿌려 채반에 말린다.
2 150℃의 기름에 바삭하게 튀긴 다음 뜨거울 때 설탕을 고루 뿌린다.

◈ 재료
다시마 ······ 4×30cm
찰밥 ············ ½컵
소금 ············ 약간
설탕 ············ 적당량
튀김기름

호두튀김

만 들 기
1 호두를 반으로 갈라서 가운데의 딱딱한 심을 발라 낸 다음 뜨거운 물에 불려 껍질을 벗긴다.
2 녹말가루를 고루 묻힌 다음 기름에 넣어 노릇하게 튀긴 다음 망으로 건진 후 소금을 뿌린다.

◈ 재료
호두 ············ 100g
녹말가루 ······ 1큰술
식용유 ············ 2컵
소금 ············ 약간

마른안주 모둠

미역자반

◆ 재료
자반 미역 30g
식용유 5큰술
양념
설탕 2큰술 / 물 2큰술 / 물엿 1작은술 / 식용유 약간
실깨 .... ½작은술

만들기
1 가공된 미역을 2~3cm 길이로 자른 다음 잘게 손질한다.
2 팬에 식용유를 넉넉히 두르고 미역이 톡톡 소리를 내고 파르스름한 색이 나도록 타지 않게 잘 볶는다. 망에 밭쳐 여분의 기름을 없앤다. 팬의 기름도 닦아낸다.
3 분량의 양념을 팬에 넣어 자작하게 끓인다. 큰 거품이 일다가 잦아들기 시작하면 불을 끄고 미역을 넣어 재빠르게 섞는다.
4 넓은 쟁반에 볶은 자반 미역을 고르게 펴고 실깨를 뿌려 섞는다.

매듭자반

만들기
1 다시마를 물기를 꼭 짠 젖은 행주로 닦은 다음 1cm 폭, 10cm 길이의 긴 끈 모양으로 썬다.
2 썬 다시마를 한 가닥씩 매듭을 묶고 삼각진 매듭에 잣과 통후추를 한 알씩 넣어 빠지지 않게 당긴다.
3 튀김 냄비에 식용유를 담아 200℃정도가 되면 ②를 넣어 바삭하게 튀긴다.
4 고루 튀겨지면 망에 건져서 여분의 기름은 빼고 설탕을 고루 뿌려서 그릇에 담는다.

◆ 재료
다시마 20cm
잣 2작은술
통후추 1작은술
설탕 1작은술
식용유 2컵

김자반

◆ 재료
김 10장
통깨(또는 잣가루) 1작은술
양념장
간장 2큰술 / 설탕 2작은술 / 고춧가루 ½작은술 / 다진 파 2작은술 / 다진 마늘 1작은술 / 참기름 ½작은술

만들기
1 김은 티나 모래를 골라내고 네 개로 접는다.
2 쟁반에 김을 한 장씩 놓고 양념장을 숟가락으로 떠서 구석구석 고루 바른다. 다시 위에 김을 놓고 같은 요령으로 발라서 여러 장을 겹쳐서 꼭꼭 눌러둔다.
3 김에 간이 배면 채반에 한 장씩 펴서 겹치지 않게 널고 위에 통깨나 잣가루를 고루 뿌린다. 말릴 때에 가끔 자리를 옮겨야 채반에 붙지 않는다.
4 김자반이 바싹 마르면 석쇠에 얹어 살짝 굽는다. 가장자리를 다듬어서 작게 썰어 뚜껑 있는 그릇에 보관한다.

북어보푸라기

◆ 재 료

북어포(보풀린 것)
.... 60g

간장 양념

간장 1작은술 / 설탕 1작은술 / 깨소금 1작은술 / 참기름 1작은술 / 후춧가루 약간

소금 양념

소금 ⅔작은술 / 설탕 1작은술 / 깨소금 1작은술 / 참기름 1작은술 / 후춧가루 약간 / 물 약간

고춧가루 양념

소금 ⅔작은술 / 설탕 1작은술 / 깨소금 1작은술 / 참기름 1작은술 / 고춧가루 1작은술 / 물 약간

만 들 기

1 북어는 부드럽게 부푼 황태로 골라 숟가락으로 살살 긁어서 결대로 부풀린다.
2 곱게 부풀린 북어를 3등분하여 각각 간장 양념, 소금 양념, 고춧가루 양념으로 고루 무친다. 간장으로 무치는 것은 다른 것보다 부피가 줄어드니 북어의 양을 넉넉히 한다.
3 한 그릇에 세 가지 무침을 옆옆이 어울려 담는다.

멸치볶음

재료

멸치 100g, 식용유 3큰술, 풋고추 1개, 붉은 고추 ½개, **볶음 양념** (간장 1작은술, 물 2큰술, 설탕 2큰술, 물엿 1작은술, 깨소금 2작은술, 참기름 1작은술)

만 들 기

1 마른 팬을 달군 뒤 멸치를 넣고 살짝 볶아 망에 받쳐 잔가루를 털어낸 다음 팬에 식용유를 두르고 넣어 약한 불에서 볶는다. 체에 밭쳐 기름을 뺀다.
2 고추는 씨를 빼고 굵게 다진다.
3 팬에 분량의 간장, 물, 설탕, 물엿을 넣고 끓인다. 큰 거품이 일다가 졸면 멸치를 넣어 재빨리 섞으면서 볶는다.
4 고추를 넣고 볶다가 참기름, 깨소금을 넣는다.

젓갈

어리굴젓

◆ 재료

생굴 400g
무 100g
배 ½개
밤 2개

젓갈 양념

소금 3큰술 / 고운 고춧가루 4큰술 / 대파 3cm / 마늘 2쪽 / 생강 1톨 / 굴 받친 물 ½컵

만들기

1 굴은 알이 작고 싱싱한 것으로 골라서 소금물에 살살 흔들어 씻어서 채반에 건져 물기를 뺀다. 굴물은 받아 둔다.
2 무와 배는 껍질을 벗겨서 사방 1.5cm 크기로 납작하게 썬다. 밤은 껍질을 벗겨서 굵게 채 썬다.
3 젓갈 양념 중 파, 마늘, 생강을 곱게 채 썬다.
4 무, 배에 먼저 고춧가루를 넣어 고루 색이 들게 한 다음 굴과 밤, 젓갈 양념을 모두 넣어 버무려서 작은 항아리나 용기에 담아 서늘한 곳에 둔다. 담은 지 2~3일 후부터 먹기 시작하여 열흘을 넘기지 않도록 한다. 받아 둔 굴물을 고춧가루 불릴 때 써도 좋다.

겨울철에 생굴에 무, 밤, 배 등의 부재료를 많이 넣어 담은 젓으로 오랫동안 두고 먹는 젓갈이 아니다. 충청남도 서산의 명물인 간월도 어리굴젓은 먼저 생굴에 소금간만 하여 노랗게 삭힌 다음 고춧가루 등의 양념을 나중에 넣어서 담는다.

석화젓

어리굴젓은 부재료를 많이 넣고 짜지 않게 얼간으로 담가 오래 두고 먹지 않는다. 이에 비해 석화젓은 굴에 소금을 많이 넣고 버무려 땅에 묻어 평토를 한 후 2~3년을 묵혀 굴의 형태가 없어질 때까지 보관하여 먹는 젓갈이다.

참게장

◆ 재료
참게 ············ 20마리
국간장 ············ 3컵
진간장 ············ 3컵

만들기
1 살아 있는 게를 오지 항아리에 넣고 국간장을 부어 해감이 빠지도록 하루쯤 둔다. 국물을 따라 버린다.
2 진간장을 팔팔 끓여 식혀 붓는다.

잠시 두었다 먹는 게장에는 파, 마늘, 생강, 실고추, 통깨를 큼직하게 썰어 게딱지 속에 넣는다. 오래 두고 먹을 경우에는 가끔 간장을 따라서 달여 붓는다.

꽃게무침

만들기
1 꽃게를 깨끗이 씻어 등딱지와 집게발을 떼어내고 작은 다리는 다리 끝을 잘라낸다. 크기에 따라 몸통을 2~3등분한다.
2 대파를 2㎝ 길이로 썰어서 반으로 가른다. 마늘을 얇게 편으로 썬다.
3 꽃게에 대파와 마늘을 넣고 간장을 고루 부어 간이 잘 들도록 3시간 정도 잰다.
4 남은 대파를 어슷하게 썰고 마늘과 생강을 다진다. 미나리는 줄기로만 다듬어 5㎝ 길이로 자른다. 풋고추와 붉은 고추를 어슷하게 썰어 찬물에 헹군 뒤 씨를 털어낸다.
5 꽃게를 재웠던 간장물을 따라내 고춧가루를 넣어 불린 다음 다진 마늘·생강과 물엿, 설탕, 깨소금을 넣어 양념장을 만든다. 양념장에 꽃게를 넣어 버무린다.

◆ 재료
꽃게 ············ 2마리
대파 ············ ½대
마늘 ············ 2쪽
간장 ············ ¼컵
다진 마늘 ····· ½큰술
다진 생강 ····· ½작은술
미나리 ············ 10g
풋고추 ············ 1개
붉은 고추 ········ ½개
고춧가루 ········ 3큰술
물엿 ············ 1큰술
설탕 ············ 1작은술
깨소금 ········ 1작은술

장아찌

무갑장과

◈ 재료
무 ·············· 300g
간장 ·············· 4큰술
쇠고기 ·············· 30g
마른 표고버섯 ···· 1장
미나리 ·············· 20g
참기름 ········ ½작은술
깨소금 ········ 1작은술
실고추 ·············· 약간

고기 양념
간장 ½큰술 / 설탕 1작은술 / 다진 파 1작은술 / 다진 마늘 ½작은술 / 깨소금 ½작은술 / 참기름 ½작은술 / 후춧가루 약간

만들기

1 무를 4cm 길이로 토막 내어 0.7cm 굵기의 막대 모양으로 썬다. 간장을 부어 가끔 위아래를 뒤섞으면서 2시간 이상 절인다.
2 쇠고기는 연한 살코기로 곱게 다지고, 표고버섯은 불려서 꼭지를 떼고 가늘게 채 썬다.
3 쇠고기와 표고버섯을 고기 양념으로 각각 고루 무친다.
4 무가 검게 절여졌으면 건져내 행주에 꼭 짠다. 절였던 간장은 그대로 둔다. 미나리를 3cm 길이로 자른다.
5 냄비에 남겨둔 간장물을 넣고 팔팔 끓이다가 쇠고기와 표고버섯을 넣는다.
6 장물이 거의 없어지면 무를 넣고 볶으면서 참기름, 깨소금, 실고추를 짧게 끊어 넣어 잠시 더 볶는다. 식은 다음 그릇에 담는다.

장과는 궁중에서 쓰는 장아찌란 말이다. 급히 만들어 장아찌의 맛을 냈다고 하여 갑장과 또는 익혔다고 하여 숙장과라 한다.

오이갑장과

만들기

1 오이를 4cm 길이로 토막 내어 길이대로 6~8등분한다. 씨 부분을 도려내고 막대 모양으로 썰어서 소금물에 20~30분 정도 절인다.
2 쇠고기는 곱게 다진다. 표고버섯을 불려서 꼭지를 떼고 가늘게 채 썬다.
3 고기 양념으로 다진 쇠고기와 표고버섯을 각각 고루 무친다.
4 오이가 절여졌으면 물에 헹군 다음 꼭 짜서 물기를 뺀다.
5 팬이나 냄비에 식용유를 두르고 먼저 양념한 쇠고기와 표고버섯을 넣어 볶다가 익으면 한쪽으로 모아놓는다. 다시 식용유를 더 두르고 오이를 넣어 센 불에서 볶아서 섞는다.
6 오이가 익으면 참기름, 깨소금, 실고추를 넣어 잠시 더 볶아서 넓은 그릇에 펴 식힌 다음 그릇에 담는다.

◈ 재료
오이 ·············· 1개
소금물
소금 2작은술 / 물 ½컵
쇠고기(우둔살)
·············· 20g
마른 표고버섯(소)
·············· 1장
실고추 ·············· 약간
참기름 ·············· 1작은술
깨소금 ·············· 1작은술

고기 양념
간장 1작은술 / 설탕 ½작은술 / 다진 파 ½작은술 / 다진 마늘 ½작은술 / 깨소금 · 참기름 · 후춧가루 약간씩

통마늘장아찌

◆ 재료

통마늘 ·············· 50개

삭히는 식초물
물 13컵 / 식초 1컵 / 소금 ⅔컵

간장물
간장 5컵 / 물 5컵 / 설탕 2컵 / 식초 2컵

만들기

1 통마늘은 껍질을 한 켜 벗기고 마늘대가 조금 남게 자른다. 식초물에 넣어 3~4일간 삭힌다.
2 삭힌 마늘을 건져서 물기를 닦고 항아리나 병에 차곡차곡 담는다.
3 간장물을 냄비에 담고 끓여 식힌 다음 마늘 담은 항아리에 붓고 떠오르지 않게 위를 돌이나 접시로 눌러둔다. 열흘마다 국물을 따라내어 끓여서 다시 붓기를 3~4번 반복한다.
4 두 달 후부터 1년간 먹을 수 있다. 상에 낼 때는 양끝을 잘라내고 둥근 단면이 나오게 한 개를 3등분하여 그릇에 담는다.

오이간장장아찌

만들기

1 오이를 하나씩 소금으로 문질러 씻은 다음 물기를 없애고 항아리나 병에 차곡차곡 담는다.
2 냄비에 분량의 간장과 물, 설탕, 마른 고추, 마늘, 얇게 저민 생강을 넣고 팔팔 끓인다. 식초를 넣어 잠시 더 끓인 다음 뜨거울 때 오이 담은 항아리에 붓는다.
3 5일쯤 뒤에 장물만 따라내어 다시 끓인 다음 식으면 다시 항아리에 붓는다. 이 과정을 2~3차례 반복해야 맛이 잘 든다.
4 상에 낼 때는 오이를 토막 내어 길게 가른 뒤 막대 모양이나 동글동글하고 얇게 썰어 설탕, 참기름, 깨소금 약간을 넣고 무친다.

◆ 재료

오이(재래종) ·············· 20개
소금 ·············· 약간

장물
간장 5컵 / 물 5컵 / 설탕 ½컵 / 마른 고추 2개 / 통마늘 3개 / 생강 ½톨 / 식초 ½컵

장아찌

오이고추장장아찌

◆ 재료
- 오이(재래종) ····· 30개
- 소금 ················· 1컵
- 물 ··················· 10컵
- 고추장 ············· 적당량

양념
고운 고춧가루·다진 파·다진 마늘·설탕·참기름·통깨 적당량씩

만들기

1 오이를 하나씩 소금으로 문질러 씻어 물기를 없앤 다음 항아리나 병에 차곡차곡 담는다.
2 냄비에 물을 넣어 팔팔 끓으면 소금을 넣어 뜨거울 때 오이에 붓는다. 절인 오이를 건져서 채반에 놓아 꾸덕꾸덕하게 말린다.
3 말린 오이를 고추장에 박아둔다.
4 오이에 간이 들면 여분의 고추장을 훑어내고 꺼내어 동글납작하게 썬다. 양념을 넣고 고루 무친다.

더덕장아찌
껍질 벗긴 더덕을 방망이로 두들겨 햇볕에 꾸덕꾸덕하게 말려서 고추장에 박아두었다가, 더덕에 간이 들면 꺼내어 길이대로 찢어 참기름·깨소금·설탕 등을 넣고 무친다.

무고추장장아찌

만들기

1 무를 씻어서 반이나 4등분으로 갈라서 채반에 널어서 3~4일간 겉이 꾸덕꾸덕하게 말린다.
2 항아리에 고추장을 한 켜 깔고 무를 깐 다음 다시 고추장을 얹어서 무에 고추장이 고루 묻게 한다. 위에는 고추장이 충분히 덮이도록 한다.
3 넉 달 이상 되면 무에 간이 든다. 고추장을 훑어내고 꺼내어 물에 재빨리 씻어서 가늘게 채 썬다. 양념으로 고루 무친다.

◆ 재료
- 동치미 무 ········ 10개
- 고추장 ············ 적당량

양념
고춧가루·설탕·다진 파·다진 마늘·통깨·실고추 적당량씩

장아찌 재료들

김치

통배추김치

만 들 기

1 배추는 겉잎을 떼어내고 다듬어서 뿌리 쪽에 칼집을 반쯤만 넣어 양쪽으로 갈라서 포기를 나눈다. 소금물에 담갔다가 건져 뿌리 쪽의 두꺼운 부분에 소금 2컵을 뿌려서 가른 단면이 위로 오게 차곡차곡 담아 절인다. 5시간 후에 위아래를 바꿔준다.

2 배추가 잘 절여졌으면 깨끗이 씻어서 큰 채반이나 소쿠리에 엎어서 물기를 뺀다. 포기가 큰 것은 다시 반으로 가르고 뿌리 부분은 깨끗이 도려낸다.

3 무를 곱게 채 썬다. 미나리와 갓, 실파를 다듬어 4cm 길이로 썬다. 파를 어슷 썰어 다진다.

4 생굴과 생새우를 소금물에 흔들어 씻어 물기를 없앤다. 동태는 살만 발라내어 2cm 폭으로 저민다.

5 먼저 무채에 고춧가루를 넣어 버무려 색을 고르게 들인 다음 미나리, 갓, 실파를 넣어 섞는다. 파와 다진 마늘·생강, 젓갈을 넣어 섞는다. 간을 보아 부족하면 소금, 설탕으로 맞추고 생굴, 생새우, 동태살을 넣어 함께 버무려서 섞는다.

6 ⑤를 넓은 그릇으로 옮긴 다음 절인 배추를 놓는다. 배춧잎의 사이사이에 고르게 채워서 바깥 잎으로 전체를 싸서 항아리에 차곡차곡 담는다. 김장철에 담그면 약 3주 정도면 익는다.

◆ 재 료

배추	20통(60kg)

소금물

소금 4컵 / 물 20컵

소금	2컵
무	10개(10kg)
미나리	300g
갓	300g
실파	300g
파	300g
생굴	300g
생새우	300g
생동태	2마리
고춧가루	5컵
다진 마늘	100g
다진 생강	50g
새우젓	2컵
조기젓국	3컵
소금	1컵
설탕	½컵

보김치
절인 배추를 네모지게 썰고 무는 납작하게 썰어 절인다. 배, 밤, 잣, 낙지, 굴, 표고버섯, 석이버섯 등의 산해진미를 모두 합하여 버무려 절인 배춧잎에 싸서 익힌 김치로 개성의 명물이다.

장김치

◈ 재료
- 배추속대 ············ 1kg
- 무 ················· 500g
- 간장 ··············· 2½컵
- 배 ·················· ½개
- 밤 ·················· 5개
- 잣 ················· 1큰술
- 미나리 ·············· 30g
- 갓 ·················· 30g
- 석이버섯 ············· 3장
- 마른 표고버섯 ········ 2장
- 실고추 ··············· 약간
- 흰 파 ··············· 6cm
- 마늘 ················· 3쪽
- 생강 ················· 1톨
- 물 ·················· 10컵
- 설탕 ··············· 2큰술
- 소금 ··············· 적당량

만들기
1. 배추는 겉잎을 떼고 속대만 씻어서 3cm 폭으로 썬 다음 간장을 부어서 절인다.
2. 무를 3cm 길이로 토막 내어 2.5cm 폭, 0.5cm 두께로 썬다. 배추가 어느 정도 절여져 숨이 죽으면 배추에 합하여 절인다. 가끔 뒤섞으면서 2시간 정도 절인다.
3. 배는 무와 같은 크기로 썬다. 밤은 납작납작하게 저미서 썬다. 잣은 고깔을 뗀다. 실고추를 3cm 길이로 끊는다.
4. 미나리와 갓을 3cm 길이로 썬다.
5. 표고버섯을 불려 기둥을 떼고 석이버섯은 불려서 손질하여 가는 채로 썬다.
6. 흰 파를 3cm 길이로 토막 내어 채 썬다. 마늘, 생강도 가늘게 채 썬다.
7. 무와 배추가 절여졌으면 간장물을 따라낸 다음 그 간장물에 물 10컵을 합하고 설탕으로 간을 맞추어 국물을 만든다.
8. 절인 무, 배추에 고명과 양념을 넣어 버무려서 항아리에 담고 간을 맞춘 국물을 부어서 익힌다. 익으면 바로 냉장고에 넣는다.

나박김치

만들기
1. 무를 깨끗이 씻어서 3cm 폭으로 토막 내어 2.5cm 너비, 0.4cm 두께 정도로 납작하게 썬다.
2. 배추를 속대만으로 잎을 길이로 2등분하여 3cm 너비로 썬다. 무 썬 것과 합하여 소금을 넣어 절인다.
3. 흰 파를 씻어서 3cm 길이로 썰어 가는 채로 썬다. 마늘과 생강도 가는 채로 썬다.
4. 붉은 고추는 갈라서 씨를 빼고 3cm 길이로 채로 썬다. 또는 실고추를 짧게 끊어 넣는다.
5. 무와 배추가 절여졌으면 준비한 채 양념을 모두 넣어서 한데 버무려 항아리에 담는다.
6. 버무린 그릇에 소금물을 붓고 고춧가루를 면 헝겊에 싸서 흔들어 붉은빛이 우러나면 항아리에 부어서 익힌다.
7. 미나리는 3cm 길이로 썰어서 김치가 익으면 넣는다. 익으면 바로 냉장고에 보관한다.

◈ 재료
- 무 ················· 500g
- 배추속대 ············ 300g
- 흰 파 ··············· 6cm
- 마늘 ················· 2쪽
- 생강 ················· 1톨
- 붉은 고추 ············ 1개
- 미나리 ·············· 20g
- 고춧가루 ··········· 2큰술
- 설탕 ··············· 1큰술

소금물
물 10컵 / 소금 4큰술

무송송이

◈ 재료

무 ············ 3kg
실파 ············ 200g
갓 ············ 200g
미나리 ············ 200g
생굴 ············ 300g

양념

다진 마늘 4큰술 / 다진 생강 2큰술 / 새우젓 ½컵 / 고춧가루 1컵 / 소금 4큰술 / 설탕 2큰술

만들기

1 무를 깨끗이 씻어서 잔뿌리만 떼고 껍질을 살짝 벗겨 2cm 폭으로 둥글게 썬 다음 뉘어서 다시 사방 2cm 크기로 깍둑썰기 한다.
2 실파, 갓, 미나리를 다듬어서 3cm 길이로 썬다. 생굴을 소금물에 흔들어 씻어 건진다.
3 새우젓은 건지를 대강 다진다.
4 그릇에 무 썬 것을 담고 먼저 고춧가루를 넣어 고루 무쳐서 색을 곱게 들인다. 이어서 양념을 넣어서 고루 섞은 다음 손질한 ②의 재료를 넣어 가볍게 버무린다. 소금으로 간을 맞춘다.
5 항아리에 버무린 깍두기를 꼭꼭 눌러서 담고 뚜껑을 잘 덮어 익힌다. 김장철에는 열흘 정도면 알맞게 익는다.

동치미

만들기

1 무는 손질하여 소금에 굴려 항아리에 담는다. 남은 소금을 뿌려서 하룻밤 절인다.
2 실파와 갓을 깨끗이 씻어서 소금을 뿌려 살짝 절인 다음 두세 가닥씩 모아 말아서 묶는다. 청각을 깨끗이 씻어서 건진다. 삭힌 고추와 붉은 고추를 씻어 건져서 물기를 뺀다.
3 마늘과 생강을 씻어서 얇게 저며 거즈 주머니에 넣는다. 배는 씻어서 반으로 가른다. 소금물을 만들어 고운 체에 밭친다.
4 항아리 밑바닥에 양념 주머니를 놓고 절인 무를 한 켜 놓고 부재료들을 얹고 다시 무를 얹는다. 이것을 반복한다. 맨 위에 갓을 놓고 눌러놓는다.
5 항아리에 소금물을 가만히 따라 부은 다음 뚜껑을 덮어서 익힌다. 상에 낼 때는 무를 건져서 반달 모양 또는 1cm 굵기 4cm 길이의 막대 모양으로 썰고, 부재료도 짧게 썰어서 담는다. 국물은 간이 세면 물을 섞고 설탕을 약간만 넣어 맛을 낸다.

◈ 재료

동치미 무 ············ 20개(10kg)

소금물

소금 2컵 / 물 5컵

실파 ············ 100g
갓 ············ 100g
청각 ············ 100g
풋고추(삭힌 것) ············ 100g
붉은 고추 ············ 5개
마늘 ············ 40g
생강 ············ 20g
배 ············ 2개

두텁떡

◆ 재료

찹쌀가루 5컵
찹쌀 2컵 / 간장 1½큰술 / 설탕 ½컵

볶은 팥고물 1½컵
거피팥 3컵 / 간장 1½큰술 / 설탕 ½컵 / 계피가루 ½작은술 / 후춧가루 약간

팥소
볶은 팥고물 1컵 / 밤 3개 / 대추 6개 / 계피가루 ½작은술 / 설탕에 절인 유자 ½개분 / 유자청 1큰술 / 꿀 1큰술 / 잣 1큰술

만들기

찹쌀가루 만들기

1 찹쌀을 씻어 5시간 이상 충분히 불려 건져 30분 정도 물기를 빼 곱게 가루로 빻는다.
2 쌀가루에 간장을 넣어 골고루 비빈 다음 중간 체에 내려 설탕을 섞는다.

볶은 팥고물 만들기

3 거피팥 껍질 벗겨놓은 것을 충분히 불려서 씻는다. 거피하여 일어 물기를 뺀 다음 찜통에 면보를 깔고 푹 무르게 찐다.
4 익은 팥을 큰 그릇에 쏟아서 절구공이로 대강 찧어 어레미에 내린다.
5 어레미에 내린 팥고물에 간장, 설탕, 계피가루, 후춧가루를 넣어 골고루 섞은 다음 팬에 보슬보슬하게 볶아 식혀 어레미에 내린다. 볶을 때는 주걱으로 누르면서 뒤집어준다.
6 남은 팥무거리는 맷돌믹서에 갈아서 고물에 섞어 쓴다.

소 만들기

7 밤은 껍질을 벗겨 잘게 썬다. 대추는 씨를 빼고 밤과 같은 크기로 썬다.
8 유자를 곱게 다지고 잣은 고깔을 뗀다.
9 볶은 팥고물 1컵에 밤, 대추, 계피가루, 유자를 고루 섞고 유자청과 꿀을 넣어 반죽한다.
10 반죽을 떼어 잣을 하나씩 넣고 직경 2㎝ 크기로 동글납작하게 빚는다.

안쳐 찌기

11 찜통에 젖은 면보를 깔고 고물을 넉넉히 고루 편다.
12 떡가루를 한 수저씩 드문드문 놓고 떡가루 위에 팥소를 하나씩 놓고 다시 떡가루를 덮고 팥고물로 위를 덮는다. 우묵하게 들어간 자리에 같은 방법으로 떡을 안친다.
13 가루 위로 김이 골고루 오르면 뚜껑을 덮어 20분 정도 찐다. 쪄지면 들어내어 떡을 숟가락으로 하나씩 떠낸다.

삼색단자

재료

쑥구리단자
- 찹쌀가루 ········· 2컵
- 물 ················· 1큰술
- 데친 쑥 ········· 20g
- 꿀 ················· 1큰술

거피팥고물
- 거피팥 ⅓컵 / 소금 ⅓작은술

소
- 거피팥고물 ⅓컵 / 계피가루 약간 / 꿀 1작은술

대추단자
- 찹쌀가루 ········· 2컵
- 대추 다진 것 ····· 2큰술
- 물 ················· 1큰술
- 밤 ················· 6개
- 대추 ············· 12개
- 꿀 ················· 1큰술

석이단자
- 찹쌀가루 ········· 2컵
- 석이 다진 것 ····· 1~2큰술
- 물 ················· 1큰술
- 꿀 ················· 1큰술
- 잣가루 ·········· ⅓컵

만들기

쑥구리단자

1 찹쌀을 깨끗이 씻어 일어 5시간 이상 불려 물기를 뺀 다음 소금을 넣어 가루로 빻는다.
2 끓는 물에 소금 또는 소다를 넣고 쑥을 넣어 데쳐 찬물에 헹군다.
3 거피팥을 충분히 불려 씻어 거피하여 일어 물기를 뺀 다음 찜통에 면보를 깔고 푹 무르게 찐다. 소금간을 하여 중간 체에 내려 고물을 만든다.
4 소는 거피팥고물 ⅓컵에 계피가루와 꿀을 넣어 반죽하여 지름 2cm의 막대모양으로 만든다.
5 찹쌀가루에 물을 뿌린 다음 찜통에 젖은 면보를 깔고 찐다.
6 ⑤에 데친 쑥을 넣어 절구에 넣어 꽈리가 일도록 찧는다. 도마에 소금물을 바르고 떡을 쏟아서 1cm 두께로 펴고 막대모양의 소를 놓아 말아서 꿀을 바르면서 늘린다. 새알 모양으로 끊어서 고물을 묻힌다.

대추단자

1 찹쌀가루에 다진 대추를 섞어 고루 버무린 다음 물을 뿌린다. 찜통에 젖은 면보를 깔고 찐다.
2 밤은 속껍질은 벗겨 곱게 채 썬다. 대추는 씨를 발라내고 곱게 채 썰어 섞어 고물로 쓴다.
3 ①을 절구에 넣어 꽈리가 일도록 찧은 다음 대추알만큼씩 떼어 고물을 묻힌다.

석이단자

1 찹쌀가루에 다진 석이를 섞어 고루 버무린 다음 물을 뿌린다. 찜통에 젖은 면보를 깔고 찐다.
2 쪄낸 떡을 절구에 넣어 꽈리가 일도록 찧는다. 도마에 소금물(물 1컵+소금 1작은술)을 바른 다음 떡 찧은 것을 1cm 두께로 펴서 꿀을 바른다. 3cm 길이, 2.5cm 폭으로 썰어 잣가루를 고루 묻힌다.

상추시루떡

◆ 재 료

멥쌀가루 5컵
멥쌀 2컵 / 소금 1작은술
/ 물 ⅔컵

거피 팥고물
거피팥 ⅗컵 / 소금 ½작은술
물 ············· 1~2큰술
설탕 ············· 5큰술
상추 ············· 100g

만 들 기

1 멥쌀을 깨끗이 씻어 일어 5시간 이상 불려 건져 30분 정도 물기를 뺀 다음 소금을 넣어 가루로 곱게 빻는다.
2 상추를 씻어 소쿠리에 건져 물기를 없애고 두세 조각으로 뜯어놓는다.
3 깐 거피팥을 2시간 이상 물에 불려 거피한 다음 찜통에 마른 면보를 깔고 안쳐 푹 무르게 찐다. 찐 팥을 큰 그릇에 쏟아 소금 간하여 절구공이로 빻는다. 어레미에 내려 고물을 만든다.
4 ①의 쌀가루에 물을 주어 비벼 골고루 섞은 다음 중간 체에 내려 설탕과 손질한 상추를 넣어 골고루 섞는다.
5 찜통에 젖은 면보를 깔고 고물을 고루 편 다음 쌀가루, 팥고물의 순서로 안친다.
6 가루 위로 김이 골고루 오르면 20분 정도 찐 다음 불을 줄여 5분간 뜸들인다. 한김 나간 다음 도마에 쏟아 썬다.

물호박떡

만 들 기

1 호박을 5cm 폭으로 길게 썰어 씨를 빼고 껍질을 벗겨낸 다음 5mm 두께로 납작하게 썬다. 설탕과 소금을 뿌려둔다.
2 쌀가루에 물을 넣어 고루 비벼 중간 체에 내린 다음 설탕을 골고루 섞는다.
3 쌀가루 2컵을 덜어내고 3컵 분량에 호박을 섞는다.
4 찜통에 젖은 면보를 깔고 팥고물을 넉넉히 고르게 편다. 고물 위로 쌀가루를 얇게 펴고 위에 호박 섞은 쌀가루를 안치고 다시 쌀가루, 고물의 순서로 안친다.
5 가루 위로 김이 골고루 오르면 뚜껑을 덮어 20분간 찐 다음 5분간 뜸들인다. 한김 나간 다음 도마에 쏟아 썬다.

◆ 재 료

멥쌀가루 ············· 5컵
물 ············· 2~4큰술
설탕 ············· 5큰술
늙은 호박 ············· 400g
설탕 ············· 1½큰술
소금 ············· 약간
거피팥고물 ············· 3컵

각색편

◆ 재료

백편
멥쌀가루 ············ 4컵
물 ············ 1~2큰술
설탕 ············ 4큰술

고명
밤 6개 / 대추 12개 / 석이버섯 3장 / 잣 1큰술

승검초편
멥쌀가루 ············ 4컵
승검초가루 ······ 1큰술
물 ············ 2~3큰술
설탕 ············ 4큰술

꿀편
멥쌀가루 ············ 4컵
캐러멜소스 ······· 1큰술
꿀 ············ 3큰술
설탕 ············ 1큰술

만들기

백편
1 멥쌀가루에 물을 뿌려 중간 체에 내린 다음 설탕을 골고루 섞는다.
2 밤은 껍질을 벗겨 얇게 썬 다음 곱게 채 썬다. 대추도 얇게 포를 떠서 곱게 채 썬다. 석이버섯을 뜨거운 물에 불려서 손질하여 돌돌 말아 곱게 채 썬다. 잣을 반으로 갈라 비늘잣을 만든다.
3 찜통에 젖은 면보를 깔고 쌀가루를 안친 다음 고명을 얹는다. 한지를 덮어 살짝 눌러 고명이 떨어지지 않도록 한다.
4 가루 위로 김이 오르면 뚜껑을 덮어 20분간 찐 다음 도마에 쏟아 썬다.

승검초편
1 쌀가루에 승검초가루를 골고루 섞고 물을 뿌려 중간 체에 내린 다음 설탕을 섞는다.
2 백편과 같은 방법으로 안쳐 찐다.

꿀편
1 캐러멜 소스를 만든다.
① 재료(설탕 6큰술 / 물 3큰술 / 끓는 물 3큰술 / 물엿 또는 꿀 1큰술)를 준비한다.
② 냄비에 설탕과 물을 넣어 중불에 올려 젓지 않고 끓인다.
③ 가장자리부터 타기 시작해 전체적으로 갈색이 되면 불을 끈다.
④ 끓는 물과 물엿(꿀)을 넣어 섞는다.
2 쌀가루에 캐러멜 소스와 꿀을 넣어 비벼 중간 체에 내린 다음 설탕을 섞는다. 간장과 흑설탕을 넣어 색을 내어도 된다.
3 백편과 같은 방법으로 안쳐 찐다.

쌀가루는 쌀 5컵에 소금 1큰술을 넣어 빻는다.

떡

약식

◈ 재료

- 찹쌀 ·················· 5컵
- 황설탕 ················ 1컵
- 참기름 ·············· 6큰술
- 간장 ················ 3큰술
- 계피가루 ·········· 1작은술
- 대추내림 ············ 3큰술
- 캐러멜 소스 ········ 3큰술
- 밤 ···················· 10개
- 대추 ·················· 15개
- 꿀·계피가루·참기름
  ···················· 약간씩
- 잣 ·················· 1큰술

만들기

1 찹쌀을 씻어 일어 5시간 이상 충분히 불려서 건진 다음 물기를 뺀다. 찜통에 면보를 깔고 40분 정도 쌀이 푹 무르게 찐다.

2 대추나 대추씨에 물을 충분히 붓고 뭉근한 불에서 푹 고아 중간 체에 내려 대추내림을 만든다. 수분이 많이 남아 있을 때는 볶아서 되직하게 만들어 쓴다.

3 밤은 속껍질까지 벗겨 4~6등분한다. 대추는 씨를 발라내어 3~4조각으로 썬다. 잣은 고깔을 뗀다.

4 찐 찹쌀이 뜨거울 때 큰 그릇에 쏟아 황설탕을 넣어 밥알이 한 알씩 떨어지도록 주걱으로 자르듯이 고루 섞는다.

5 참기름, 진간장, 계피가루, 대추내림, 캐러멜 소스 순서로 넣어 맛과 색을 낸다.

6 밤, 대추를 섞은 다음 2시간 이상 상온에 두어 맛이 들도록 한다.

7 찜통에 젖은 면보를 깔고 1시간 정도 쪄내어 그릇에 쏟아 꿀, 계피가루, 참기름, 잣을 섞는다. 틀에 참기름을 골고루 바르고 박아내어 모양을 낸다.

다 쪄진 약식을 뜨거울 때 여러 가지 모양의 틀에 박아내면 한 개씩 덜어서 먹기가 편하다.

진달래화전

◆ 재 료

찹쌀가루 ············· 2컵
끓는 물 ······ 3~4큰술
진달래꽃 ········· 적당량
식용유 ············ 적당량
설탕(또는 꿀) ····· 약간

만 들 기

1 찹쌀가루에 끓는 물을 넣어 익반죽하여 치대어 직경 4㎝ 크기로 동글납작하게 빚어 기름 바른 쟁반에 놓는다.
2 진달래꽃을 씻어 수분을 제거한다.
3 팬에 식용유를 두르고 달구어지면 불을 약하게 하여 화전 반죽을 올려 서로 붙지 않게 떼어놓는다. 아래쪽이 익어 말갛게 되면 뒤집는다.
4 익은 쪽에 진달래꽃을 붙여 모양을 낸다.
5 양면이 다 익으면 꺼내어 설탕 또는 꿀을 고루 묻힌다. 지초기름에 지지면 붉은색 화전이 되고 봄에는 진달래화전, 가을에는 황국화전을 부친다.

삼색부꾸미

만 들 기

1 찹쌀을 씻어 일어 5시간 이상 불려 건져 소금을 넣어 가루로 빻아 익반죽하여 고루 치대어 매끄러운 반죽을 만든다. 푸른색은 파래가루를 고루 섞은 다음 익반죽한다.
2 수수를 씻어 일어 물을 갈아주며 7~8시간 불려 씻어 건져 소금을 넣어 곱게 가루를 빻는다. 찹쌀가루를 섞어 익반죽한다.
3 거피팥을 씻어 일어 거피하여 푹 무르게 쪄서 소금을 넣고 어레미에 내려 꿀, 계피가루를 섞어 작게 빚는다. 붉은 팥앙금으로 하기도 한다.
4 반죽을 동글납작한 모양으로 빚어 기름에 지져 말갛게 익으면 뒤집어서 가운데에 소를 놓고 반으로 접어 익힌다.
5 지져낸 떡에 설탕 또는 꿀을 묻힌다. 대추나 쑥갓잎으로 고명을 만들어 붙이기도 한다.

◆ 재 료

흰색부꾸미

찹쌀가루 1컵 / 끓는 물 2 큰술

파래부꾸미

찹쌀가루 1컵 / 파래가루 2 작은술 / 끓는 물 2½큰술

수수부꾸미

수수가루 1컵 / 찹쌀가루 ¼컵 / 끓는 물 1½큰술

소

거피팥고물 ½컵 / 꿀 ½큰 술 / 계피가루 약간
지짐기름 ········ 적당량
설탕(꿀) ············ 약간

한과

궁중약과

◆ 재 료

밀가루 ············ 200g
소금 ············ ½작은술
후춧가루 ············ 약간
참기름 ············ 3큰술
집청
설탕 1컵 / 물 1컵 / 꿀 2큰술 / 계피가루 약간
꿀 ············ 3큰술
생강즙 ············ 2큰술
청주 ············ 2큰술
잣 ············ 약간

만 들 기

1 밀가루에 소금과 후춧가루, 참기름을 넣어 고루 비벼 체에 내린다.
2 집청시럽을 만든다. 설탕과 물을 중불에 올려 젓지 않고 끓인다. 끓어오르면 약한 불로 10분 정도 끓여서 1컵 정도가 되면 꿀을 넣는다. 시럽이 식으면 계피가루를 넣고 잘 저어준다.
3 꿀, 생강즙, 청주를 고루 섞어 ①에 넣고 한데 뭉치면서 덩어리가 되도록 눌러서 반죽한다.
4 약과판에 기름을 바르거나 얇은 랩을 깔고 반죽을 떼어서 꼭꼭 눌러서 박는다. 뒷면에 꼬치로 구멍을 몇 개 내 튀길 때 속까지 잘 익도록 한다.
5 약과판에서 눌러낸 반죽을 150℃(온도계 꽂아놓고 160℃)의 온도에 넣어 뒤집으면서 갈색이 날 때까지 튀긴다.
6 튀겨낸 약과를 뜨거울 때 바로 집청시럽에 담근다. 단맛이 배면 망에 받치고 비늘잣이나 잣가루로 장식한다.

매작과

만 들 기

1 밀가루에 소금을 넣어 체에 내린다.
2 생강을 곱게 다져 밀가루에 섞어 반죽한다.
3 수삼을 강판에 갈고 치자물을 우려내어 밀가루에 섞어 말랑하게 반죽한다. 치자물은 물 ½컵에 치자 1개를 갈아 넣어 우려낸다.
4 반죽한 밀가루를 얇게 밀어 편다. 녹말가루를 묻히면서 5cm 길이, 2cm 폭으로 잘라서 세 군데에 칼집을 넣고 가운데 칼집 사이로 한 번 뒤집는다.
5 160℃ 정도의 튀김기름에 넣어 튀긴 다음 건져 기름을 뺀다.
6 튀긴 매작과를 준비된 집청시럽에 담갔다가 망에 건져 여분의 시럽을 빼고 잣가루를 뿌린다.

◆ 재 료

생강매작과
밀가루 1컵(100g) / 소금 ½작은술 / 다진 생강 1큰술(15g) / 물 3큰술

수삼매작과
밀가루 1컵(100g) / 소금 ½작은술 / 수삼 15g / 치자물 1큰술 / 물 2½큰술

집청시럽
설탕 1컵(170g) / 물 1컵 / 물엿(꿀) 1~2큰술 / 계피가루 ½작은술
식용유 ············ 적당량
잣가루 ············ 1큰술

녹말다식

◆ 재료
녹두녹말 ½컵(65g)
오미자국 1큰술
가루설탕 ½컵
시럽 ⅔~1큰술
시럽
물엿 1컵(280g) / 설탕 ½컵(85g) / 물 2큰술 / 꿀 4큰술

만들기
1 오미자 ½컵을 물 ½~1컵에 하루쯤 담가 면보에 밭쳐 오미자국을 만든다.
2 냄비에 물엿, 설탕, 물을 넣어 불에 올려 끓인다. 설탕이 녹으면 불을 끄고 꿀을 넣어 식힌다.
3 녹두녹말에 오미자국, 가루설탕을 함께 섞어 고운 체에 내린다.
4 체에 내린 녹말에 시럽을 넣고 되직하게 반죽하여 꼭꼭 박아낸다.

흑임자다식

만들기
1 흑임자를 씻어 일어 물기를 뺀 다음 볶아 식혀 맷돌믹서에 곱게 간다.
2 흑임자가루에 시럽 2큰술을 섞어 그릇에 담는다 찜통에 넣어 20분간 찐다.
3 절구에 쏟아서 나머지 시럽 1큰술을 섞어가며 기름이 나와 윤이 날 때까지 찧어 한 덩어리로 만든 다음 기름을 짜낸다.
4 밤톨만큼씩 떼어서 다식판에 박아낸다.

◆ 재료
흑임자가루 1컵(90g)
시럽 3큰술

송화다식

◆ 재료
송화가루 1컵
꿀 3큰술
식용유 적당량

만들기
1 송화가루에 꿀을 넣어 고루 섞어서 한 덩어리가 되도록 오랫동안 반죽한다.
2 다식판에 기름을 엷게 바르고 송화 반죽을 밤톨만큼씩 떼어 꼭꼭 눌러서 다식판에 찍어낸다.

콩다식

만들기
1 노란콩을 재빨리 씻어 물기를 뺀 다음 타지 않게 볶는다. 껍질이 갈라질 때까지 볶아 식혀 소금간을 한 다음 맷돌믹서에 갈아 고운 체에 내린다.
2 콩가루에 분량의 시럽을 넣어 되직하게 반죽하여 다식판에 박아낸다.

◆ 재료
노란콩가루 ½컵
노란콩 1컵 / 소금 ⅜작은술
시럽 2큰술

대추초

◆ 재료
- 대추 ······ 20개(60g)
- 물 ······ ⅔큰술
- 설탕 ······ 2큰술
- 물엿 ······ 1큰술
- 소금 ······ 약간
- 꿀 ······ 1큰술
- 계피가루 ······ 약간
- 식용유 ······ ½작은술
- 잣 ······ 2큰술

만들기
1. 대추는 씨를 발라낸 다음 김 오른 찜통에 넣어 5분 정도 찐다.
2. 냄비에 물, 설탕, 물엿, 소금을 넣고 끓어오르면 대추를 넣어 약한 불에서 졸인다.
3. 국물이 거의 없어지면 꿀을 넣고 마지막으로 계피가루와 식용유를 넣고 볶듯이 조린다. 넓은 그릇에 펴서 식힌다.
4. 대추씨를 뺀 자리에 잣을 서너 개씩 채워서 원래의 대추 모양으로 만든다.

밤초

◆ 재료
- 밤 ······ 15개
- 백반가루 ······ ¼작은술
- 물 ······ 1½컵
- 설탕 ······ 100g
- 소금 ······ 약간
- 치자물 ······ ½작은술
- 물엿 ······ 2큰술
- 꿀 ······ 1큰술
- 잣가루 ······ 1작은술

만들기
1. 밤은 속껍질까지 벗겨 물에 씻는다.
2. 명반을 쿠킹포일에 얹어 구워서 백반을 만들어 빻아 가루를 낸다.
3. 물 2컵에 백반가루를 넣어 끓여 밤을 데친 다음 헹군다.
4. 냄비에 물, 설탕, 소금, 치자물을 섞어 끓인다. 물이 끓기 시작하면 데친 밤을 넣어 중불에서 끓인다.
5. 물이 반으로 줄었을 때 물엿을 넣어 졸이다가 다 졸여졌으면 꿀을 넣는다.
6. 망에 밭쳐 여분의 시럽을 제거한 다음 그릇에 담고 잣가루를 뿌린다.

조란

◆ 재료
- 대추 ······ 25~35개(70g)
- 물 ······ ⅔컵
- 설탕 ······ 2큰술
- 꿀 ······ 1큰술
- 물엿 ······ 1큰술
- 소금 ······ 약간
- 계피가루 ······ ½작은술
- 잣가루 ······ 약간

만들기
1. 대추는 씨를 발라내고 다진다.
2. 냄비에 물과 설탕, 꿀, 물엿, 소금을 넣고 끓여 끓어오르면 다진 대추를 넣고 나무주걱으로 저으면서 조린다.
3. 한 덩어리가 되면 계피가루를 넣어 골고루 섞어 넓은 접시에 펴서 식힌다.
4. 조린 대추를 대추 모양으로 빚어 꼭지 부분에 통잣을 반쯤 나오게 박는다.

생강을 다져 넣으면 생란이라한다.

율란

◆ 재료
- 밤 ······ 10개(밤고물 1컵)
- 계피가루 ······ ½작은술
- 소금 ······ 약간
- 꿀 ······ 1~2큰술
- 잣가루(또는 계피가루) ······ 약간씩

만들기
1. 밤을 25~30분 정도 삶는다.
2. 밤이 충분히 무르게 익으면 껍질을 까서 뜨거울 때 중간 체에 내려 보슬보슬한 고물을 만든다.
3. 밤고물에 계피가루와 소금을 고루 섞고 뭉칠 정도의 꿀을 넣어 반죽한 다음 밤톨처럼 빚는다.
4. 한쪽 끝에 꿀을 묻혀 잣가루를 묻히거나 계피가루를 묻혀 그릇에 담는다.

도라지정과

만 들 기

1 통도라지를 4㎝ 길이로 잘라 굵은 것은 4등분하고 가는 것은 2등분한다.
2 소금으로 주물러 쓴맛을 뺀 다음 끓는 소금물에 넣어 뭉치지 않게 데쳐 찬물에 헹군다.
3 냄비에 도라지와 설탕, 소금을 넣고 도라지가 잠길 정도의 물을 부어 끓인다.
4 끓기 시작하면 물엿을 $\frac{1}{2}$큰술 넣고 약한 불에서 속뚜껑을 덮고 투명한 색이 나도록 서서히 졸인다.
5 물기가 거의 없어지면 나머지 물엿을 넣어 윤기를 낸다.
6 망에 받쳐 남은 단물을 없앤다.

◈ **재 료**

통도라지	100g
설탕	50g
물엿	1큰술
소금	약간

연근정과

만 들 기

1 연근을 지름이 4㎝ 정도의 가는 것으로 골라서 껍질을 벗기고 0.5㎝ 두께로 얇게 자른다.
2 연근을 끓는 물에 식초를 넣어 살짝 데쳐서 찬물에 헹구어 건진다.
3 냄비에 연근, 설탕, 소금을 넣고 연근이 잠길 정도의 물을 붓고 중불에서 졸인다.
4 끓기 시작하면 물엿을 넣고 투명해질 때까지 서서히 졸인다. 속뚜껑을 덮어 단맛이 고르게 들게 한다.
5 물기가 거의 없어지면 꿀을 넣는다.
6 꺼내어 망에 밭쳐 여분의 단물을 제거한다.

◈ **재 료**

연근	100g
설탕	50g
소금	약간
물	1컵
물엿	1$\frac{1}{2}$큰술
꿀	1큰술

곶감쌈

◆ 재 료
- 주머니곶감 ········ 5개
- 호두 ·················· 7개
- 물엿 ·················· 약간

만 들 기
1. 곶감은 꼭지를 떼고 넓게 편 다음 씨를 빼고 밑부분을 약간 썰어낸다.
2. 호두는 딱딱한 심을 뺀 다음 물엿을 발라 원래 모양대로 붙인다.
3. 김발 위에 곶감을 조금씩 겹쳐놓고 호두를 올린 다음 김밥 싸듯이 돌돌 만다.
4. 랩을 감아 모양을 고정시킨 다음 냉동실에 넣었다가 0.8~1cm 두께로 썬 다음 랩을 벗긴다.

섭산삼

재료
더덕 100g, 물 1컵, 소금 1작은술, 찹쌀가루 ⅓컵, 식용유 적당량, 꿀 또는 설탕 적당량

만 들 기
1. 더덕은 껍질을 벗기고 길이로 갈라 두들겨 편다.
2. 두들겨 편 더덕을 연한 소금물에 담가 쓴맛을 우려낸 다음 물기를 제거한다.
3. 더덕에 찹쌀가루를 묻혀 160℃ 정도의 기름에 바삭하게 튀긴다.
4. 설탕이나 꿀을 함께 낸다. 술안주로 낼 경우는 초장을 함께 낸다.

깨엿강정

◆ **재 료**

흰깨 ······ 4/5컵(100g)
검정깨 ······ 1컵(110g)
들깨 ········ 1컵(100g)

고명
대추 3개 / 잣 1작은술 /
호박씨 1작은술 / 석이버섯
1장

시럽
물엿 1컵(280g) / 설탕 1컵
(170g) / 물 2큰술 / 소금
약간

만 들 기

1 깨를 씻어 일어 1시간 이상 불려 커터기에 넣고 물을 자작하게 부어 순간 동작으로 껍질이 벗겨질 때까지 20~30초간 돌린다. 위에 뜨는 껍질을 버리고 남은 깨는 물기를 뺀 다음 볶는다.

2 볶은 깨를 체에 내려 껍질은 버리고 남은 깨만 사용한다.

3 검정깨는 씻어 일어 물기를 뺀 다음 타지 않도록 볶는다.

4 들깨를 씻어 일어 물기를 뺀 다음 타지 않도록 볶는다.

5 대추는 씨를 발라낸 다음 채 썬다. 잣을 반으로 갈라 비늘잣을 만든다. 호박씨를 반으로 가른다. 석이버섯을 따뜻한 물에 불려 채 썬다.

6 냄비에 물엿, 설탕, 물, 소금을 넣고 끓여 굳지 않도록 중탕하면서 이용한다.

7 팬에 각각의 깨를 담아 따뜻하게 볶아 시럽 3~4큰술을 넣어 약불에서 실이 많이 보일 때까지 버무린다.

8 엿강정 틀에 식용유 바른 비닐을 깔고 버무린 깨가 식기 전에 쏟아 밀대로 얇게 편다.

9 대추채, 비늘잣, 반으로 가른 호박씨, 석이채 등을 얹고 밀대로 밀어 장식하기도 하고 썬 엿강정 위에 시럽을 바른 다음 장식하기도 한다. 딱딱하게 굳기 전에 칼로 자른다.

곶감수정과

◆ 재 료

생강(껍질 벗겨서)	50g
물	6컵
통계피	40g
물	6컵
황설탕	1~1½컵
주머니곶감	3개
잣	1큰술

만들기

1 생강을 얇게 저미고 통계피를 조각낸 다음 깨끗이 씻는다.
2 주머니 곶감은 꼭지를 떼고 편 다음 씨를 빼고 모양을 만든다. 잣은 고깔을 뗀다.
3 저민 생강에 물을 부어 뭉근한 불에서 30분 정도 끓여 면보에 거른다.
4 계피에 물을 부어 40분 정도 끓여서 면보에 거른다.
5 생강과 계피 끓인 물을 합하여 설탕을 넣고 10분 정도 끓여서 식힌다.
6 통곶감을 사용할 때는 수정과 물을 약간 덜어내어 곶감을 불려 부드러워지면 한 개씩 화채 그릇에 담고 수정과 물을 부어 낸다. 잣을 서너 알 띄운다.

배숙 배숙은 문배에 통후추를 박아 생강물에 끓여 설탕이나 꿀로 단맛을 낸 화채다.

식혜

재 료
엿기름 2컵(180g), 물 15컵, 멥쌀(찹쌀) 2컵, 생강(껍질 벗겨서) 20g, 설탕 1½~2컵, 잣 적당량

만들기

1 엿기름가루를 미지근한 물에 담가 불려 새 물을 부으며 바락바락 주물러 고운 체에 밭친다. 앙금을 가라앉히고 윗물만 받는다.
2 쌀을 씻어 불려 고슬하게 밥을 짓는다.
3 맑은 엿기름물을 40℃로 데운 후 뜨거운 밥을 넣어 섞어 보온밥통에서 5~6시간 삭힌다.
4 밥알이 뜨면 건져 찬물에 헹궈 건지로 둔다.
5 나머지는 저민 생강과 설탕을 넣어 끓여 차게 식힌다. 그릇에 담아낼 때 밥과 잣을 띄운다.

유자화채

◈ 재 료
- 유자 1개
- 배 ½개
- 물 5컵
- 설탕 1컵(170g)
- 석류알 2큰술
- 잣 1큰술

만 들 기

1 유자를 4등분하여 껍질을 벗긴다. 유자 껍질을 한 조각씩 도마에 놓고 안쪽의 흰 부분을 얇게 저며 채 썬다. 노란 부분도 가늘게 채 썬다.
2 유자 속은 한 조각씩 떼어 흰 줄기는 떼어내고 씨를 빼서 그릇에 한데 모아 설탕에 재우거나 깨끗한 행주에 싸서 즙을 짜 설탕물에 섞는다.
3 배는 껍질을 벗겨서 곱게 채 썬다.
4 석류는 껍질을 벗기고 알맹이를 하나씩 떼어낸다.
5 물에 설탕을 녹여 설탕물을 만든다.
6 큰 화채 그릇에 채 썬 유자와 배를 세 군데로 갈라 담는다. 설탕물을 가만히 부어서 랩을 덮어 30분 정도 두면 유자향이 우러난다. 석류알과 잣을 띄워 담아 낸다.

유자청

재 료
유자 50개, 설탕 – 유자무게와 동량

만 들 기

1 유자를 4등분하여 껍질을 벗긴 다음 껍질을 한 조각씩 가늘게 채 썬다.
2 알맹이를 한 조각씩 떼어 흰 줄기는 떼어내고 씨를 빼서 그릇에 한데 모은다.
3 채 썬 유자를 설탕에 버무려 저장한다. 유자의 속은 설탕에 재우거나 깨끗한 행주에 짜서 즙을 짜놓는다.

유자차 만들기 그릇에 절인 유자와 유자즙을 적당량 담는다. 뜨거운 물을 가만히 부어서 유자 향이 우러나도록 한다. 고깔을 뗀 잣을 띄운다.

음료

오미자화채 - 배화채

◆ 재료
- 오미자 ····· ½컵(45g)
- 물 ············· 2컵
- 설탕 ········ 1컵(170g)
- 물 ············· 4컵
- 배 ············· ⅓개
- 잣 ············· 1작은술

만들기
1. 오미자를 물에 씻어서 찬물 2컵을 부어 하루를 우려내어 면보에 밭친다.
2. ①의 오미자국의 색과 신맛을 보면서 물 4컵을 섞는다. 설탕을 섞어 녹인다.
3. 배를 얇게 저며 꽃 모양으로 찍어 설탕물에 담가 갈변을 막는다.
4. 잣은 고깔을 떼어내고 깨끗이 닦아놓는다.
5. 화채 그릇에 오미자국을 담고 꽃 모양의 배와 잣을 띄운다.

딸기화채 무르익은 딸기의 즙을 내어 설탕을 섞어서 국물을 만들고 위에 저며 썬 딸기를 띄운 화채다.

진달래화채

만들기
1. 오미자를 물에 씻어서 찬물 2컵을 부어 하루를 우린 다음 고운 체에 밭친다.
2. 설탕 1컵과 물 1컵을 섞어 끓여 차게 식혀서 물 3컵과 섞어 ①의 오미자국에 섞는다.
3. 진달래는 꽃술을 따고 깨끗하게 씻는다. 진달래에 녹말가루를 묻혀 끓는 물에 살짝 데쳐 찬물에 헹군다.
4. 화채 그릇에 오미자국을 담고 데친 진달래와 고깔 뗀 잣을 띄운다.

◆ 재료
- 오미자 ············· ½컵
- 물 ··················· 2컵
- 설탕 ················ 1컵
- 물 ··················· 4컵
- 진달래 ············· 30개
- 녹말가루 ········· 약간
- 잣 ··················· 1큰술

제호탕

◈ 재료
오매육 …… 1근(375g)
초과 ……… 3돈(11.5g)
축사(사인) ·· 4돈(15g)
백단향 …… 8돈(30g)
꿀 ………… 1되(1.8ℓ)

만들기
1 오매육, 초과, 축사, 백단향을 곱게 가루로 빻는다.
2 불에 올릴 수 있는 도자기에 가루로 빻은 재료와 꿀을 넣어 섞는다.
3 10~12시간 중탕시켜 되직하게 만든다.
4 되직하게 된 제호탕을 식혀서 사기 항아리에 담아 시원한 곳에 보관한다.
5 찬물에 제호탕 재료를 타서 면보에 걸러내고 기호에 따라 꿀이나 설탕을 넣어 마신다.

송화밀수

만들기
1 송화가루를 꿀과 잘 섞이도록 갠다.
2 생수에 잘 갠 송화가루를 넣어 풀어지도록 섞는다.
3 고깔을 뗀 잣을 띄운다.

◈ 재료
송화가루 …… 1½큰술
꿀 …………… 5~6큰술
물 …………… 3컵
잣 …………… 1큰술

INDEX 찾아보기

ㄱ

171 가지나물
146 가지선
203 각색편
162 간전
151 갈비구이
141 갈비찜
149 감자조리개
179 갑회
134 게감정
173 겨자채
172 고구마순나물
170 고사리나물
120 골동면
111 골동반
122 곰탕
212 곶감수정과
210 곶감쌈
177 구절판
132 굴두부조치
164 굴전
178 굴회
142 궁중닭찜
139 궁중떡볶이
206 궁중약과
112 규아상
189 김부각
190 김자반
159 김치적
135 김치조치
211 깨엿강정
193 꽃게무침

ㄴ

198 나박김치
138 낙지전골
118 난면
119 냉면
129 냉이토장국
150 너비아니
167 녹두전
104 녹말응이

ㄷ

189 다시마부각
207 다식
153 닭구이
142 닭북어찜
208 대추초
187 대추편포
143 대하찜
154 대합구이
156 더덕구이
169 더덕생채
170 도라지나물
168 도라지생채
209 도라지정과
137 도미면
199 동치미
163 두골전
159 두릅적
181 두릅회
133 두부된장찌개
145 두부선
166 두부전

136 두부전골
149 두부조리개
200 두텁떡
163 등골전
117 떡국
140 떡찜

ㅁ

188 마른안주
172 말린 가지나물
172 말린 취나물
190 매듭자반
206 매작과
152 맥적
121 면신선로
191 멸치볶음
132 명란젓국조치
194 무갑장과
196 무고추장장아찌
199 무송송이
139 묵볶이
202 물호박떡
181 미나리강회
171 미나리나물
131 미역냉국
190 미역자반
135 민어지지미

ㅂ

208 밤초
130 배추속대국
146 배추속대찜

136 두부전골
110 별밥
114 병시
155 병어고추장구이
162 부아전
191 북어보푸라기

ㅅ

161 사슬적
140 사태찜
126 삼계탕
201 삼색단자
169 삼색무생채
205 삼색부꾸미
148 삼합장과
202 상추시루떡
183 상추쌈 차림
164 생선전
178 생선회
116 석류탕
122 설렁탕
210 섭산삼
157 섭산적
105 속미음
158 송이산적
215 송화밀수
151 쇠갈비찜구이
171 숙주나물
170 시금치나물
172 시래기나물
212 식혜
125 신선로
129 쑥토장국

ㅇ

163 알쌈
128 애탕
165 애호박전
175 애호박젓국나물
204 약식
184 양지머리편육
192 어리굴젓
115 어만두
145 어선
128 어알탕
180 어채
165 연근전
209 연근정과
109 오곡반
214 오미자화채
195 오이간장장아찌
134 오이감정
194 오이갑장과
196 오이고추장장아찌
131 오이냉국
168 오이생채
144 오이선
118 온면
175 월과채
213 유자청
213 유자화채
123 육개장
147 육장
163 육전
186 육포
179 육회
208 율란

104 율무응이
127 임자수탕

ㅈ

176 잡채
106 잣죽
107 장국죽
198 장김치
157 장산적
108 적두반
107 전복죽
143 전복찜
178 전복회
133 절미된장조치
152 제육구이
184 제육편육
215 제호탕
208 조란
117 조랭이떡국
185 족채
185 족편
148 죽순찜
174 죽순채
115 준치만두
205 진달래화전
214 진달래화채

ㅊ

193 참게장
162 천엽전
166 청포묵전

127 초교탕
189 칠보편포

ㅋ

171 콩나물
110 콩나물밥

ㅌ

106 타락죽
174 탕평채
123 토란곰탕
195 통마늘장아찌
197 통배추김치
144 통오이선

ㅍ

158 파산적
167 파전
164 패주전
113 편수
147 편육조리개
187 포다식
187 포쌈
165 풋고추전
149 풋고추조리개

ㅎ

178 해삼회
189 호두튀김
146 호박선
172 호박오가리나물
164 홍합전
148 홍합초
160 화양적
107 흑임자죽
108 흰밥

한희순·황혜성·한복려의 대를 잇는
국가무형유산

조선왕조 궁중음식

초판 1쇄 발행 1994년 1월 25일

전면개정판 1쇄 발행　　2003년 2월 1일
개정수정판 1쇄 발행　　2015년 2월 27일
개정수정판 20쇄 발행　2022년 7월 20일
개정수정판 21쇄 발행　2025년 4월 3일

저자　　　한복려
펴낸 곳　 (재)궁중음식문화재단 선일당
발행인　　한복려

출판등록 제2020-000097호
주소 (03051) 서울시 종로구 창덕궁 5길 14
문의전화 02)3673-1122~3 팩스 02)3673-2647
www.koreanroyalcuisine.org

ⓒ 궁중음식문화재단, 2022
ISBN 979-11-974437-3-2

이 책은 저작권법에 따라 보호받는 저작물이므로 무단 전재와 무단 복제를 금합니다.
책 내용의 전부 또는 일부를 이용하려면 재단법인 궁중음식문화재단 서면동의를 받아야 합니다.
이 책의 저작권은 2022년 7월 20일부로 (사)궁중음식연구원에서 (재)궁중음식문화재단으로 권리 이전되었습니다.
선일당은 (재)궁중음식문화재단에서 운영하는 출판사입니다. 이 책은 궁중음식문화재단 지원을 받아 제작되었습니다.

책값은 뒤표지에 있습니다. 잘못된 책은 바꾸어 드립니다.

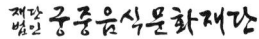